CABOTAGEM BRASILEIRA

BR DO MAR

Preço de combustível, competição e multimodalismo no Projeto de Lei nº 4.199/2020

SABINE MARA MÜLLER

Prefácio
Osvaldo Agripino de Castro Junior

Apresentação
Mario Povia

CABOTAGEM BRASILEIRA

BR DO MAR

Preço de combustível, competição e multimodalismo no Projeto de Lei nº 4.199/2020

Belo Horizonte

FÓRUM
CONHECIMENTO JURÍDICO

2022

FÓRUM
CONHECIMENTO JURÍDICO

Luís Cláudio Rodrigues Ferreira
Presidente e Editor

Coordenação editorial: Leonardo Eustáquio Siqueira Araújo
Aline Sobreira de Oliveira

Revisão: Professora Pós-Doutora Daniella Basso Batista Pinto
Contato: (11) 98371-6105

Rua Paulo Ribeiro Bastos, 211 – Jardim Atlântico – CEP 31710-430
Belo Horizonte – Minas Gerais – Tel.: (31) 2121.4900
www.editoraforum.com.br – editoraforum@editoraforum.com.br

Técnica. Empenho. Zelo. Esses foram alguns dos cuidados aplicados na edição desta obra. No entanto, podem ocorrer erros de impressão, digitação ou mesmo restar alguma dúvida conceitual. Caso se constate algo assim, solicitamos a gentileza de nos comunicar através do *e-mail* editorial@editoraforum.com.br para que possamos esclarecer, no que couber. A sua contribuição é muito importante para mantermos a excelência editorial. A Editora Fórum agradece a sua contribuição.

Dados Internacionais de Catalogação na Publicação (CIP) de acordo com ISBD

M958c Müller, Sabine Mara

Cabotagem brasileira: BR do Mar: preço de combustível, competição e multimodalismo no Projeto de Lei nº 4.199/2020 / Sabine Mara Müller. – Belo Horizonte : Fórum, 2022.

268 p. ; 14,5cm x 21,5cm.

Inclui anexo.
ISBN: 978-65-5518-429-7

1. Direito Marítimo. 2. Direito Regulatório. 3. Direito Administrativo. 4. Direito dos Transportes. 5. Direito Econômico. I. Título.

2022-1769
CDD: 343.096
CDU: 347.79

Elaborado por Odilio Hilario Moreira Junior – CRB-8/9949

Informação bibliográfica deste livro, conforme a NBR 6023:2018 da Associação Brasileira de Normas Técnicas (ABNT):

MÜLLER, Sabine Mara. *Cabotagem brasileira*: BR do Mar: preço de combustível, competição e multimodalismo no Projeto de Lei nº 4.199/2020. Belo Horizonte: Fórum, 2022. 268 p. ISBN 978-65-5518-429-7.

AGRADECIMENTOS

Agradecemos o empenho de todos aqueles que, no âmbito do Direito, da academia e da advocacia, buscam desenvolver o transporte aquaviário e os portos do país.

Um agradecimento especial à Ordem dos Advogados do Brasil, por meio da Comissão de Direito Marítimo e Portuário da Seccional da OAB de Santa Catarina, presidida pelo nosso amigo James Winter, que, com o apoio da OAB Seccional de Santa Catarina, presidida por Rafael de Assis Horn, atualmente vice-presidente do Conselho Federal da OAB Nacional, realizaram o IX Congresso Nacional das Comissões de Direito Marítimo, Portuário e Aduaneiro da OAB, nos dias 26 e 27 de agosto de 2021, alusivo ao mês da advocacia, no Costão do Santinho, em Florianópolis.

Como apoiadores, a todos os diretores da OAB de Santa Catarina (gestão 2019-2021), Maurício Voos, Eduardo Mello e Souza, Luciane Regina Mortari Zechini e Juliano Mandelli.

À Caixa de Assistência dos Advogados de Santa Catarina (CAASC), que foi presidida pela Claudia Prudêncio (gestão 2019-2021), atualmente presidente da OAB de Santa Catarina.

Ao coordenador-geral das Comissões, Dr. Pedro Miranda (gestão 2019-2021).

À Escola Superior de Advocacia de Santa Catarina (ESA), que foi presidida pelo Dr. Marcus Vinícius Borges (gestão 2019-2021).

O Congresso de 2021, o mais relevante do setor, idealizado pelo Programa de Mestrado e Doutorado em Ciência Jurídica da Universidade do Vale do Itajaí, em 2012, local em que se realizou a primeira edição, cumpriu todos os protocolos de vigilância sanitária e foi um sucesso, tendo contado com 300 congressistas de todo o país. Nele foram discutidos os principais temas que obstruem o desenvolvimento do setor, tendo a cabotagem sido discutida no segundo painel – "Transporte Multimodal: qual o papel das agências reguladoras?"

Ressaltamos que os resumos dos nove painéis e os artigos científicos do IX Congresso que incluem a temática aduaneira foram publicados pelo Instituto de Estudos Marítimos na *Revista Direito Aduaneiro, Marítimo e Portuário* – Edição Suplemento 2021.

Sabine Müller e Osvaldo Agripino

Num país com uma das maiores desigualdades sociais do mundo, carente de recursos para investimentos públicos em infraestrutura e com 65% (EPL, 2015) do total de carga movimentado pelas rodovias e 11% pela cabotagem, o livro vem em bom momento, pois lança novas luzes no debate sobre a cabotagem, em momento de regulamentação por meio de atos do Executivo e de regulação setorial por meio da edição de normativos pela Agência Nacional de Transportes Aquaviários.
Osvaldo Agripino de Castro Júnior, Prefácio

Conforme já abordado, não é de hoje que aqueles que militam no setor anseiam por uma política pública que estimule a navegação de cabotagem nessa extensa costa brasileira. Nada mais atual e oportuno, portanto, que compreender amiúde os entraves e as questões periféricas que permeiam o tema, que é de extrema relevância para a logística nacional, ainda mais neste momento, quando o Congresso Nacional cuida de positivar em lei a implementação de sua política pública.
Mário Povia, Apresentação

LISTA DE ABREVIATURAS E SIGLAS

ABAC	– Associação Brasileira de Armadores de Cabotagem
AFRMM	– Adicional ao Frete para a Renovação da Marinha Mercante
ANP	– Agência Nacional do Petróleo, Gás Natural e Biocombustível
ANTAQ	– Agência Nacional de Transportes Aquaviários
ANTF	– Associação Nacional dos Transportes Ferroviários
ANTT	– Agência Nacional de Transportes Terrestres
Art.	– Artigo
CADE	– Conselho Administrativo de Defesa Econômica
CRFB/88	– Constituição da República Federativa do Brasil de 1988
CMM	– Comissão de Marinha Mercante
CNT	– Confederação Nacional de Transportes
COFINS	– Contribuição para o Financiamento da Seguridade Social
CONIT	– Conselho Nacional de Integração de Políticas de Transporte
COP	– Conferência das Parte
CTMC	– Conhecimento de Transporte Multimodal de Carga
DNHI	– Departamento de Navegação e Hidrovias
DNIT	– Departamento Nacional de Infraestrutura de Transporte
DOU	– Diário Oficial da União
EBN	– Empresa Brasileira de Navegação
EBNs	– Empresas Brasileiras de Navegação
EC	– Emenda Constitucional
ENM	– Estratégia Nacional para o Mar 2013-2020
EPE	– Empresa de Pesquisa Energética
EPL	– Empresa de Planejamento e Logística S.A.
FIA	– Fundação Instituto de Administração
FMM	– Fundo da Marinha Mercante
ICMS	– Imposto sobre Circulação de Mercadorias e Serviços
IFO	– Intermediate Fuel Oil
ILOS	– Instituto de Logística e Supply Chain
IMO	– International Maritime Organisation
IN	– Instrução Normativa
IPEA	– Instituto de Pesquisa Econômica Aplicada
MCA	– Motor de Combustão Auxiliar
MCP	– Motor de Combustão Principal
MFO	– Medium Fuel Oil
MGO	– Marine Gasoil

MME	–	Ministério de Minas e Energia
MT	–	Ministério do Transporte
MTPA	–	Ministério dos Transportes, Portos e Aviação Civil
OCDE	–	Organização para a Cooperação e o Desenvolvimento Econômico
COM	–	Óleo Combustível Marítimo
OIT	–	Organização Internacional do Trabalho
OMC	–	Organização Mundial do Comércio
OMI	–	Organização Marítima Internacional
ONU	–	Organização das Nações Unidas
OTM	–	Operador de Transporte Multimodal
PIS	–	Programa de Integração Social
PL	–	Projeto de Lei
PMI	–	Política Marítima Integrada
PMN	–	Política Marítima Nacional
PNL	–	Plano Nacional de Logística
PNT	–	Política Nacional de Transportes
PP-TO	–	Partido Progressista - Tocantins
PPA	–	Plano Plurianual
PPCJ	–	Programa de Pós-Graduação Stricto Sensu em Ciência Jurídica
PPI	–	Programa de Parcerias de Investimentos
REB	–	Registro Especial Brasileiro
RFB	–	Receita Federal Brasileira
SAMA	–	Sistema de Afretamento na Navegação Marítima e de Apoio
SeinfraPor	–	Secretaria de Fiscalização de Infraestrutura Portuária e Ferroviária
SEMEC	–	Secretaria de Métodos e Suporte ao Controle Externo
SEP	–	Secretaria de Portos
SRI	–	Seafarers' Rights International
TC	–	Tribunal de Contas
TCU	–	Tribunal de Contas da União
TKU	–	Toneladas Quilômetro Útil
EU	–	União Europeia
UF	–	Unidade Federativa
UNCTAD	–	Conferência das Nações Unidas sobre Comércio e Desenvolvimento
UNIVALI	–	Universidade do Vale do Itajaí

SUMÁRIO

ANEXOS

Honra-me a professora Sabine Mara Müller Souto com o convite para redigir o prefácio da sua mais recente produção acadêmica, o livro *Cabotagem brasileira (BR do Mar): preço de combustível, competição e multimodalismo no Projeto de Lei nº 4.199/2020*, que decorre da sua pesquisa no Programa de Mestrado e Doutorado em Ciência Jurídica da Universidade do Vale do Itajaí (UNIVALI), conceito 6 da CAPES, a qual tive o privilégio de orientar durante dois anos.

Sabine Müller é advogada, formada pela UNIVALI (2004) e administradora de empresas, tendo se graduado em 1997, na mesma universidade, onde recebeu o Diploma de Mérito Estudantil pelo seu destaque no aproveitamento acadêmico, na participação em atividades científicas e na vivência e difusão de valores e atitudes éticas durante a sua graduação em Direito.

A autora é apaixonada pelo Direito Marítimo e entusiasta dos portos e dos navios, requisitos relevantes para se dedicar a uma pesquisa sobre tema vital para o desenvolvimento da infraestrutura de transporte do nosso país, que tem um enorme *déficit* de maritimidade no seu litoral, além de uma total dependência dos transportadores marítimos estrangeiros que operam contêineres. O Brasil sequer tem um navio porta-contêineres de bandeira nacional no tráfego internacional (longo curso).

Nesse cenário de total vulnerabilidade da nossa economia, pois a soberania é muito frágil na logística, os estudos comparados mostram que países que desenvolveram políticas de cabotagem, como Grécia, China e Japão, para citar alguns exemplos, tiveram um grande aprendizado para projetarem essas frotas marítimas para o transporte internacional, com aumento da capacidade.

Como oficial de Náutica da Marinha Mercante e piloto de navios mercantes durante quatro anos no longo curso, que teve o privilégio de viajar para 27 países e operar em 75 portos, considero-me abençoado três vezes, a primeira por ter sido o orientador da Sabine, a segunda porque fui surpreendido com o seu convite para prefaciar esta importante obra para o nosso setor, publicada por prestigiada editora jurídica, e a terceira porque se trata de tema pouco explorado e complexo na doutrina brasileira.

A professora Sabine Müller tem intensa atividade acadêmica e vem militando há mais de 17 anos em causas coletivas de interesse nacional, especialmente na luta pela ação afirmativa e da igualdade no âmbito da Ordem dos Advogados do Brasil, no Conselho da Seccional de Santa Catarina e no Conselho Federal, em que atuou como Conselheira Federal, representando a advocacia catarinense com zelo e ética profissional.

Além disso, ela fez parte da Comissão Especial de Direito Marítimo e Portuário do Conselho Federal da OAB, no mesmo período em que fui membro consultor, e foi vice-presidente da Comissão de Transparência da OAB-SC. Sabine também foi membro da Comissão de Reformulação do Quinto Constitucional da OAB-SC, da Comissão de Direito da Vítima da OAB-SC, faz parte do Instituto dos Advogados de Santa Catarina (IASC) e é membro de Comitê de Assessoramento da Prefeitura Municipal de Florianópolis. Recebeu diversos prêmios e títulos, escreveu diversos artigos e capítulos de livros.

Além de mestra, Sabine é pós-graduada em Direito Processual Civil e Direito Digital e Compliance. Administradora de empresas e advogada, é sócia fundadora do Müller Advogados Associados e honra a nossa UNIVALI como professora de Direito Empresarial, Constitucional e Direito Marítimo e Portuário no Curso de Graduação em Direito.

O seu livro trata de tema essencial para o desenvolvimento da infraestrutura sustentável do Brasil por meio da cabotagem, que é o tipo de navegação realizada entre portos ou pontos do território brasileiro, utilizando a via marítima, ou esta e as vias navegáveis interiores.

Num país com uma das maiores desigualdades sociais do mundo, carente de recursos para investimentos públicos em infraestrutura e com 65% (EPL, 2015) do total de carga movimentado pelas rodovias e 11% pela cabotagem, o livro vem em bom momento, pois lança novas luzes no debate sobre a cabotagem, em momento de regulamentação por meio de atos do Executivo e de regulação setorial por meio da edição de normativos pela Agência Nacional de Transportes Aquaviários.

Segundo o Tribunal de Contas da União (TCU, 2019), o Brasil possui 80% de sua população, e 70% de suas indústrias concentradas no litoral, em uma faixa de cerca de 200 km ao longo da costa. Essas condições favorecem que a navegação de cabotagem seja um meio de transporte adequado à realidade brasileira.

Afinal, uma rodovia que venha a atravessar o Brasil de Norte a Sul e no sentido Norte-Sul precisa de investimento para pagamento de desapropriações, construção, manutenção e pagamento de pedágio. A via marítima não tem esse problema; é preciso somente uma política pública de Estado, navios e portos para que o transporte se realize.

Não há qualquer razão, exceto o forte *lobby* das construtoras, concessionárias, indústrias do petróleo, de asfalto, de concreto, de caminhões e pneus junto à classe política, de um lado, para manter esse círculo não virtuoso, e ignorância das possibilidades dos usuários da infraestrutura, de outro, para que a matriz rodoviária prevaleça sobre o modal aquaviário, via cabotagem.

Para citar um simples exemplo da relevância do transporte aquaviário entre portos do Brasil, mencionamos uma carga de 30.000 toneladas de arroz produzida no Rio Grande do Sul, que pode ser transportada por um único navio, todo mês, a partir do porto de Rio Grande para Manaus, no Norte do país, com uma distância de 4.636 km. O uso de navio poderá retirar da rodovia de 1.200 carretas de três eixos, que usualmente carregam até 25 toneladas cada. Trata-se de exemplo que comprova a grande redução de custos logísticos para os usuários, de emissão de CO_2 na atmosfera e de risco de acidentes nas rodovias.

Como atuo no setor marítimo e portuário há 41 anos, sendo 30 deles como advogado e 20 como professor, considero-me um entusiasta do desenvolvimento da infraestrutura marítima e portuária. Dessa forma, é um prazer redigir essas poucas palavras para prefaciar a obra da Sabine Müller, pois sei que ela é bastante sensível aos problemas que ocorrem nos transportes, especialmente os complexos que envolvem a infraestrutura e suas externalidades negativas.

Sabine, portanto, brinda-nos com obra importante, como já dito, pois ela se dá em momento de regulamentação da Lei nº 14.301, de 7 de janeiro de 2022, que institui o Programa de Estímulo ao Transporte por Cabotagem (BR do Mar) e altera e revoga diversas normas.

O tema cabotagem é relevante, especialmente num país continental como o Brasil, e com cerca de 7.500 km de costa marítima. Assim, desenvolver a cabotagem é aumentar a sustentabilidade da matriz de transporte brasileira.

O objetivo da obra é contribuir para o debate sobre o desenvolvimento da cabotagem, por meio da análise do cumprimento pelos órgãos competentes das determinações e recomendações do acórdão do TCU quanto aos obstáculos ao desenvolvimento da cabotagem, relacionados à isonomia de preços de combustíveis, competição e multimodalismo, bem como para a elaboração de uma proposta de regulamentação.

A pesquisa é publicada em um cenário de críticas ao governo federal e ao Congresso Nacional, por parte dos sindicatos de trabalhadores marítimos brasileiros, que não tiveram o seu pleito de garantia de dois terços de marítimos nas embarcações estrangeiras beneficiadas pelo BR do Mar, assim como por parte de pequenas empresas brasileiras de navegação sobre o afretamento de embarcações estrangeiras, além da indústria da construção naval.

No livro, o(a) leitor(a) poderá compreender conteúdos e proposições importantes que foram objeto de discussão a partir do PL nº 4.199/2020, que se transformou na Lei nº 14.301, de 7 de janeiro de 2022, que institui o BR do Mar.

A obra está dividida em quatro capítulos. O Capítulo 1 propõe uma teoria geral da cabotagem, por meio da introdução ao tema, por meio de conceitos relevantes e da sustentabilidade. O Capítulo 2 discorre sobre o marco regulatório setorial, com ênfase nos principais aspectos do Projeto de Lei nº 4.199/2020, que foi convertido no BR do Mar.

O Capítulo 3 aborda os obstáculos ao desenvolvimento da cabotagem brasileira, com ênfase nos Achados 3, 4 e 5 do Relatório de Auditoria Operacional do Tribunal de Contas da União, quais sejam, (i) o preço do combustível dos navios, (ii) o fomento à competição e (iii) o incentivo ao multimodalismo.

No Capítulo 4, a autora discorre sobre as possibilidades de uma matriz de transportes via cabotagem, com uma proposta de regulamentação dos temas dos achados analisados.

Nas considerações finais, Sabine propõe ações necessárias para o crescimento da navegação de cabotagem no Brasil, e visa contribuir para a solução dos problemas encontrados nos Achados 3, 4 e 5 do relatório do TCU.

Mencione-se que, ao final, o livro conta com seis anexos, que possuem informações relevantes para melhor compreensão do tema, dentre os quais dois quadros, uma figura, um gráfico, o relatório do TCU e o texto da Lei nº 14.301/2022, que institui o BR do Mar.

Como entusiasta e estudioso do tema há mais de 15 anos, ressalto que a autora demonstra, por meio de pesquisa jurídica de qualidade, uma artesania jurídica, para tornar simples um tema complexo e pouco tratado na doutrina brasileira.

Concluo dizendo que não há mais tempo a perder, de modo que recomendo ao leitor(a) que procure ler a obra da professora e advogada Sabine Müller.

A sua trajetória de vida, acadêmica, familiar e profissional tem sido um excelente exemplo, não somente para os mais jovens, mas para todos os que procuram contribuir para uma transformação na matriz de transportes brasileira, a fim de trazer para a cabotagem a maior parte do transporte realizado pela via rodoviária, tornando-a mais competitiva, segura e sustentável.

Trata-se de tarefa árdua, que será amenizada com o livro *Cabotagem brasileira (BR do Mar): preço de combustível, competição e multimodalismo no Projeto de Lei nº 4.199/2020.*

Porto de Itajaí, 20 de março de 2022.

Osvaldo Agripino de Castro Junior

Professor do Programa de Mestrado e Doutorado em Ciência Jurídica da Universidade do Vale do Itajaí (Capes 6), do Mestrado em Engenharia de Transportes da Universidade Federal de Santa Catarina (2014-2021) e convidado do International Maritime Law Institute (IMO), ONU, Malta e do Instituto Serzedello Corrêa, Tribunal de Contas da União. Pós-doutor em Regulação de Transportes e Portos, Center Mossavar-Rahmani for Business and Government, Harvard University (2007-2008). Advogado e sócio do Agripino & Ferreira Advogados. Membro da lista de especialistas de várias câmaras de arbitragem, dentre as quais o Centro Brasileiro de Arbitragem Marítima (CBAM) e CAMFIEP. Consultor, parecerista e *expert witness* nos setores marítimo, portuário e que abrangem a logística de comércio exterior. Recebeu o Prêmio Raviña-Goni (2011) do Instituto Iberoamericano de Derecho Maritimo (IBDM, Congresso do Panamá) e a Medalha do Mérito Tamandaré (2014). Orientador de 42 dissertações de Mestrado e 3 teses de doutorado, em temas relacionados à sua área de atuação. Autor e organizador de 27 livros e 140 artigos publicados no Brasil e no exterior (*The IMLI Manual on International Maritime Law*, v. II, Oxford University Press, 2016).

APRESENTAÇÃO

A busca por uma matriz de transporte mais racional e equilibrada vem sendo almejada nos últimos anos por muitos daqueles que militam no setor de logística no Brasil.

É de fácil percepção a expressiva participação do modal rodoviário no cômputo geral da movimentação de cargas nacionais, desalinhada com a tendência natural de um país com dimensões continentais, que dispõe de uma faixa litorânea considerável, sendo que grande parte do parque fabril e dos centros de consumo se encontram localizados a curta distância da área costeira.

A inadequada distribuição de cargas dentre os diversos modais de transporte pode ser atribuída a políticas públicas equivocadas, bem como a gargalos e ineficiências sistêmicas, condição que culminou por produzir as distorções atualmente verificadas.

É inconcebível que grandes volumes de cargas com baixo valor agregado sejam transportados por longas distâncias em rodovias, quando temos plena possibilidade de viabilizar o uso de ferrovias, hidrovias e da navegação de cabotagem para atendimento de demandas dessa natureza, notadamente incorrendo em menores custos financeiros e sob condições ambientais e de segurança mais favoráveis.

A partir da greve dos caminhoneiros ocorrida anos atrás, pudemos nos dar conta da imperiosa necessidade da adoção de medidas concretas e imediatas, visando alterar o *status quo* da matriz de transporte nacional, questão que passa objetivamente por um choque de oferta no setor de infraestrutura mediante a realização de investimentos maciços, particularmente em portos e ferrovias.

Apesar de desafiador, o cenário nos permite descortinar um futuro com relativo otimismo, visto que já se encontram devidamente endereçados projetos e investimentos bilionários tendentes a viabilizar uma mudança de patamar no uso dos modais ferroviário e aquaviário.

Cuidar de empreender medidas administrativas mitigadoras de burocracias que conduzem a ineficiências sistêmicas e, bem assim, de lançar mão de um pacote de medidas indutoras de uma política pública sólida, sempre visando a uma distribuição mais racional na movimentação de cargas dentre os modais disponíveis, inclusive contemplando a adoção de ferramentas tecnológicas de ponta, conduzirá à viabilização da multimodalidade, que, por sua vez, resultará no atendimento de demandas porta a porta, mantendo-se os mesmos níveis de serviço até então experimentados pelo setor, agregando ganhos ambientais, de segurança e de eficiência.

Afigura-se fundamental, pois, que o ambiente acadêmico assuma o protagonismo do debate acerca do enfrentamento dos desafios que se avizinham, e é precisamente nesse sentido que a professora Sabine Mara Müller Souto, especialista e entusiasta do setor, nos brinda com sua obra intitulada *Cabotagem brasileira (BR do Mar): preço de combustível, da competição e do multimodalismo no Projeto de Lei nº 4.199/2020.*

Conforme já abordado, não é de hoje que aqueles que militam no setor anseiam por uma política pública que estimule a navegação de cabotagem nessa extensa costa brasileira. Nada mais atual e oportuno, portanto, que compreender amiúde os entraves e as questões periféricas que permeiam o tema, que é de extrema relevância para a logística nacional, ainda mais neste momento, quando o Congresso Nacional cuida de positivar em lei a implementação de sua política pública.

É o que nos propõe e nos possibilita a autora por meio da presente obra. Espero, sinceramente, que desfrutem de uma boa leitura!

Mário Povia

Engenheiro, graduado pela Universidade Mackenzie, e bacharel em Direito, pela Universidade Paulista. Possui pós-graduações nas áreas de Administração de Empresas e Direito Processual e do Trabalho, ambas pela Universidade Mackenzie, e em Regulação de Serviços Públicos, pela Fundação Getulio Vargas. Atualmente é Secretário Nacional de Portos e Transportes Aquaviários do Ministério da Infraestrutura, membro do Conselho de Administração da SCPar, membro do Conselho Superior de Infraestrutura da FIESP, membro do Conselho Nacional do Fórum Brasil Export, Presidente do Conselho do Sudeste Export. Pertence à carreira pública: Especialista em Regulação de Serviços de Transportes Aquaviários (ERSTA). Foi Diretor-Geral da Agência Nacional de Transportes Aquaviários (ANTAQ) e Presidente do Conselho de Autoridade Portuária (CAP) do Porto de São Sebastião. Foi Diretor de Gestão Portuária da Companhia Docas do Rio de Janeiro.

INTRODUÇÃO

O desenvolvimento da economia marítima tem sido proclamado na última década como um dos principais ativos para a recuperação das economias no mundo. A União Europeia (UE), por exemplo, lançou, desde meados da década de 2000, inúmeros documentos estratégicos sobre o tema. Nesse campo, a Política Marítima Integrada (PMI) do Parlamento Europeu[1] e a Estratégia para o Atlântico[2] definem as prioridades das políticas públicas para o desenvolvimento da Economia Azul na Europa e nas regiões atlânticas.

Em Portugal, surgiu a Estratégia Nacional para o Mar 2013-2020 (ENM),[3] que estabelece os desígnios e as prioridades estratégicas para atingir os objetivos europeus e nacionais, especificando um plano de ação que inclui a implementação do projeto em diferentes áreas marinhas consideradas. Outro documento de estratégia desenvolvido em Portugal que serviu de fundamento para a significação da ENM foi um estudo sobre o *cluster* (aglomeração) da economia marítima em Portugal, o qual recomendou uma estratégia de desenvolvimento das atividades econômicas ligadas ao mar de forma holística.[4]

---

1 A PMI da UE consiste numa abordagem holística de todas as políticas da UE relacionadas com o mar. Tem a ideia de que a União pode colher mais benefícios dos mares e dos oceanos com um menor impacto ambiental e visa reforçar a chamada economia azul, englobando todas as atividades económicas marítimas (UNIÃO EUROPEIA, [2021]).

2 O grupo de trabalho Estratégia Atlântica foi criado em 2010 sob iniciativa da região que presidia à Comissão do Arco Atlântico na altura, designadamente a Região da Baixa Normandia (CPMR ATLANTIC ARC COMMISSION, [2021]).

3 A ENM 2013-2020 é o instrumento de política pública que apresenta a visão de Portugal para o período 2013-2020 (REPÚBLICA PORTUGUESA, [2021]).

4 UNIÃO EUROPEIA, 2020.

No Brasil não poderia ser diferente, pois, acompanhando as tendências globalizadas e transnacionais de sustentabilidade e boa utilização dos recursos naturais e renováveis para desenvolvimento, o governo federal criou o BR do Mar, um programa de incentivo à cabotagem que tem como escopo estimular o uso da cabotagem, aumentar a frota nacional e equilibrar a matriz de transporte brasileira.

O governo federal enviou a proposta do Programa de Incentivo à Cabotagem como Projeto de Lei (PL) ao Congresso Nacional. O projeto tramita na Câmara sob o número PL nº 4.199/2020.

A presente obra proporciona ao leitor verificar que a proposta legislativa tem como alvo incrementar a oferta da cabotagem, incentivar a concorrência, criar novas rotas e reduzir custos. Para a formulação do programa, foram realizadas reuniões com autoridades do governo, usuários, armadores, representantes da construção naval e sindicatos de trabalhadores aquaviários.[5] Recentemente, em 27 de abril de 2021, foi solicitado ao Congresso Nacional que fosse considerada sem efeito e, portanto, cancelada a urgência pedida para o Projeto de Lei nº 4.199, de 2020, enviado ao Congresso Nacional com a Mensagem nº 443, de 2020.[6]

O transporte é uma indústria de serviços, sem a qual o comércio mundial e o desenvolvimento das nações não seriam possíveis. Não resta dúvida de que as relações entre atores de uma comunidade, países e regiões dependem dos transportes disponíveis, e de que essa é uma atividade imprescindível para o progresso e evolução da sociedade, da indústria e para a troca de produtos por meio dos mercados. O transporte ainda possibilita a expansão e a correspondência de ideias, influências culturais e uma conexão regional, nacional, internacional e transnacional clara e positiva.

Logo, denota-se que é imprescindível a colaboração entre os Estados para o avanço da eficiência e a gestão de vias e meios de transporte que sirvam ao crescimento das próprias nações. Com esse intuito, é indispensável a criação de estruturas e mecanismos satisfatórios, implementando sistemas que favoreçam políticas e meios de transportes eficientes. De tal modo, as políticas de relação governamentais são indispensáveis para as melhorias no transporte aquaviário. É preciso uma percepção da realidade desde uma ótica regional e de políticas

---

5 O governo federal enviou a proposta do Programa de Incentivo à Cabotagem, BR do Mar, como PL ao Congresso Nacional. O projeto já tramita na Câmara em caráter de urgência sob o número PL nº 4199/2020 (BRASIL, 2020).

6 BRASIL, 2021a.

públicas e regulatórias, pois a globalização gerou um novo quadro de necessidades e de concorrência nacional e internacional.

Muito embora o governo federal brasileiro esteja empenhado com a chegada do programa de incentivo à cabotagem, conhecida como BR do Mar, que tem como meta estimular o uso da cabotagem, assim como compensar a matriz de transporte brasileira, entre outros objetivos, enfrenta-se a problemática dos embaraços de ordem jurídica, econômica e política, para o desenvolvimento, aperfeiçoamento e estímulo da cabotagem no Brasil.

Isso se dá porque, tomando-se como base as recomendações e determinações do Relatório de Auditoria Operacional do Tribunal de Contas da União (TCU),[7] constata-se a inexistência de uma política pública de cabotagem, em parte decorrente da (i) violação da isonomia entre os preços de combustíveis de cabotagem e de longo percurso, (ii) da falta de fomento para competição no transporte de contêiner e (iii) da inexistência de promoção do multimodalismo por parte dos órgãos públicos e intervenientes. Por tais motivos, optou-se por pesquisar soluções para esses três problemas.

O leitor compreenderá que a cabotagem traz inúmeras vantagens quando comparada com outros modais, como o menor risco de roubo de carga, o menor impacto ambiental, a maior eficiência energética, a contribuição para o descongestionamento das malhas viárias e rodoviárias,[8] além de ela não necessitar de aportes volumosos de recursos financeiros pela União para ser melhorada, pois não precisa de construção de vias para trazer escala e ampliação de eficiência dos transportes.[9] Além disso, a cabotagem pode servir como importante complemento no processo de movimentação logística da produção brasileira, otimizando nossa matriz de transportes e aumentando a sustentabilidade da matriz de transportes. Contudo, é preciso vencer os obstáculos ao desenvolvimento da cabotagem sustentável apontados nos achados do Relatório de Auditoria Operacional do TCU, mais especificamente os Achados 3, 4 e 5.

Para tanto, a análise do cumprimento pelos órgãos competentes das determinações e recomendações, relacionadas à isonomia de preços de combustíveis, competição e multimodalismo, bem como a

---

7 BRASIL, 2019g.

8 BALLOU, 2006, p. 51.

9 CNT, [2021].

elaboração de uma proposta de regulamentação, contribui para desenvolver a cabotagem e, por sua vez, para aumentar a sustentabilidade da matriz de transporte brasileira.

Está muito claro, conforme o leitor perceberá no decorrer da leitura, que, para o seu desenvolvimento no Brasil, é necessário um conjunto de ações e políticas que potencializem seu desenvolvimento. A temática possui relevância para o desenvolvimento nacional brasileiro e para a manutenção de sua soberania e tem relação com o Direito Constitucional e o Direito Regulatório, com a logística nacional e o funcionamento da economia.

No presente livro, não obstante a existência de outras modalidades de navegação pertinentes ao modal aquaviário, entendeu-se por bem escolher investigar a navegação de cabotagem pelo motivo principal da ocorrência da problemática greve dos caminhoneiros ocorrida em maio de 2018, que evidenciou a gravidade de um país como o Brasil depender de praticamente um único modal de escoamento e transporte de cargas, com risco de colapso para sua economia.

Nesse sentido, o leitor verificará a contribuição da obra para o aumento da sustentabilidade da matriz de transporte pela via da cabotagem, por meio da regulamentação de soluções para vencer os obstáculos para o seu desenvolvimento.

Discorre-se sobre uma teoria geral da cabotagem e sobre o marco regulatório do setor; analisam-se os achados do Relatório de Auditoria Operacional do TCU sobre os obstáculos ao desenvolvimento da cabotagem, com ênfase no preço de combustível, o fomento da competição e o multimodalismo e as respectivas recomendações e sugestões; e propõe-se – a partir da pesquisa das medidas que foram tomadas pelos órgãos públicos competentes em relação às recomendações e determinações relativas ao preço de combustível, assim como do fomento da competição e do multimodalismo – uma regulamentação para desenvolver a cabotagem brasileira.

A presente obra está estruturada em quatro capítulos. O Capítulo 1 trata da teoria geral da cabotagem com conceitos relevantes pertinentes à própria cabotagem e que abrange a sustentabilidade, a matriz de transporte, o preço de combustível marítimo e a isonomia.

O Capítulo 2 trata do marco regulatório setorial com ênfase na Lei Constitucional e Infraconstitucional, além das Normas e Resoluções da Agência Nacional de Transportes Aquaviários (ANTAQ) e do PL que cria a BR do Mar.

Na sequência, o Capítulo 3 refere-se aos obstáculos ao desenvolvimento da cabotagem sustentável, com aspectos no Relatório de Auditoria Operacional do TCU e análise das determinações e das recomendações dos Achados 3, 4 e 5, relacionados ao preço de combustível *bunker*, ao fomento, à competição e ao incentivo ao multimodalismo.

Por fim, o Capítulo 4 aborda a busca de uma matriz de transporte via cabotagem, com análise dos Achados 3, 4 e 5 do TCU e com a consequente proposta de regulamentação.

Ao final, os resultados serão considerados, relacionando-se as recomendações para políticas públicas à proposição de ações para o desenvolvimento da cabotagem na matriz de transportes do Brasil.

A presente obra não analisa as particularidades da Lei nº 14.301/2022, que institui o BR do Mar, carente de regulamentação, vez que objetiva dar subsídios para melhor compreensão dos principais temas que antecederam a edição da referida lei ordinária.

CAPÍTULO 1

TEORIA GERAL DA CABOTAGEM

A presente obra pretende contribuir para o aumento da sustentabilidade da matriz de transportes brasileira por meio da cabotagem, a partir de uma proposta de regulamentação dos preços de combustível, da competição e do multimodalismo, tomando-se como base o Relatório de Auditoria Operacional do TCU (Acórdão nº 1383/2019).[10] A escolha desses três problemas se deu em função da relevância de uma regulamentação jurídica para a resolução dos mesmos.

No decorrer do capítulo serão tratados o conceito da cabotagem, dados históricos, importância, sustentabilidade, regulamentação, combustível utilizado e isonomia dos preços de combustível *bunker* para a navegação de longo percurso e cabotagem, além do marco regulatório setorial e sobre o PL nº 4199/2020, conhecido como BR do Mar.

1.1 Conceitos relevantes

1.1.1 Cabotagem

Acerca do tema cabotagem, denota-se que ela é um importante modal de transporte de cargas e pessoas por meio aquaviário, considerando-se o transporte na área costeira do próprio país, o que se mostra como relevante meio de escoamento de mercadorias da produção de qualquer Estado que tenha ou não em sua área territorial contato com o mar.

Esse modelo de transporte se caracteriza pela navegação entre portos marítimos, sem perder a costa de vista, ou entre uma via navegável

[10] BRASIL, 2019g.

e um porto marítimo, diferentemente da navegação de longo curso, que atravessa oceanos e faz a ligação entre países com o transporte de mercadorias ou pessoas.

Demarcado pelo Oceano Atlântico Sul, o Brasil tem um litoral com aproximadamente 7.500 km, que fica entre o Cabo Orange, no Norte, e o Chuí, no extremo Sul. Para isso, contribuem para o comprimento do seu litoral, oito bacias hidrográficas, cerca de 22.000 km de vias navegáveis interiores, 16 rotas fluviais pré-estabelecidas (as chamadas "hidrovias"), 34 portos marítimos e 20 portos fluviais. Estas características topográficas criaram as condições para operar os serviços de transporte de passageiros e de cargas e ajudam a explicar por que, do ponto de vista histórico, o crescimento econômico brasileiro tem estado ligado ao desenvolvimento dos transportes por via aquática.[11]

Para Martin Stopford,[12] o transporte marítimo é uma indústria complexa, e as condições que comandam as suas operações num segmento não se aplicam essencialmente ao outro; ou melhor, para determinados propósitos, será melhor ser enfrentado como um grupo de indústrias relacionadas. Seus principais ativos, os navios propriamente ditos, variam consideravelmente em tamanhos e tipo; eles prestam uma gama completa de serviços para uma variedade de bens, sejam eles em distâncias curtas ou longas.

No Brasil, a cabotagem está definida na Lei nº 9.432/1997, que regulamenta o art. 178 da Constituição da República Federativa do Brasil de 1988 (CRFB/88), em seu art. 2º, inciso IX, que assevera: "Para efeito desta Lei, são estabelecidas as seguintes definições: IX – navegação de cabotagem: a realizada entre portos ou pontos do território brasileiro, utilizando a via marítima ou esta e as vias navegáveis."[13]

Para Osvaldo Agripino de Castro Júnior,[14] apesar da atividade aquaviária ser pouco difundida no país, a navegação e a cabotagem sempre se mantiveram presentes na história do Brasil. No período entre 1822 e 1866, o país tinha intensa vida marítima, mas era refém de tratados de comércio e navegação e de convenções consulares que atravancavam seu desenvolvimento econômico e suas relações comerciais. Nesse período, foram criadas duas grandes companhias que ligaram o

---

11 SOARES, 2019, p. 11.
12 STOPFORD, 2017, p. 896.
13 BRASIL, 1997b.
14 CASTRO JR., 2013, p. 94-95.

Sul e o Norte ao Centro, sede da vida política no Brasil, sendo estes um dos principais marcos até 1850, momento em que ficou consolidado o primeiro Regulamento da Capitania dos Portos.

Em 1864, o Decreto nº 1.198, de 16 de abril, mandou prorrogar a Lei nº 1.177, decretada para o exercício de 1863 a 1864, que permitia às embarcações estrangeiras realizarem o serviço de transporte costeiro entre os portos do Império em que houvesse alfândega, conduzindo gêneros e mercadorias de qualquer origem. Mas foi com a Lei nº 2.348/1866 (art. 11, §5º) que ficou estabelecida no Brasil, de forma definitiva, a livre cabotagem.[15]

O regime de cabotagem para navios de bandeira brasileira foi inserido na CF de 1891, em seu art. 13, parágrafo único, ao estipular que: "A navegação de Cabotagem será feita por navios nacionais." 16 O primeiro decreto que regulamentou a navegação de cabotagem, sob o regime do privilégio assegurado pela Constituição Republicana, foi o de nº 123, de 11 de novembro de 1892, que determinou o prazo de dois anos para suas disposições terem eficácia, na intenção de permitir que a transformação do regime livre em reservado se efetuasse de maneira a diminuir os transtornos ao bem público e o interesse do particular.[17]

Em 1941, foi criada a Comissão de Marinha Mercante (CMM); em 1958, a Taxa de Renovação da Marinha Mercante e, em 1967, foi editada a Resolução nº 2.995/97, por meio dessa comissão, e que estabelecia igualdade de participação entre armadores nacionais e de países importadores e exportadores, além de outras resoluções que apresentaram grandes impactos na cabotagem.

É nesse momento, portanto, que se configura a exclusividade de cabotagem a armadores brasileiros, a abertura de transporte marítimo de longo curso à iniciativa privada, a entrada de empresas brasileiras nas conferências de fretes e assinatura de acordos bilaterais. Em 1991, verificou-se uma desregulação total do tráfego marítimo, por meio da Portaria do Ministério do Transporte (MT) nº 7/91,[18] o que culminou na extinção das cotas das empresas brasileiras financiadas pelo governo, bem como na liberação à operação em qualquer tráfego e, ainda, na

15 VIEIRA, 2009.

16 BRASIL, 1891.

17 CASTRO JR., 2013, p. 96-97.

18 BRASIL, 1991.

navegação turística de CABOTAGEM, com a Emenda Constitucional (EC) nº 7/1995.[19]

A ANTAQ é uma entidade que integra a Administração Federal indireta, de regime autárquico especial, com personalidade jurídica de direito público, independência administrativa, autonomia financeira e funcional, vinculada ao Ministério da Infraestrutura.[20]

Foi criada pela Lei nº 10.233, de 05 de junho de 2001[21] e instalada em 17 de fevereiro de 2002. A ANTAQ tem por finalidade implementar as políticas formuladas pelo Ministério da Infraestrutura, segundo os princípios e diretrizes estabelecidos na legislação. É responsável por regular, supervisionar e fiscalizar atualmente as atividades de prestação de serviços de transporte aquaviário e de exploração da infraestrutura portuária e aquaviária, inclusive a cabotagem.

As principais semelhanças entre a cabotagem no Brasil e a dos demais países do mundo incluem o fato de, invariavelmente, ser ela um setor altamente regulamentado e protegido, algo que acontece sob o argumento de "proteger a indústria naval doméstica da concorrência estrangeira, preservar os ativos de transporte marítimo nas mãos locais para fins de segurança nacional e maximização da segurança em águas territoriais".[22]

Segundo o Acórdão nº 1.388/2019[23] (TCU), em que foram relatados e discutidos os autos de Relatório de Auditoria Operacional da ANTAQ, com o objetivo de avaliar obstáculos ao desenvolvimento da navegação de cabotagem e de incrementar a participação do setor na matriz de transportes no Brasil, este é o conceito legal de cabotagem:

> 51. De acordo com a Lei 9.432/1997, em seu art. 2º, inciso IX, navegação de cabotagem é aquela realizada entre portos ou pontos do território brasileiro, utilizando a via marítima ou esta e as vias navegáveis interiores.
> 52. Nos termos da Constituição Federal de 1988, art. 178, parágrafo único c/c com a Lei 9.432/1997, o transporte de mercadorias na cabotagem é prioritariamente realizado por embarcações brasileiras, sendo permitido o uso de embarcações estrangeiras somente por meio de afretamentos autorizados pela ANTAQ, para Empresa Brasileira de Navegação (EBN).

---

19 CASTRO JR., 2013, p. 98-99.
20 BRASIL, [2021e].
21 BRASIL, 2001.
22 BARRETO, 2016.
23 BRASIL, 2019e.

> 53. Quando se estuda o setor de cabotagem, outros tipos de navegação são analisados, por estarem relacionados e não possuírem precisão em seus conceitos nos atos normativos em vigor. No jargão do setor, encontra-se: a) o transporte ao longo da costa brasileira entre dois portos brasileiros de produtos estrangeiros ainda não nacionalizados (ou seja, ainda sob controle aduaneiro), oriundos de navios de longo curso e que foram transbordados para navios menores de cabotagem (transporte '*feeder*') ; b) o transporte de produtos nacionais em navios estrangeiros, entre dois portos brasileiros, aproveitando-se de escalas já programadas e de espaço disponível em navios de longo curso navegando na costa brasileira e que deve receber autorização da ANTAQ para ser realizado (transporte '*waiver*'); e, ainda, c) o transporte realizado entre portos de países vizinhos com acordo de isenção de tarifas, a exemplo dos integrantes do Mercosul ('grande cabotagem' ou 'cabotagem internacional').
> 54. Nas estatísticas divulgadas pela ANTAQ, a carga do tipo *feeder* é considerada como sendo carga de cabotagem, assim como a carga transportada por meio do *waiver*. A carga transportada por meio de acordos internacionais (a de grande cabotagem) é considerada longo curso.

A cabotagem proporciona muitos benefícios, como a alta eficiência energética, a maior capacidade de transportar diferentes tipos de cargas, a maior capacidade de circulação de grande quantidade de cargas por longas distâncias, o menor número de acidentes, de emissão de poluentes, congestionamento de tráfego, custo de infraestrutura, nível de avaria, custo operacional e impacto ambiental.[24]

O estudo da ANTAQ, descrito no Relatório de Auditoria Operacional efetuado pelo TCU, proporcionou aspectos proeminentes a respeito da cabotagem, apresentando diferentes definições em diversos países:[25]

> *União Europeia: Regulamento do Conselho (EEC) Nº 3577/1992, artigo 2º:*
> 1. "Serviços de transporte marítimo dentro de um Estado Membro (cabotagem marítima) significará serviços normalmente prestados por remuneração e incluirá em particular: (a) cabotagem continental: o carregamento de passageiros ou bens por mar entre portos situados no continente ou o principal território de um e o mesmo estado membro sem escala em ilhas; (b) serviços de suprimento costeiros (*offshore*): o carregamento de passageiros ou bens por mar entre qualquer porto

[24] BRASIL, 2019f.

[25] ANTAQ citado por BRASIL, [2021e].

em um estado membro e instalações ou estruturas situadas na plataforma continental daquele estado membro; (c) cabotagem insular: o carregamento de passageiros ou bens por mar entre: portos situados no continente e em uma ou mais das ilhas de um estado membro e o mesmo estado membro, ou portos situados nas ilhas de um estado membro e o mesmo estado membro".
Glossário OMC: "Em transporte marítimo, cabotagem significa operação de navios entre portos do mesmo país, usualmente ao longo da costa".
UNCTAD - Revisão 2017 do Transporte Marítimo: "Cabotagem é definida como transporte de passageiros, bens e materiais entre dois portos localizados no mesmo país, independente do país em que a embarcação está registrada. A cabotagem abrange operações domésticas de navios mercantes; essas incluem tráfego doméstico, bem como operações relativas a transbordos. A cabotagem pode envolver a operação de linhas regulares ou de viagens isoladas, e uma variedade de técnicas de manuseio de cargas".
Glossário da OCDE de termos estatísticos: "Transporte marítimo entre dois portos (um porto de carregamento/ embarque e um porto de descarregamento/desembarque) situados no mesmo país independentemente do país em que a embarcação marítima está registada. A cabotagem (contexto marítimo) pode ser efetuada por uma embarcação marítima registada no país de notificação ou em outro país. Transporte dentro de um porto é incluído.

Como pode-se perceber pela leitura do trecho, é bastante ampla a definição internacional sobre a cabotagem marítima, de modo que não existe uma única definição adotada por todos os países que a utilizam como meio de transporte para circulação das mercadorias, produtos e insumos.

A ANTAQ apresentou estudo com esboço que faz alusão aos países membros das Nações Unidas que utilizam a cabotagem como forma de escoamento e possuem legislação que regulamenta a atividade. O resultado da análise restou evidenciado no quadro apresentado no Anexo 1.[26]

Logo, denota-se que o Brasil oferece as características adequadas quanto à forma de escoamento para a efetiva atividade da cabotagem, bem como traz legislação relacionada à matéria. Contudo, existem aspetos relevantes à atividade e às políticas aplicadas no Brasil que merecem abordagem em especial.

---

26 BRASIL, [2021e].

A análise da ANTAQ exibiu subsídios importantes tanto no que refere às diferenças políticas praticadas quanto ao protecionismo ou liberalismo relacionado à atividade de cabotagem nos países apontados no referido estudo.

Observa-se que cada Estado procura concretizar uma política de modo a atender seus interesses, consoante foi orientado por meio do estudo da agência reguladora, a qual assinalou subsídios extraídos da Seafarers' Rights International (SRI).[27]

Por meio do estudo da ANTAQ,[28] foi possível verificar as diferenças existentes nas políticas aplicadas em cada Estado, e que se referem a definição, tipo de reservas e restrições aplicadas, tipos de embarcações abrangidas, tipos de tráfego, serviços e atividades cobertas, zonas marítimas e áreas de cobertura da cabotagem.

O Brasil reconhece uma política de proteção controlada à cabotagem, que se constitui na existência de uma proteção à indústria de cabotagem marítima, mas, concomitantemente, permite a entrada de armadores estrangeiros sob condições controladas, por meio de concessão de permissões ou licenças.[29]

Observando o quadro de "Classificação de políticas de cabotagem por países", no Anexo 2, pode-se concluir que as políticas de protecionismo ou de liberalismo em relação à cabotagem acompanham ideologias distintas em diferentes países, ficando, pois, a critério de cada nação estipulá-las conforme os interesses de cada uma.

Destaca-se que as políticas protecionistas se relacionam intimamente com o interesse do Estado em realizar um fomento da sua economia local; geralmente se usa como justificativa a manutenção de uma frota nacional no intuito de contribuir para reduzir o impacto adverso das despesas com fretes na balança de pagamentos, bem como se apresenta a intenção de assegurar o crescimento econômico e o bem-estar social, desenvolvendo a capacidade local em vários segmentos da cadeia de valor do transporte marítimo, particularmente na construção, navios, propriedade, registro e operação de navios e marítimos.

---

27 O SRI foi lançado na sede da Organização Marítima Internacional das Nações Unidas pelo então secretário-geral Efthimios E. Mitropoulos, no Dia Marítimo Mundial do Ano do Marítimo, 23 de setembro de 2010. Hoje opera no coração da indústria marítima, oferecendo a todos os setores da comunidade marítima pesquisa legal e política de alta qualidade imparcial em questões regulatórias e operacionais de interesse para a indústria marítima (SRI. Seafarers' Rights International, [2020]).

28 BRASIL, [2021e].

29 BRASIL, [2021e].

De acordo com os estudos da ANTAQ, houve um crescimento significativo da participação da carga conteinerizada na cabotagem nos últimos anos. O crescimento da participação no total explica-se pela extraordinária expansão do transporte desse perfil de carga na última década. Enquanto a cabotagem como um todo cresceu 28% de 2010 a 2018, o transporte de contêineres cresceu 204%, na comparação entre o primeiro semestre de 2010 e o primeiro semestre de 2019. Nessa trajetória de evolução, merece ênfase o índice de crescimento entre o primeiro semestre de 2018 e o mesmo período de 2019, com o valor de 24,7%. Infere-se que esse resultado tenha sido entusiasmado pela greve dos caminhoneiros ocorrida em maio de 2018.[30]

1.1.2 Sustentabilidade

A cabotagem é uma alternativa viável, pois não carece, por exemplo, de investimentos em vias (trecho a ser percorrido no mar). A utilização de portos pela cabotagem representa um volume bastante reduzido quando comparado ao volume do comércio exterior, ou seja, não caberia a ela a responsabilidade de realizar investimentos portuários.

Ainda de acordo com dados do Plano da Confederação Nacional de Transportes (CNT) e Logística 2018, seriam necessários R$10,00 para manutenção da cabotagem para cada 1.000 Toneladas Quilômetro Útil (TKU)[31] transportadas, enquanto para ferrovias, *v.g.*, R$65,00, e rodovias, R$147,00.[32] Esses fatores, portanto, demonstram que promover a cabotagem para consentir o crescimento almejado é uma opção eficiente e sustentável.

Segundo a *Tecnologística,* cujo tema transcrito é a cabotagem no Brasil, ao tratar da importância, dos benefícios e do seu crescimento,[33] a vocação da cabotagem é clara: atender ao transporte de produtos com origens e destinos próximos à costa, para longas distâncias. Apesar de possuir 80% da população a uma distância de até 200 km da costa e de ter praticamente 8.000 km de litoral, o Brasil tem apenas 11% de sua matriz de transporte alocada no modal. Se se contar que, desses 11%,

---

30 BRASIL, [2021e].

31 É dita como uma unidade que mensura o esforço físico. A produção em TKU é obtida multiplicando-se a tonelagem transportada pela distância percorrida (PORTOGENTE, 2016).

32 ALVARENGA, 2019.

33 ALVARENGA, 2019

mais da metade se refere à movimentação de petróleos e derivados, percebe-se que há ainda uma subutilização da cabotagem para o transporte de mercadorias e abastecimento do país.

Em compensação, o Brasil tem uma alta dependência do modal rodoviário, cuja matriz de transporte, conforme apreciação realizada pelo Instituto de Logística e Supply Chain (ILOS), indica que, em 2018, 61% das cargas movimentadas utilizaram as rodovias brasileiras. É um percentual desproporcional quando comparado com outros importantes países: o Japão (que transporta 44% de sua carga na cabotagem) utiliza a rodovia para 50% de sua movimentação; a UE, para 49%; os Estados Unidos, para 43% de sua movimentação doméstica; e a China, por fim, utiliza a rodovia para movimentar 33% de suas cargas internas.[34]

Esse desequilíbrio da matriz de transportes causa inúmeros problemas e, para superá-los, é necessária a existência de uma política de Estado que perpasse as mudanças de governo, a fim de colocar a cabotagem em foco e criar meios para fomentar o crescimento e expansão do modal. Dentre as principais vantagens deste modal,[35] podem-se citar: grande capacidade de transporte de cargas, menor consumo de combustível, baixo número de acidentes, reduzido custo por tonelada-quilômetro, além da menor emissão de gases poluentes.

Em se tratando da sustentabilidade da cabotagem, além das vantagens competitivas deste modal, importante mencionar que é possível estabelecer uma nova forma de transporte, sem emissão de grandes volumes de CO_2, por exemplo, e para tanto é indispensável rever a matriz de transporte brasileira, estabelecendo um maior equilíbrio entre modais, considerando que os impactos socioambientais incitados pelo desenvolvimento econômico das nações têm causado preocupações na sociedade.

Segundo matéria veiculada no *Cabotagem Brasil*, são modelos que não se fundamentam em novas atividades logísticas, e sim na inclusão de conceitos ambientais no seu desempenho.[36] Por estes conceitos passa a triagem do melhor modo de transporte ou do mais eficiente para amortizar o impacto sobre o meio ambiente. Assim, nesse ambiente de alteração, no surgimento de novos conceitos, que a cabotagem se apresenta como opção para transporte em grandes distâncias.

---

34 CONSULTORIA ILOS, [2021].

35 INCIRILO, 2019, p. 5.

36 AMARAL, [2020].

Na 21ª Conferência das Partes (COP21) da Organização das Nações Unidas (ONU), em Paris,[37] foi adotado um novo acordo e o objetivo central foi fortalecer a resposta global à ameaça da mudança do clima, além de reforçar a capacidade dos países para lidar com os impactos decorrentes dessas mudanças. O acordo foi aprovado pelos 195 países para reduzir emissões de gases de efeito estufa no contexto do desenvolvimento sustentável.

No Brasil, um país com dimensões continentais, o transporte de cargas é um grande entrave ao cumprimento deste acordo. Com exceção do desmatamento dos diversos biomas brasileiros (incluindo a Amazônia), o setor de transportes é indicado como o principal emissor de CO_2.[38] Para Osvaldo Agripino de Castro Júnior e Silvano Denega Souza,[39] "o pouco uso do mar pela logística doméstica brasileira tem contribuído sobremaneira para o aumento da emissão de gases de efeito estufa". Os autores prosseguem no sentido de que o desenvolvimento sustentável traz consigo a premissa de que o desenvolvimento qualitativo antecede o quantitativo e orientam qualquer mudança de paradigma.

De acordo com Maikon Cristiano Glasenapp e Paulo Márcio Cruz:[40] "A sustentabilidade está redefinindo as pautas axiológicas em plano local, nacional, internacional, em especial, transnacional." Antes de a sustentabilidade ser um novo paradigma e/ou um fenômeno, do ponto de vista jurídico, é um requisito. Isso quer dizer que a conservação de durabilidade que implica é de fato elemento que, dadas as exigências práticas, necessidades cogentes da sobrevivência, requer a intervenção de todos no sentido de causar a proteção da sobrevivência, não apenas humana, mas de todo o ecossistema.

O sistema de transporte é composto por vias, terminais e veículos. As vias são o meio pelo qual as cargas ou pessoas são deslocadas (hidrovia, no caso deste estudo). Os terminais são as instalações que fazem parte da origem ou centralização (portuário, se pensado nesta obra). Os veículos são os meios com força motriz que deslocam as cargas pelas vias, cujos exemplos podem ser os caminhões e os navios.[41]

O sistema de transporte de mercadorias é o elo entre a produção e o cliente, como facilitador do comércio e, ainda, um motor

---

37 FIA, 2020.

38 AMARAL, [2020].

39 CASTRO JR.; SOUZA, 2013, p. 149-150.

40 GLASENAPP; CRUZ, 2016, p. 84.

41 MARQUES, 2010, p. 32.

ao crescimento econômico e ao desenvolvimento social. No entanto, impactos adversos dessa atividade no meio ambiente e à saúde humana também são motivos de preocupação. João Guilherme Araújo[42] indica que, no Brasil, as movimentações de transporte devem ser planejadas e executadas de forma a viabilizar maior competência, devido à grande extensão territorial.

Nesse sentido, os modais devem ser complementares, isto é, o planejamento da operação deve estabelecer uma solução intermodal que minimize os custos e seja eco eficiente. Para tanto, deve-se utilizar a melhor característica de cada modal, favorecendo toda a cadeia, tornando a operação de transporte mais sustentável.

Para Fernando Almeida:[43]

> A sustentabilidade é usualmente vista como o equilíbrio entre a sociedade, o ambiente e a economia. Ou, mais objetivamente, Pessoas-Planeta-Lucro. Até hoje, os estudos e as análises existentes colocam esses três domínios como blocos isolados que interagem entre si, com algumas áreas de sobreposição. De fato, a inovação sustentável moderna considera que esses domínios são totalmente integrados: a economia é o centro e parte menor e integral da sociedade que é totalmente contida e envolvida pelo ambiente, o maior, dominante e principal elemento dos três. É claro que o meio ambiente continuará a existir com ou sem a sociedade e sua economia.

É evidente, para José de Lima Albuquerque,[44] que a incorporação dos custos pela degradação ambiental deve ser inserida nas contas dos países/nações, pois "a deterioração da qualidade ambiental e a exaustão dos recursos naturais acarretadas pela atividade econômica precisam ser levadas em consideração quando do cômputo de perdas e ganhos para sociedade".

Deve o desenvolvimento econômico estar vinculado a uma ideia de melhoria substancial e qualitativa da qualidade de vida, e não apenas quantitativa, em termos de crescimento econômico.[45]

---

42 ARAÚJO, 2013.

43 ALMEIDA, 2012, p. 37.

44 ALBUQUERQUE, 2009, p. 209.

45 FENSTERSEIFER, 2008, p. 102.

1.1.3 Matriz de transporte

No Brasil, o transporte rodoviário é o principal meio utilizado para o transporte de cargas e o deslocamento de pessoas, sendo que o escoamento de produtos em escala nacional se tornou uma problemática para o desenvolvimento do país, marcado pela carência de investimentos em demais meios de locomobilidade.

Um dos fatores de desenvolvimento econômico de uma nação está inteiramente relacionado às facilidades de mobilidade e à acessibilidade de sua população em termos de deslocamento urbano, tanto entre suas regiões como entre os países, bem como ao escoamento de sua produção de mercadorias de modo que atinja os pontos de consumo, seja no contexto nacional ou internacional. Nesse caminho, os custos de operação podem ser determinantes na competitividade desses produtos.

A matriz de transporte brasileira atual evidencia desequilíbrio entre os diversos modais existentes e apresenta um elevado grau de dependência do transporte rodoviário, cujas particularidades assinalam baixa eficiência energética, alto custo para longa distância e altos índices de acidentes e de roubo/avaria de cargas.[46] O modal rodoviário diferencia-se pelo uso de veículos e malhas rodoviárias. No Brasil, é o meio de transporte mais utilizado para cargas, aproximando-se de 60%, conforme anunciado pela CNT, em 2017.[47]

Sem dúvida, o rodoviário é o modal de transporte mais usado no Brasil, e teve investimentos desde os anos 1930, recebendo ainda mais recursos na década de 1950 com a montagem das originárias montadoras transnacionais de automóveis. Segundo Marco Aurélio E. Dias,[48] é o transporte mais empregado e com a maior capilaridade dos modais existentes no país e com elevado custo, sobretudo por funcionário.

Mesmo que sofra com a falta de pavimentação das estradas, com altos custos de frete e grande probabilidade de extravio e maior tempo despendido para entregar as cargas ao seu destino final, o transporte rodoviário oferece benefícios muito relevantes, que validam a sua procura, e as maiores prerrogativas são a acessibilidade, o ganho de tempo em distâncias curtas e a flexibilidade da rota.

O transporte aéreo, por ser realizado por aeronaves, é sugerido especialmente para o transporte de produtos frágeis e, também, para

---

46 SOARES, 2019, p. 20.

47 CNT, 2019.

48 DIAS, 1993, p. 336-340.

eletrônicos em geral. Normalmente, estes produtos são de alto valor e demandam prazos curtos de entrega.

Trata-se de modalidade com baixa adesão dos interessados, em virtude dos limites de transporte relacionados ao volume, tamanho e peso das cargas admitidas e com preços e tarifas bastante elevados. Entretanto, tem muitos benefícios que podem atender necessidades peculiares de clientes específicos, como a maior agilidade e para grandes distâncias, prazos curtos para entrega e poucos riscos para a carga.

Segundo Antônio Galvão Novaes,[49] além de transportar carga com velocidades muito superiores às demais modalidades, o transporte aéreo ostenta níveis de avarias e extravios mais baixos, decorrendo em maior segurança e confiabilidade.

O transporte ferroviário é tido como o de menor custo quando considerado para atender a extensas distâncias e ideal para cargas de mercadorias tais como minério de ferro, café, soja, entre outros.

De acordo com a Associação Nacional dos Transportes Ferroviários (ANTF):[50]

> Para se ter uma ideia da capacidade de transporte das ferrovias, um vagão graneleiro é capaz de carregar a mesma quantidade de soja que 2,5 caminhões bitrens. Além disso, para transportar a mesma carga, consome 70% menos combustível do que seu equivalente rodoviário. Ambos os fatores contribuem para um transporte 52% mais barato (R$89,18 vs R$187,46 para granel sólido agrícola, por mil TKU) e 66% menos poluente. Além dos fatores econômico e ambiental, o modal destaca-se por uma expressiva vantagem no quesito segurança.

Muito embora tenha sido considerado o modal de transporte mais importante e utilizado no Brasil até os idos da década de 1930, perdeu cada vez mais espaço para o transporte rodoviário, uma vez não ter a mesma flexibilidade de rota que o segundo e diante da falta de planeamento e investimentos do governo na construção das ferrovias.

Para Fabiano Caxito,[51] o transporte ferroviário tem custo baixo, porém não tem muita flexibilidade e os prazos de entrega são longos e variáveis, além de haver necessidade, em alguns casos, de baldeação

---

49 NOVAES, 2007, p. 251.

50 ANTF, s.d.

51 CAXITO, 2011, p. 271.

para troca de trem, pois existem ferrovias que possuem bitola estreita, enquanto outras possuem bitola larga.

Considerando que tal modalidade transporta cargas e também passageiros, para Ronald Ballou,[52] é importante registrar que a empresa ferroviária tem custos fixos elevados e custos variáveis relativamente baixos, e que o aumento do volume por trem e seus efeitos na redução dos custos de terminais podem produzir substanciais economias de escala, ou seja, custos unitários reduzidos para cargas de maior volume.

Para Antônio Galvão Novaes,[53] depois da privatização das ferrovias no Brasil, houve um avanço nos serviços de transporte ferroviário, e mesmo que a rede ferroviária seja relativamente pequena, considerando-se o território nacional, tem considerável potencial junto aos grandes centros produtores e consumidores.

O modal aquaviário é feito por mar, rios ou lagos e transporta cargas ou pessoas; é indicado para o transporte de mercadorias de baixo valor agregado, sendo possível transportar itens de diversas espécies, tais como minérios de ferro, petróleo, contêineres, soja, milho, bauxita, adubos, açúcar (granel), carvão mineral, dentre outros. É capaz de atender a demandas de longas distâncias, porém, o tempo de entrega é mais demorado.

A utilização de vias aquáticas faz com que não haja a disputa de espaço com outros modais; no entanto, o seguro das mercadorias pode significar um alto custo para a empresa contratante. Características marcantes desse modal são a viabilidade do transporte de grandes quantidades de mercadorias – tendo um custo por metro quadrado e peso dos produtos muito menores, o que o torna atrativo ao contratante que dispõe de uma programação com possibilidade de maior *transit time* [tempo de trânsito] –, bem como os desembaraços aduaneiros e portuários.

Segundo Ronald Ballou,[54] o maior investimento que o transportador hidroviário necessita fazer condiz com aqueles pertinentes aos equipamentos de transportes e em instalações de terminais.

As hidrovias e os portos são, via de regra, de propriedade e operações públicas; logo, pouco desses custos, especialmente no caso de operações nacionais, são cobrados dos transportadores. Para Sunil

52 BALLOU, 2006, p. 52.
53 NOVAES, 2007, p. 51.
54 BALLOU, 2006, p. 52.

Chopra e Peter Meindl,[55] a principal prerrogativa do transporte hidroviário é o custo, considerando que os operacionais são realmente baixos, pois os navios têm grande capacidade; os custos fixos, então, podem ser absorvidos pelos grandes volumes.

Além disso, muitos navios realizam viagens programadas em baixa velocidade (o que se verifica na programação de tempo de trânsito no momento da contratação do serviço), o que reduz consideravelmente o consumo de combustíveis, tendo como consequência natural menor emissão de poluentes, bem como custos menores na locomoção.

Segundo a CNT:[56]

> O transporte hidroviário possui grande capacidade de movimentação de carga, baixo custo da tonelada transportada e reduzidas emissões de poluentes que, entre outros, fazem dele um modal muito adequado à movimentação de grandes volumes de mercadorias de baixo valor agregado (*commodities*) por grandes distâncias. Apesar dessas vantagens e de o Brasil possuir uma ampla rede hidrográfica, com 63 mil km de rios, são utilizados, comercialmente, pela navegação interior apenas cerca de 30,9% dessa rede; e somente 5% da movimentação de cargas no território nacional é realizada por esse modo de transporte. Em termos de densidade, o Brasil dispõe de apenas 2,3 km de hidrovias economicamente utilizáveis para cada 1.000 km² de área, enquanto países de dimensões semelhantes, tais como a China e os Estados Unidos, possuem, respetivamente, 11,5 km e 4,2 km de hidrovias por 1.000 km² de área. A baixa utilização do modal é consequência de entraves de infraestrutura, de operação, de gestão e burocráticos que dificultam ou impossibilitam a navegação. A existência desses entraves está relacionada, entre outros aspectos, a pouca atenção dada ao segmento nas políticas de Estado, à baixa efetividade dos planos e programas que contemplam o setor e aos reduzidos volumes de recursos destinados pelo Poder Público à melhoria das vias interiores.

Verifica-se que, se por um lado o bom emprego do modal hidroviário é baixo devido à existência desses problemas acima descritos, por outro, observa-se que as chances de desenvolvimento se mostram promissoras, considerando as projeções no longo prazo de aumento da produção e das exportações de produtos potencialmente "transportáveis" pela navegação interior, em especial *commodities* [mercadorias]

---

55 CHOPRA; MEINDL, 2011, p. 32.

56 CNT, 2019.

agrícolas e minerais, bem como diante da elevação da demanda pela movimentação de mercadorias com espaço de crescimento dentro do modal, a exemplo das cargas conteinerizadas.

O modal duto viário é feito por meio de dutos que podem ser aparentes, submarinos ou subterrâneos, e com a ajuda do controle da pressão inserida nesses tubos. Esse tipo de modal vem se mostrando uma das maneiras mais econômicas de transportar grandes volumes, especialmente quando se trata de óleo, gás natural e derivados, sobretudo quando confrontados com os modais rodoviário e ferroviário. O uso mais notório é para o transporte de petróleo e, nesse exemplo, os dutos são chamados oleodutos, mas ele também é empregado para o carregamento de gases, fluídos líquidos e sólidos granulares.

O transporte duto viário atravessa longas distâncias e tolera a transferência de grandes volumes de maneira constante. Tem um alto custo de investimento inicial, entretanto é considerado uma alternativa econômica viável para o abastecimento contínuo de matriz energética, pois permite rapidez na comunicação entre os pontos de entrega e segurança no transporte.

De acordo com Agência Nacional do Petróleo, Gás Natural e Biocombustível (ANP),[57] ao tratar da movimentação de produtos líquidos, a logística da movimentação dos produtos líquidos por ela regulados depende da infraestrutura de transferência e de transporte disponível no território nacional, composta pelos oleodutos e terminais de combustíveis líquidos, e atuam neste mercado diversos tipos de empresas e consórcios de empresas que operam as instalações e oferecem serviços variados, a exemplo de transporte dutoviário, bem como armazenamento de produtos para terceiros, transporte multimodal e, ainda, diferentes tipos de serviços de carga e descarga de produtos, visando mudança de modal de transporte.

Conforme se observa no Gráfico 1 do Anexo 3, e de acordo com os dados obtidos pela Empresa de Planejamento e Logística S.A.,[58] o quadro de transporte intermodal de carga apresenta a participação, em TKU, de cada modo de transporte na matriz brasileira, em que se observa a predominância da logística rodoviarista no Brasil.

Nesse panorama, é importante enfatizar que o Brasil é diferenciado por possuir um território de dimensões continentais, delimitado

---

57 BRASIL, 2020b.

58 EPL, 2015.

pelo Oceano Atlântico Sul, com litoral de aproximadamente 7.500 km e com o comprimento de cerca de 22.000 km de vias navegáveis interiores.[59] Além disso, sua ocupação demográfica caracteriza-se por ter a maior parte de sua população (80%) concentrada no litoral, em uma faixa de cerca de 200 km ao longo da costa.

Desse modo, a navegação de cabotagem mostra-se como uma alternativa viável de transporte, em razão de suas particularidades logísticas, que ratificam alto potencial estratégico como meio de transporte de cargas em distâncias superiores a 1.500 km, que é comparativamente mais barato do que os fretes rodoviários e ferroviários.[60]

De tal modo, o maior uso da cabotagem no transporte de cargas pode colaborar com a redução de custos logísticos da produção industrial brasileira, assim como cooperar para o equilíbrio da matriz de transportes do país, hoje seguramente dominada pelo transporte rodoviário, até mesmo em transporte por longas distâncias. O potencial de redução de custos com o uso da cabotagem pode ser visualizado na Figura 1 do Anexo 4.[61]

Portanto, verifica-se que haveria maior equilíbrio na matriz de transportes do Brasil com o aumento do uso da cabotagem no transporte de cargas, o que pode contribuir para a diminuição de custos logísticos da produção industrial brasileira, como também colaborar para o equilíbrio da matriz de transportes do país, atualmente subjugada pelo transporte rodoviário, até mesmo em longas distâncias.

1.1.4 Regulamentação

O transporte marítimo subdivide-se em quatro modalidades: longo curso, cabotagem, apoio marítimo e apoio portuário. Enquanto o longo curso[62] é realizado entre portos brasileiros e estrangeiros, a navegação de cabotagem consiste no deslocamento realizado "entre portos ou pontos do território brasileiro, utilizando a via marítima ou esta e as vias navegáveis interiores", conforme definido no inciso IX, art. 2º, da Lei nº 9.432/1997.

---

59 SOARES, 2019, p. 11.

60 EPL, 2015.

61 BRASIL, 2019g, p. 10.

62 De acordo com o art. 5º da Lei nº 9.432/1997, a operação ou exploração do transporte de mercadorias na navegação de longo curso é aberta aos armadores, às empresas de navegação e às embarcações de todos os países, observados os acordos firmados pela União, atendido o princípio da reciprocidade (BRASIL, 1997b).

A navegação considerada como apoio marítimo é aquela realizada para o apoio logístico a embarcações e instalações em águas territoriais nacionais e na Zona Econômica que operem nas atividades de pesquisa e lavra de minerais e hidrocarbonetos. Já a navegação de apoio portuário é desempenhada exclusivamente nos portos e terminais aquaviários, para atendimento a embarcações e instalações portuárias.[63]

O transporte aquaviário no Brasil, bem como a exploração da infraestrutura portuária e aquaviária, são regulados pela ANTAQ, a qual incumbe promover estudos aplicados às definições de tarifas, preços e fretes, em comparação com os custos e os benefícios econômicos transferidos aos usuários pelos investimentos realizados.

Cabe também à agência regular os respectivos contratos e demais instrumentos administrativos e vigiar o funcionamento e a prestação de serviços das empresas de navegação de longo curso, de cabotagem, de apoio marítimo, portuário, fluvial e lacustre, entre outras obrigações. O principal marco regulatório que baliza a atuação da ANTAQ e que dispõe sobre o ordenamento do transporte aquaviário é a Lei nº 9.432/1997.

De acordo com o Relatório de Auditória Operacional do TCU,[64] aplica-se à navegação de cabotagem o art. 21, inciso XII, alínea 'd', da CRFB/88,[65] que trata da competência da União para, dentre outras, explorar serviços de transporte aquaviário entre portos brasileiros, do qual se extrai a natureza de serviço público aplicado a tal modalidade de navegação:

> Art. 21. Compete à União:
> XII - explorar, diretamente ou mediante autorização, concessão ou permissão:
> d) os serviços de transporte ferroviário e aquaviário entre portos brasileiros e fronteiras nacionais, ou que transponham os limites de Estado ou Território (...).

Com fundamento no citado dispositivo constitucional, o ministro Bruno Dantas, no âmbito do Tribunal de Contas (TC) nº 003.667/2018-9, entendeu que a navegação de cabotagem se insere no âmbito do poder de fiscalização do TCU, conforme trecho a seguir:

---

63 BRASIL, [2021e].

64 BRASIL, 2019g.

65 BRASIL, 1988.

> De início, para que não pairem dúvidas acerca da competência deste Tribunal para apreciar a questão posta nos autos, cabe ressaltar que, conforme enfatizado pelo ilustre Ministro Benjamin Zymler em sua declaração de voto, a natureza jurídica de serviço público atribuída ao transporte aquaviário, bem como o caráter de ato administrativo da outorga de autorizações de afretamento, "além de atrair a incidência do Direito Administrativo, coloca as questões tratadas nestes autos no âmbito da competência do TCU".[66].

Aplica-se também à cabotagem o art. 178, parágrafo único, da Carta Magna, alterado pela EC nº 7/1995, que outorgou ao legislador infraconstitucional poderes para permitir a participação de navios de bandeiras estrangeiras na navegação de cabotagem no Brasil.

A lei promulgada para atender a esse comando constitucional foi a Lei nº 9.432/1997, a qual poderá ser alterada pelo PL nº 4199/2020 (BR do Mar),[67] que dispõe sobre a ordenação do transporte aquaviário, criando condicionantes, em seu art. 9º, para a participação de embarcações estrangeiras, afretadas por Empresas Brasileiras de Navegação (EBNs), na navegação de cabotagem.

Ainda se aplicam à cabotagem a Lei nº 10.233/2001, que cria e dispõe sobre as competências da ANTAQ; a Lei nº 10.893/2004, que dispõe sobre o Adicional ao Frete para a Renovação da Marinha Mercante (AFRMM) e o Fundo da Marinha Mercante (FMM); e a Lei nº 7.652/1998, que dispõe sobre o registro da propriedade marítima.

No nível infralegal, destacam-se o Decreto nº 1.265/1994, que aprova a Política Marítima Nacional (PMN), e o Decreto nº 2.256/1997, que regulamenta o Registro Especial Brasileiro (REB); a Resolução ANTAQ nº 1.811/2010, que trata de critério regulatório para a operação comercial de embarcações, bem como a Resolução Normativa ANTAQ nº 1/2015, que dispõe sobre afretamento de embarcações; e a Resolução Normativa ANTAQ nº 5/2016, que trata sobre outorga à pessoa jurídica operar no transporte aquaviário, como EBN.

Há, ainda, a Resolução Normativa ANTAQ nº 18/2017, que dispõe sobre os direitos e deveres dos usuários, dos agentes intermediários e das empresas que operam nas navegações de apoio marítimo, apoio portuário, cabotagem e longo curso, bem como a Portaria do Ministério dos Transportes, Portos e Aviação Civil (MTPA) nº 235/2018, que institui

---

66 BRASIL, 2019g.

67 BRASIL, 2020d.

a Política Nacional de Transportes (PNT) e estabelece princípios, objetivos, diretrizes e instrumentos para o setor de transportes.

Aplica-se, ainda, regulamentação infralegal sobre o AFRMM, constituída pela Resolução da Receita Federal Brasileira (RFB) nº 1.471/2014 e Resolução RFB nº 1.717/2017, ambas da Secretaria da Receita Federal do Brasil.

Foram verificadas como aplicáveis também ao setor a Lei de Transporte Multimodal de Cargas e Operador de Transporte Multimodal (OTM), Lei nº 9.611/1998, seu regulamento, Decreto nº 3.411/2000, e a Resolução da Agência Nacional de Transportes Terrestres (ANTT) nº 794/2004, editada, e por ser de competência da ANTT a regulamentação desta particularidade de transporte de carga.

Cabe destacar que, consoante o §2º do art. 2º da Lei nº 9.074/1995, com redação dada pela Lei nº 9.432/1997, o transporte de cargas pelo meio aquaviário independe de concessão, permissão ou autorização.

Por fim, destaca-se que os procedimentos de controle e fiscalização dos processos de liberação de carga em recintos alfandegados são normatizados pelo Decreto-Lei nº 37/1966, bem como pelo Regulamento Aduaneiro (Decreto nº 6.759/2006) e pela Instrução Normativa RFB nº 800/2007.

1.1.5 Óleo combustível (*bunker*)

Os combustíveis marítimos podem ser classificados em dois tipos principais: *bunker* – intermediate fuel oil (IFO) ou óleo combustível marítimo (OCM) – e o marine gasoil (MGO) ou diesel marítimo.[68]

Para a navegação de cabotagem, o *bunker* constitui-se como o principal combustível utilizado, sendo empregado nos motores principais dos sistemas de propulsão de navios de grande porte, considerado de acordo com a sua viscosidade cinemática[69] e produzido nas refinarias a partir de misturas de óleo diesel e óleo combustível.

A Agência Nacional do Petróleo, Gás Natural e Biocombustíveis (ANP) constitui as particularizações dos combustíveis destinados ao

---

[68] BRASIL, 2019c.

[69] Tais como IFO 180 centiStokes (cSt), IFO 380 cSt e IFO 500 cSt. O óleo combustível marítimo possui requisitos de qualidade mais restritivos em comparação aos óleos combustíveis industriais (EPE, 2019a).

uso aquaviário,[70] óleo diesel marítimo e OCM, comercializados pelos diversos agentes econômicos em todo o território nacional, por meio da Resolução ANP nº 49 (ANP, 2007) e da Resolução ANP nº 52.

De acordo com o Relatório de Auditória Operacional do TCU,[71] o combustível é um dos principais insumos da cabotagem. Segundo os armadores de cabotagem, o gasto em combustível *bunker* corresponde a mais de 30% das despesas operacionais de um navio, podendo chegar até a 50%, tornando-se o item mais relevante do custo operacional da embarcação.

A expressividade de tal participação frente aos custos é ainda maior considerando que o custo do combustível é ainda encarecido, aproximadamente em 12 a 17%, devido à incidência do tributo – Imposto sobre Circulação de Mercadorias e Serviços (ICMS) – sobre o *bunker* para cabotagem, o que não ocorre sobre o combustível empregado pela navegação de longo curso (internacional).

Como cada estado da Federação tem competência para instituir suas alíquotas para o ICMS, essas diferenças nas alíquotas tornam desvantajoso o abastecimento em determinados portos. Conforme o art. 12, da Lei nº 9.432/1997, "são extensivos às embarcações que operam na navegação de cabotagem e nas navegações de apoio portuário e marítimo os preços de combustível cobrados às embarcações de longo curso". Contudo, os preços praticados no mercado são distintos, o que provoca uma concorrência desleal entre navios brasileiros e navios estrangeiros.

O Brasil faz parte da Organização Marítima Internacional (OMI), ou International Maritime Organisation (IMO),[72] que é o organismo supranacional da ONU responsável pelo transporte marítimo mundial e que editou norma que reduz o enxofre no óleo combustível *bunker* de 3,5% para 0,5% até 2020 (Resolução nº 789/2019).

Por ser a estratégia declarada na PNT para redução dos custos operacionais, por ser o custo operacional mais importante dos armadores e por existir deliberação legal de se equalizarem os preços dos

[70] Segundo a Resolução ANP nº 52/2010, combustíveis aquaviários são aqueles destinados ao uso em motores de embarcações, tanto na propulsão como em motores auxiliares, classificados em destilados médios ou óleos diesel marítimos e residuais ou óleos combustíveis marítimos.

[71] BRASIL, 2019g.

[72] Como agência especializada das Nações Unidas, a IMO é a autoridade global de definição de padrões para a segurança, proteção e desempenho ambiental do transporte marítimo internacional. Sua principal função é criar uma estrutura regulatória para a indústria naval que seja justa e eficaz, universalmente adotada e implementada universalmente (IMO, [2020]).

combustíveis entre longo curso e cabotagem, esta falta de isonomia nos preços do combustível foi incluída nas questões de auditoria, conforme apresentado no Achado 3, que será analisado no próximo tópico: "Aspectos introdutórios do Relatório de Auditoria Operacional do TCU".[73]

No contexto regulatório nacional, a ANP[74] publicou a Resolução nº 789/2019,[75] que entrou em vigor no dia 1º de janeiro de 2020, reduzindo o limite máximo do teor de enxofre nos combustíveis marítimos para 0,5% nas embarcações que não dispuserem de sistema de limpeza de gases de escape (*scrubbers*).[76] Para os navios dotados de *scrubbers*, em linha com a Marpol, da qual o Brasil é signatário, o limite sobe para 3,5% de teor de enxofre.[77] A Petrobras é a principal fornecedora do combustível para navios no Brasil e, atualmente, produz 2% do *bunker* consumido no mundo.[78]

1.1.6 Isonomia dos preços de combustível

São múltiplos os benefícios proporcionados pela cabotagem; contudo, existem desafios a serem superados, e o preço do combustível é um dos principais. A Lei nº 9.432/1997, que dispõe sobre a ordenação do transporte aquaviário, estabelece que os preços de combustível cobrados às embarcações de longo curso devem ser extensivos às embarcações que operam na navegação de cabotagem.

Entretanto, o *bunker* para cabotagem não tem recebido os mesmos incentivos que o combustível utilizado para longo curso, como isenção de ICMS, Programa de Integração Social (PIS) e Contribuição para o Financiamento da Seguridade Social (COFINS).

---

73 BRASIL, 2019g.

74 BRASIL, [2020c].

75 BRASIL, 2019d, p. 59.

76 O abastecimento de navios com *bunker* convencional de alto teor de enxofre continuará sendo uma opção mundial após 2020. Porém, para estar em conformidade com a nova regulamentação, será necessária a instalação de *scrubbers* nas embarcações. *Scrubbers* são sistemas de tratamento de gases de exaustão de navios que permitem a redução das emissões de SOx e material particulado. Note-se que a instalação deste sistema exige espaço físico no navio e investimento inicial que varia de US$ 2 a US$ 10 milhões. Além disso, o uso do *scrubber* aumenta entre 2% e 3% o consumo de combustível na embarcação – e, consequentemente, os custos operacionais e as emissões de gases de efeito estufa (EPE, 2019a).

77 BRASIL, [2020c].

78 BRASIL, 2019c.

De acordo com o Relatório de Auditoria do TCU,[79] as estratégias previstas na PNT e a atuação dos órgãos setoriais não solucionam a falta de isonomia dos preços de combustível entre a navegação de cabotagem e a de longo curso, sendo que a política de preços de óleo combustível praticada no Brasil não atinge a determinação legal de estender os preços mais baratos de venda a embarcações estrangeiras para embarcações brasileiras, conduzindo a maiores custos operacionais às EBNs.

Não se pode olvidar que a Lei nº 432/1997 impõe a equiparação do preço do combustível cobrado das empresas de navegação de longo curso às empresas de navegação de cabotagem. Da leitura do art. 12, verifica-se que "são extensivos às embarcações que operam na navegação de cabotagem e nas navegações de apoio portuário e marítimo os preços de combustível cobrados às embarcações de longo curso".

O relatório do TCU adverte que, muito embora o ordenamento jurídico brasileiro comine que seja praticado o mesmo preço de combustível, a não é o que ocorre na prática, o que faz com que os navios de longo curso estrangeiros que abastecem no nosso país sejam favorecidos com preços menores. Esse problema gera uma concorrência desleal entre EBNs e empresas estrangeiras que, eventualmente, operam no transporte de cargas na cabotagem.

Segundo o relatório sobre a comercialização do óleo *bunker* que abastece os navios brasileiros, incidem dispendiosos tributos, como o ICMS, com diferentes alíquotas nos estados, sem mencionar a falta de política pública para os preços do óleo *bunker* na cadeia de distribuição, que faz com que o combustível tenha preços bastante diversificados, sendo eles, inclusive, superiores nos portos do Norte do Brasil. Está mencionado no relatório também que a cabotagem disputa com o transporte rodoviário de longa distância, que tem o diesel subsidiado,[80] da seguinte forma:

> Ressalte-se, novamente, que configura boa prática de governança de políticas públicas a definição de objetivos precisos o suficiente para permitir uma delimitação nítida do campo de atuação da política, traduzindo-os, por sua vez, em metas. Também deve ser ressaltado que, segundo Moura (2013, *apud* TCU 2014), é uma boa prática de governança de política pública a explicitação do estágio de referência inicial, ou seja, da linha de base (ou "marco zero") que servirá de subsídio

[79] BRASIL, 2019g.
[80] BRASIL, 2019g.

para a avaliação do resultado da intervenção pública. Mais uma vez se deve destacar que as normas sobre governança de políticas públicas preconizam que devem ser definidas diretrizes, objetivos, planos e ações, além de critérios de priorização e alinhamento entre organizações e partes interessadas, para que os serviços e produtos de responsabilidade da organização alcancem o resultado pretendido (art. 5º, inciso II, do Decreto 9.203/2017). Na mesma linha dos critérios elencados no Achado 1, convém salientar que a definição de objetivos de uma política pública deve envolver a previsão ou estimativa do tempo de sua implantação e de duração dos seus efeitos ou impactos. Isso repercute nos resultados, metas e objetivos parciais (curto e médio prazos) e finais (longo prazo), que serão fontes de avaliação *ex post* (CASA CIVIL, 2018).

Conforme elencado no item anterior, os navios utilizam combustíveis com as finalidades de propulsão, no Motor de Combustão Principal (MCP), na geração de energia elétrica e nos Motores de Combustão Auxiliar (MCA) e, ainda, no aquecimento e produção de vapor. O MCP normalmente consome óleo combustível residual, conhecido como *bunker* mas também denominado de IFO e Medium Fuel Oil (MFO).[81]

Consta ainda no relatório que a venda do OCM para embarcações de longo curso, embora em trânsito entre portos brasileiros, é considerada exportação pela Petrobras, enquanto a venda do combustível para embarcações de cabotagem é considerada venda interna.

A Associação Brasileira de Armadores de Cabotagem (ABAC) confirma que, acerca de abastecimentos realizados no período janeiro e setembro de 2018 pelas embarcações que atuam no transporte de cargas na navegação de cabotagem, próprias ou afretadas a casco nu ou por tempo, há diferenças expressivas nos preços de abastecimento nos diferentes portos brasileiros.[82]

Assim, importante entender que a cabotagem se refere à movimentação de cargas nacionais ao longo da costa, entre portos brasileiros, tratando-se de um importante modal para provimento de regiões e escoamento de produtos, atendendo-se, *v.g.*, às cargas granéis sólidas e líquidas, madeira que abastece indústrias de celulose, bauxita para empresas produtoras de alumínio, matéria-prima para indústrias químicas, entre outros produtos de suma importância para o desenvolvimento da economia do país.

---

81 FARAH, 2012.

82 BRASIL, 2019g.

CAPÍTULO 2

O MARCO REGULATÓRIO SETORIAL

As agências reguladoras setoriais, ou seja, que regulam setores específicos, passaram a ser instituídas como estruturas de relativização das garantias liberais clássicas. Na Inglaterra, isso se deu por meio do Parlamento, nos idos de 1834 (século XIX), quando surgiram mecanismos para concretizar medidas previstas na legislação para solucionar possíveis conflitos normativos. Esses entes eram criados para concretização dos mandamentos legais e resolução das controvérsias deles resultantes.[83]

Nos Estados Unidos, o sistema de regulação econômica foi desenvolvido por órgãos autônomos. Entusiasmados pela colonização inglesa, os norte-americanos assumiram o sistema de regulação em 1887, mas, com a Depressão Econômica de 1929, diversas agências foram instituídas para interferir e reestruturar a economia norte-americana, que, continuamente, foi fundamentada no pensamento liberal, mas que significa uma forma de intervenção do Estado na economia.

Manoel Gonçalves Ferreira Filho[84] explica em seu estudo sobre as agências que,

> nos Estados Unidos, desde o século XIX surgiram entes descentralizados, de função regulatória de atividades específicas. O primeiro destes foi a *Interstate Commerce Commission*, instituída em 1887. São genericamente chamadas de *agencies*. Esse termo, segundo define a Lei dos Procedimentos Administrativos (*Administrative Procedure Act*, de 1946), designa todo ente que participe da "autoridade do Governo dos Estados Unidos (...) com exclusão do Congresso e dos Tribunais".

---

[83] BINENBOJM, 2005, p. 5.

[84] FERREIRA FILHO, 2002, p. 134.

Essa primeira agência reguladora, Interstate Commerce Commission, foi criada com o objetivo de regular os serviços interestaduais de transporte ferroviário, pois a entidade possuía o poder de criar instrumentos normativos e de executar as suas próprias medidas, como se verifica a seguir:

> Comissão Interestadual do Comércio (ICC), ex-agência independente do governo dos EUA, criada em 1887; foi encarregado de regular a economia e os serviços de transportadoras especificadas envolvidas no transporte entre 11 Estados. O transporte de superfície sob a jurisdição da ICC incluía ferrovias, empresas de caminhões, linhas de ônibus, transitórios, transportadores de água, oleodutos, corretores de transporte e agências expressas.
> A ICC, a primeira comissão reguladora da história dos EUA, foi criada como resultado da crescente indignação pública na década de 1880 contra as práticas e os abusos das ferrovias, mas até o presidente Theodore Roosevelt, a eficácia do TPI foi limitada pelo fracasso do Congresso em conceder-lhe poder de execução, pela interpretação da Suprema Corte de seus poderes e pela linguagem vaga de seu ato de habilitação. O controle da ICC sobre transporte rodoviário interestadual foi abandonado em 1994 e a agência foi encerrada no final de 1995. Muitas de suas funções restantes foram transferidas para o novo Conselho Nacional de Transporte de Superfície.[85]

De acordo com Pierre Rosanvallón,[86] essa agência reguladora serviu como exemplo para o nascimento de outras instituições independentes de regulação nos Estados Unidos, como a Federal Communications Commission, a Securities and Exchange Commission e o National Labor Relations Board.

> A *Federal Communications Commission (FCC)* é uma agência reguladora independente do governo dos EUA que supervisiona todas as comunicações interestaduais e internacionais. A FCC mantém padrões e consistência entre os tipos crescentes de mídia e métodos de comunicação, protegendo os interesses dos consumidores e das empresas. A agência é responsável perante o Congresso.[87]
> *Securities and Exchange Commission* é o que significa a sigla SEC e é uma correspondente dos EUA à nossa Comissão de Valores Mobiliários.

---

85 ICC, 2012.

86 ROSANVALLÓN, 2009, p. 119-122.

87 UNITED STATES, [2020a].

Trata-se da agência federal dos Estados Unidos responsável pelo mercado de capitais no país.
Dessa forma, a SEC tem responsabilidade sobre as leis de títulos federais e a regulação do setor de valores mobiliários. Também regula as ações e o câmbio do país, bem como os demais mercados de valores eletrônicos.[88]
National Labor Relations Board. O Conselho Nacional de Relações Trabalhistas tem o poder de prevenir e remediar práticas trabalhistas injustas cometidas por empregadores e sindicatos do setor privado e de salvaguardar os direitos dos funcionários de organizar e determinar se devem ter sindicatos como seu representante de negociação). É uma agência independente criada pela Lei Nacional de Relações Trabalhistas de 1935 (Lei Wagner; 29 USC 167). O Conselho está autorizado a designar unidades apropriadas para negociação coletiva e a realizar eleições secretas para determinar se os funcionários desejam representação por uma organização trabalhista.[89]

A conjuntura político-social vivenciada nos Estados Unidos naquele período acendeu a obrigação de implementação de instituições autônomas ao Poder Executivo, pois se tratava de uma exasperada crise de legitimidade.

Como se pode observar, essas entidades apareceram como uma maneira de contentar a vontade de boa parte da população que reivindicava que as instituições estatais, dotadas de profissionais que realmente detinham *expertise*, passassem a operar ativamente na regulação da prestação de serviços públicos fundamentais, deliberando assim a respeito de estipulação de valores para os limites das tarifárias dos serviços, por exemplo.[90]

Estas instituições tinham como essenciais particularidades amortizar as pressões políticas, constituir decisões neutras e agenciar uma atuação mais independente do Poder Executivo. A década de 1990, vale ressaltar, foi particularmente rica nos Estados Unidos em termos de desregulação, aqui definida como a mudança da forma de regular, e não como a inexistência de regulação, em face da força do Consenso de Washington, já que a opção pela desregulação parecia se impor de forma inquestionável.[91]

---

88 UNITED STATES, [2020c].

89 UNITED STATES, [2020b].

90 SOUTO; CASTRO JR., 2020.

91 CASTRO JR., 2009, p. 61.

Gustavo Binenbojm[92] e Leila Cuéllar[93] mencionam que a representação institucional dos EUA se fundamentou em agências com proeminente condição de autonomia em relação ao Poder Executivo. Com embasamento no pensamento de separação de interesses políticos ou particulares, foram nomeados administradores completamente neutros, que detinham elevada qualificação técnica necessária.

Segundo os autores supracitados, as agências reguladoras caracterizavam-se por quatro perspectivas básicas: a imposição de sanções pela administração aos particulares deveria ser autorizada pelo Poder Legislativo, por meio de regras que controlassem a atuação das agências administrativas; os procedimentos decisórios adotados pelas agências deveriam se pautar pelas diretivas legislativas; a possibilidade de revisão jurisdicional da atividade regulatória, a fim de assegurar a utilização pelas agências de procedimentos precisos e imparciais conforme disposições legais; o processo decisório utilizado pelas agências deveria facilitar o exercício da revisão judicial.

Manoel Gonçalves Ferreira Filho[94] indica que as agências reguladoras no Direito norte-americano são figuras de fundamental importância. Presentemente, está consolidado um modelo regulatório independente, com poderes que lhes dão competência para emitir normas e decidir os conflitos nas relações econômicas, além de responsabilidade direta na execução das leis, que chegam a ser ponderadas por determinados juristas norte-americanos como um quarto ramo do governo, "miniaturas de governo independente".

A criação e o concernente serviço prestado pelas agências reguladoras no Brasil são alvo de alguns ensaios e artigos que, de certa forma, retratam a falta de uniformidade de pensamento da doutrina jurídica com relação ao poder normativo dessas e de uma conformidade na querela pertinente ao fundamento constitucional ou legal que deu origem ao modelo adotado no Brasil.

Sobre esse tema, Alketa Peci[95] enfatiza que:

> A criação das agências reguladoras não resultou de uma discussão quanto ao modelo de regulação. O primeiro passo foi o encaminhamento das leis e, depois, a discussão sobre os conceitos básicos do modelo. As

---

92 BINENBOJM, 2005.
93 CUÉLLAR, 2002, p. 160.
94 FERREIRA FILHO, 2002, p. 134.
95 PECI, 2002.

reformas não foram baseadas num amplo consenso na sociedade civil, conforme indicavam as experiências de outros países.

Pode-se deduzir que o modelo é, na verdade, resultado da internalização de um modelo adotado em outros países, em especial o norte-americano, sem que uma contenda sobre o tema fosse realizada.

A nova forma de desempenho estatal tem sua origem pautada nas mutações econômicas que envolveram a discussão quanto o papel do Estado, seja adotando uma política mais intervencionista, seja uma mais liberal. "Trata-se de uma transição no papel do Estado quanto às suas atribuições em determinados setores da economia."[96]

No Brasil, essa transição começou a estar em evidência com o processo de desestatização de alguns setores do governo iniciado na década de 1990, que redefiniu, em parte, o papel do Estado brasileiro com a necessidade de modificação no processo de regulação estatal.

Logo, o Estado principia um novo papel, engajando-se na função de indutor e regulador do desenvolvimento econômico social, conforme se afirma no Plano Diretor da Reforma do Aparelho do Estado, na gestão de Bresser Pereira:

> A reforma do Estado deve ser entendida dentro do contexto da redefinição do papel do Estado, que deixa de ser o responsável direto pelo desenvolvimento econômico e social pela via da produção de bens e serviços, para fortalecer-se na função de promotor e regulador desse desenvolvimento.[97]

Desponta, assim, no setor governamental a necessidade de acrescentar poderes de supervisão e fiscalização de determinadas áreas sensíveis ao processo de mudanças no panorama econômico, seja pelo estímulo a ser dado a novos investimentos, seja pela procura de um acúmulo de poupança. De tal modo, o Estado precisava reformular sua estrutura de regulação para melhor atender o interesse público.

Para José dos Santos Carvalho Filho,[98] o instituto das agências reguladoras é produto do regime de desestatização que vem sendo paulatinamente implantado na administração pública pátria, bem como

---

96 PORTES; CHEDEAK, 2020.

97 PORTES; CHEDEAK, 2020.

98 CARVALHO FILHO, 2011, p. 16.

é correto admitir que o afastamento do Estado ou de suas pessoas descentralizadas no âmbito de alguns serviços públicos, agora transferidos para o setor privado, teria mesmo que provocar a criação de mecanismos estatais de controle dos novos prestadores de serviço. É que, na verdade, os serviços continuaram a ser públicos; os prestadores é que passaram a ser do setor privado.

Segundo Regina Bernardes Rocha,[99] esse novo enfoque de controle por parte da administração pública se inspirou no modelo de agências de regulação (*regulatory agencies*) adotado nos Estados Unidos, cujas particularidades básicas estão fundadas na especificidade, na discricionariedade técnica e na neutralidade, permitindo autonomia e independência de suas decisões, e que foi adaptado (corretamente ou não) para o sistema brasileiro.

Para o autor, "a necessidade de se buscar uma forma de atuação eficaz do setor privado, livre de intervenção política, talvez tenha sido motivo de se ter adotado, a expressão 'agência reguladora', baseada no modelo americano das *regulatory agencies*".[100]

Os modelos regulatórios são elementos importantes para entender a regulação como parte de uma política pública no setor marítimo. Em realidade, a pressuposição do Estado regulador guarda relação direta com as formas de intervenção estatal, conforme leciona Márcio Iório Aranha:[101]

> (...) o pressuposto do Estado Regulador (...) é a compreensão da intervenção estatal como garantia de preservação das prestações materiais essenciais à fruição dos direitos fundamentais, sejam elas prestações de serviços públicos ou privatizados, sobre as quais se aplica a insígnia da regulação, ou sejam elas tipos de atividades, tais como o exercício do poder de polícia, atividades de fomento e prestações positivas tradicionais de índole concreta e normativa.

A regulação, dessa forma, internaliza em seus enunciados jurídico-administrativos, direta ou indiretamente, a caraterística de atuação gerencial da administração, que se torna aparente ao direcionamento do setor pelas interferências estatais prudentes, de forma conjugada, e pela constante reavaliação do caminho seguido pelo

---

99 ROCHA, 2009, p. 29.
100 ROCHA, 2009, p. 29.
101 ARANHA, 2015, p. 10.

ambiente regulado e pelos direitos afetados. Márcio Iório Aranha explica que o mercado e os seus senhores jurídicos (a livre iniciativa e a livre concorrência) podem ser itens diretores da atuação regulatória, mas não se apresentam como princípios jurídicos exigíveis para o conjunto das atividades reguladas.[102]

Hoje, a atuação do Estado brasileiro em setores estratégicos da economia e da infraestrutura nacional (aeroportos, portos, rodovias, energia etc.) deve ser apropriada para atrair investimentos privados, mas garantindo a qualidade e a eficiência dos serviços prestados. De tal modo, são imprescindíveis o controle e a regulação de tais áreas pelas autoridades administrativas competentes, como as agências reguladoras, com a finalidade de que os *players* do mercado observem as normas específicas de cada setor da economia brasileira.

De tal modo, a regulação, enquanto regime jurídico regulatório, apresenta-se como um conjunto de disposições normativas e administrativas caraterizadas por seu estilo conjuntural de influência e controle[103] sobre resultados efetivamente alcançados. A estrutura reguladora, presente na origem terminológica da regulação, apresenta-se como um diferencial do regime jurídico regulatório, revelando-se como um conjunto de atuações normativas e administrativas hábeis de interagir *pari passu* com os rumos efetivamente detectados no ambiente regulado, para redirecioná-los aos deveres normativos de concretização dos direitos fundamentais.[104]

Para Pablo Reja Sánchez,[105] atualmente, a regulamentação pública internacional do setor marítimo tem sido realizada por muitas organizações internacionais especializadas, tais como: OMI, UE, Organização Mundial do Comércio (OMC), Organização Internacional do Trabalho (OIT), Conferência das Nações Unidas sobre Comércio e Desenvolvimento (UNCTAD) e outras associações regionais de agências. O segundo sistema de regulação pública, desde o começo da globalização, tem cumprido o papel dominante e, em muitas áreas, supriu os subsistemas nacionais cujo papel está a ser gradualmente diminuído.

Esse processo de crescente internacionalização do sistema regulatório público no setor marítimo, complementa o autor, é irreversível

102 ARANHA, 2015, p. 10.
103 GARNER, 2009, p. 1311.
104 ARANHA, 2015, p. 99.
105 REJA SÁNCHEZ, 2019, p. 64.

em escala mundial, sendo o mais avançado nos países que são membros de zonas de comércio livre e, notadamente, naquelas integradas em forma de comunidades econômicas, como a UE. Os Estados-membros da UE elaboraram uma política comum de navegação, orientada por objetivos e instrumentos internacionais substanciais (IMO), especialmente no que diz respeito às normas de segurança.[106]

2.1 Constituição Federal

A maneira e o grau de participação do Estado na dinâmica econômica de um país dependem essencialmente do tipo de organização expresso na constituição econômica, a qual dispõe sobre o regime básico de ordenação dos fatores de produção, bem como seus princípios regentes e objetivos almejados.[107]

O modelo de organização econômica adotado no Brasil é o capitalista, sendo a livre iniciativa princípio fundamental da República (art. 1º, IV) e da Ordem Econômica (art. 170, *caput*), garantindo-se o direito de propriedade, inclusive dos bens de produção (arts. 5º, XII e 170, II) e respeitando-se a liberdade de exercício de atividade econômica independentemente de prévia permissão, salvo nos casos previstos em lei (arts. 5º, XIII e 170, parágrafo único).

Com a CRFB/88, após passar por Constituições liberais e de intervencionismo social, o Brasil reconheceu o modelo de Estado Regulador, seguindo as propensões de mudanças na condução da Ordem Econômica em diversos países.

Para tratar do papel das agências reguladoras, é importante refletir sobre os conceitos fundamentais do Direito Econômico,[108] os quais vêm sofrendo, atualmente, um processo de claro questionamento como discussões acerca de qual seria a função do Estado, seja como interventor, seja como regulador, e em quais setores ele necessitaria estar presente.

---

[106] BRASIL, 2019c.

[107] BRASIL, 2019g.

[108] Fernando Herren Aguillar (2006, p. 4-17) comenta sobre a existência dos três mitos do Direito Econômico: i) Direito Econômico como perversão (a intervenção do Estado na economia seria a negação do capitalismo, um desvio de rota, uma deformação do modo de produção); ii) Direito Econômico como solução (este mito é a antítese do primeiro, ou seja, de que a intervenção do Estado seria a concretização da justiça no capitalismo, a correção de rumos necessária para alcançar-se o equilíbrio social, a versão definitiva e mais aperfeiçoada do capitalismo liberal); iii) Direito Econômico como um fenômeno da década de 1930 (o de que teria havido um período de abstenção estatal na economia capitalista).

Para Osvaldo Agripino de Castro Junior,[109] a criação de uma agência reguladora decorre da existência de falhas de mercado, que devem ser corrigidas de modo a evitar disfunções institucionais em certos mercados.

Segundo Joaquim Benedito Barbosa Gomes:[110]

> O modelo regulatório decorre do fenômeno de "mutação constitucional", desencadeado pelas alterações estruturais por que passou a sociedade e que esse acontecimento teve como consequência, no plano das instituições políticas, o surgimento do imperativo de mudança nas formas de exercício das funções estatais clássicas. O fenômeno da regulação, tal como concebido nos dias atuais, nada mais representa do que uma espécie de corretivo indispensável a dois processos que se entrelaçam. De um lado, trata-se de um corretivo às mazelas e às deformações do regime capitalista e, de outro, um corretivo do modo de funcionamento do aparelho do Estado engendrado por esse mesmo capitalismo.

Nessa diretriz, a atuação direta do Estado na economia suaviza, ao mesmo tempo que tende a ser mais normativa, aspirando disciplinar a atuação do setor privado com o escopo de que direitos e valores fundamentais sejam alcançados.

A CRFB/88 estabelece que o Estado se abstenha de participar diretamente da atividade econômica, conforme previsão contida no art. 173,[111] que inseriu o princípio da subsidiariedade da participação do Estado na atividade econômica:

> Art. 173. Ressalvados os casos previstos nesta Constituição, a exploração direta de atividade econômica pelo Estado só será permitida quando necessária aos imperativos da segurança nacional ou a relevante interesse coletivo, conforme definidos em lei.

Logo, se a regra é que o Estado se abstenha de ser empresário, persistem suas finalidades inerentes, quais sejam, normatização, fiscalização e planejamento da atividade econômica, ressaltando-se que essa última se apresenta como indicativo para o setor privado,[112] inclusive com relação à possibilidade de regulação de preços, ainda que

---

[109] CASTRO JR., 2020, p. 28.
[110] GOMES, 2002.
[111] BRASIL, 1988.
[112] BRASIL, [2021e].

livres, pois se trata de mercado regulado, como o da cabotagem, com base na Lei de Liberdade Econômica (Lei nº 13.874/2019), nos termos do art. 3º, inciso III:[113]

> Art. 3º São direitos de toda pessoa, natural ou jurídica, essenciais para o desenvolvimento e o crescimento econômicos do País, observado o disposto no parágrafo único do art. 170 da Constituição Federal:
> (...)
> III - definir livremente, em mercados não regulados, o preço de produtos e de serviços como consequência de alterações da oferta e da demanda (...).

Nesse caminho, o art. 174[114] é esclarecedor sobre o papel do Estado:

> Art. 174. Como agente normativo e regulador da atividade econômica, o Estado exercerá, na forma da lei, as funções de fiscalização, incentivo e planejamento, sendo este determinante para o setor público e indicativo para o setor privado.

Analisando esse encadeamento e o processo de privatizações ocorrido entre 1995 e 2005, foram criadas dez agências reguladoras federais. Apesar de a origem das agências reguladoras ter sido na Inglaterra, o modelo regulatório introduzido no Brasil foi diretamente entusiasmado pelo modelo norte-americano, não obstante a clássica influência francesa no Direito Administrativo brasileiro, nas palavras de Eliane M. Octaviano Martins:[115]

> (...) foi implantado no Brasil um modelo com forte influência do direito administrativo norte-americano, com leves toques do modelo europeu continental. No entanto, diferentemente dos EUA, o direto administrativo brasileiro teve forte e decisiva influência francesa. O sistema francês é composto por uma série de órgãos que integram a administração direta e indireta, centralizados e hierarquizados, bem diferente da organização administrativa norte-americana, que se baseia em entidades autônomas com amplas competências.

113 BRASIL, 2019a.
114 BRASIL, 1988.
115 MARTINS, 2013, p. 652.

Para Álvaro Augusto Pereira Mesquita,[116] as agências reguladoras são de criação recente no Brasil, fruto das transformações do Estado brasileiro, que passou a dar ênfase à sua função reguladora, interferindo indiretamente na ordem econômica. No modelo de intervenção direta, quem fixa a política é o Poder Executivo, por meio de seus ministérios. No modelo regulatório, a política é fixada pelo Congresso Nacional por meio de lei.

Nesse processo de transformação do Estado, ocorreu a desestatização de parte da prestação de serviços públicos, especialmente nos setores de telecomunicações e energia elétrica, e a flexibilização do monopólio do petróleo.

Essa nova configuração do Estado pressupõe, o que não significa necessariamente privatização, além da participação privada na prestação dos serviços públicos, a separação das tarefas de regulação das de exploração de atividades econômicas que venham a remanescer; a orientação da sua intervenção para a defesa do interesse público; a busca do equilíbrio nas relações de consumo no setor regulado, envolvendo usuários ou consumidores e prestadores de serviços; e o exercício da autoridade estatal por mecanismos transparentes e participativos.

De acordo com o autor,[117] é exatamente nesse contexto que despontam as agências reguladoras, órgãos criados por leis específicas na categoria de autarquias ditas como especiais, dotadas de autonomia administrativa, financeira e patrimonial um pouco mais extensas do que as demais autarquias. Seus diretores são indicados pelo presidente da República e por ele nomeados, após aprovação pelo Senado Federal, para um mandato fixo e não coincidente, em geral de quatro anos, admitida uma recondução e vedada a demissão imotivada.

Desse modo, o Brasil foi adotando um estilo econômico neoliberal, transferindo para a iniciativa privada a exploração direta de atividades que anteriormente eram de seu encargo, tomando um papel fiscalizador e regulamentador por meio da criação de diferentes agências reguladoras.

José dos Santos Carvalho Filho[118] esclarece que as agências reguladoras, no Brasil, foram instituídas sob o formato de autarquias, ou seja, órgãos da administração pública indireta, com o papel principal

---

116 MESQUITA, 2005, p. 23.

117 MESQUITA, 2005, p. 24.

118 CARVALHO FILHO, 2012, p. 485.

de controlar, em toda a sua extensão, a prestação de serviços públicos ou o exercício de atividades econômicas, assim como a própria atuação das pessoas privadas que passaram a executar.

Muito embora alguns serviços públicos sejam realizados pela iniciativa privada, eles não perdem seu caráter público, sendo o Estado ainda o responsável pela sua prestação adequada, passando a ter função de planejar, regulamentar e fiscalizar sua execução.

A respeito da legalidade, o art. 37, XIX, da CRFB/88[119] determina que as agências reguladoras, por serem espécies de autarquias, sejam criadas somente mediante lei.

Na conjuntura contemporânea, determinados autores sustentam que ainda há inúmeras problemáticas a serem solucionadas, dentre elas, enfatizam José Antônio Gomes Pinho e Ana Rita Silva Sacramento,[120] são as principais: falta expressiva participação popular; debilidade das instituições; baixo nível de organização da sociedade civil; baixo nível de expectativa quanto à atuação do governo, entre outras.

A influência de fatores individuais, particulares e políticos na administração das agências reguladoras é, também, um sério problema que devasta a eficiência das agências.

Nessa senda, a doutrina vem desenvolvendo a chamada "teoria da captura", com o escopo de impedir uma "vinculação promíscua entre a agência, de um lado, e o governo instituidor ou os entes regulados, de outro, com flagrante comprometimento da independência pública", explica José dos Santos Carvalho Filho,[121] que ocorre quando a agência perde sua condição de autoridade comprometida com a realização do interesse coletivo e passa a reproduzir atos destinados a legitimar a consecução de interesses privados.

José Manoel Lavers Hernández[122] esclarece que as agências reguladoras no Brasil são autarquias especiais, independentes, com particularização técnica e poder normativo, designadas a aplicar as políticas setoriais em prol do interesse público, "com o escopo de

---

119 "Art. 37. A administração pública direta e indireta de qualquer dos Poderes da União, dos Estados, do Distrito Federal e dos Municípios obedecerá aos princípios de legalidade, impessoalidade, moralidade, publicidade e eficiência e, também, ao seguinte: **XIX** - somente por lei específica poderá ser criada autarquia e autorizada a instituição de empresa pública, de sociedade de economia mista e de fundação, cabendo à lei complementar, neste último caso, definir as áreas de sua atuação" (BRASIL, 1988).

120 PINHO; SACRAMENTO, 2009, p. 352.

121 CARVALHO FILHO, 2012, p. 485.

122 HERNÁNDEZ, 2012.

possibilitar a ampliação do controle e a universalização do acesso aos serviços públicos, bem como tornar a prestação desses serviços mais eficiente para a sociedade".

Logo, as agências reguladoras são um dos básicos ou fundamentais elementos de estudo do Direito Econômico, considerando que, a partir do século passado, seu papel no país tem sido cada vez mais relevante, em razão do crescimento e da estabilização de movimentos econômicos neoliberais.

Foi a partir da década de 1990 que surgiram, no Brasil, as primeiras agências reguladoras. Isso se deu por conta do processo de desestatização de alguns serviços públicos, por meio das descentralizações por delegação.

Contudo, ainda que os serviços fossem prestados por entes privados, estes não perderam sua característica pública, sendo este o motivo de o Estado, apesar de não fornecer diretamente o serviço, assumir o papel de regulador. Assim, no Brasil, as agências reguladoras são autarquias e desempenham o papel de fiscalizar, conduzir e regular as prestações de serviços públicos e o exercício de atividades econômicas por particulares.

2.2 Lei nº 9.432/1997

No Brasil, a regulamentação da ordenação do tráfego marítimo é estabelecida na Lei nº 9.432, de 8 de janeiro de 1997,[123] sobre o Ordenamento do Transporte Aquaviário, sendo que esse regulamento estabelece o regime de navegação comercial do Brasil e decorre do art. 178 da CRFB/88, regulamentado pelo Decreto nº 2.256/1997.[124]

A Lei nº 9.432/1997, Lei de Ordenação do Transporte Aquaviário Brasileiro, regulamenta a cabotagem. Ela define navegação de cabotagem como "a realizada entre portos ou pontos do território brasileiros, utilizando a via marítima ou esta e as vias navegáveis interiores" (art. 2º, IX); estabelece o caráter restritivo para o afretamento de embarcações estrangeiras para a cabotagem no Brasil; exige tripulação mínima de nacionalidade brasileira para embarcações que arvorem bandeira brasileira; estabelece o registro brasileiro de embarcações, o REB, etc.[125]

---

[123] BRASIL, 1997b.

[124] BRASIL, 1997a.

[125] BRASIL, [2021e].

Prevê, ainda, em seu Capítulo V, art. 9º, que as embarcações estrangeiras somente podem participar no transporte de mercadorias na cabotagem nacional, assim como no apoio portuário e na navegação de apoio marítimo quando forem afretadas (alugadas) por companhias de navegação brasileiras, sob determinadas condições específicas.

Esses dispositivos estabelecem que isso dependerá de autorização oficial (i) quando se verifique a inexistência ou a indisponibilidade de embarcações de bandeira brasileira do tipo e do porte apropriados para o transporte ou o suporte requerido; (ii) quando se verifique o interesse público, devidamente justificado; (iii) quando for afretada uma embarcação estrangeira para a cabotagem, sob a condição de que os navios sejam construídos em estaleiros brasileiros por um construtor naval brasileiro (durante o período de construção que se estende por trinta e seis meses); e (iv) quando for afretada uma embarcação estrangeira com suspensão de bandeira, com limitação de tonelagem e ordens de construção em desenvolvimento nos estaleiros brasileiros.

2.3 Lei nº 10.233/2001

A navegação de cabotagem é regulada pela ANTAQ conforme os princípios e as diretrizes estabelecidos na Lei nº 10.233, de 5 de junho de 2001. A principal finalidade da agência é implementar as políticas formuladas pelo Ministério da Infraestrutura.

Compete à ANTAQ, entre outras obrigações, celebrar atos de outorga de permissão ou autorização de prestação de serviços de transporte pelas empresas de navegação fluvial, lacustre, de travessia, de apoio marítimo, de apoio portuário, de cabotagem e de longo curso.

Cabe a ela gerir os respectivos contratos e os demais instrumentos administrativos, bem como fiscalizar o funcionamento e a prestação de serviços das empresas de navegação de longo curso, de cabotagem, de apoio marítimo, de apoio portuário, fluvial e lacustre. A agência é responsável, ainda, por definir os requisitos necessários para que uma empresa estabelecida no Brasil opere como uma Empresa Brasileira de Navegação (EBN).[126]

Uma embarcação construída no Brasil (com bandeira brasileira) pode operar exclusivamente no país. Existem, entretanto, algumas

[126] BRASIL, [2021e].

exceções a essa regra. O afretamento de embarcação estrangeira por viagem ou por tempo para operar na navegação interior de percurso nacional, ou no transporte de mercadorias na navegação de cabotagem, poderá ser realizado.

O afretamento de embarcação estrangeira a casco nu, com suspensão de bandeira, para navegação de cabotagem de percurso nacional, está cingido ao dobro da tonelagem de porte bruto das embarcações, de tipo semelhante, encomendadas pela EBN a estaleiro brasileiro instalado no país, com contrato de construção em eficácia, adicionado de metade da tonelagem de porte bruto das embarcações brasileiras de sua propriedade, ressalvado o direito ao afretamento de pelo menos uma embarcação de porte equivalente.

Esse regulamento limita que embarcações estrangeiras operem livremente no território nacional. Empresas que almejam atuar nesse segmento no país necessitam realizar investimentos em construção de novos navios localmente, ou comprar embarcações com bandeira brasileira, certificando diferencial competitivo para as embarcações locais, analogamente à proteção instituída em diversos países, por exemplo, nos EUA.[127]

2.4 Normas da ANTAQ

A ANTAQ é uma entidade que integra a administração federal indireta, de regime autárquico especial, com personalidade jurídica de direito público, independência administrativa, autonomia financeira e funcional, vinculada ao Ministério da Infraestrutura. Foi criada pela Lei nº 10.233, de 5 de junho de 2001, e instalada em 17 de fevereiro de 2002.

A ANTAQ tem por desígnio implementar as políticas formuladas pelo Ministério da Infraestrutura, de acordo com os princípios e diretrizes estabelecidos na legislação. Tem por incumbência regular, supervisionar e fiscalizar as atividades de prestação de serviços de transporte aquaviário e de exploração da infraestrutura portuária e aquaviária.

A agência dedica-se a tornar mais econômica e segura a movimentação de pessoas e bens pelas vias aquaviárias no Brasil, cumprindo os padrões de eficiência, segurança, conforto, regularidade, pontualidade e

[127] REJA SÁNCHEZ, 2019, p. 237.

modicidade nos fretes e tarifas. Arbitra conflitos de interesses para obstar ocorrências que configurem competição incorreta ou infração contra a ordem econômica e harmoniza os interesses dos usuários com os das empresas e entidades do setor, sempre preservando o interesse público.

De acordo com o art. 21, inciso XII, alínea *d*, da CRFB/88, está previsto como de competência da União explorar diretamente ou indiretamente os serviços de transporte aquaviário entre portos brasileiros. No que tange à cabotagem, o art. 178 (EC nº 7/95) dispõe sobre o transporte de mercadorias na cabotagem por embarcações estrangeiras conforme a lei venha a estabelecer.[128]

> Art. 178. A lei disporá sobre a ordenação dos transportes aéreo, aquático e terrestre, devendo, quanto à ordenação do transporte internacional, observar os acordos firmados pela União, atendido o princípio da reciprocidade.
> Parágrafo único. Na ordenação do transporte aquático, a lei estabelecerá as condições em que o transporte de mercadorias na cabotagem e a navegação interior poderão ser feitos por embarcações estrangeiras.[129]

Na esfera infraconstitucional, são as Leis nº 9.432/97 e nº 10.233/01, e ainda o Decreto-Lei nº 666/69 e as normas editadas pela ANTAQ, que influenciam o desempenho dos agentes econômicos com vistas à consecução do interesse público do setor no Brasil.[130]

A Lei nº 9.432/97, Lei de Ordenação do Transporte Aquaviário Brasileiro, conforme dito no item 2.2, regula a cabotagem no âmbito legal e conceitua a navegação de cabotagem como "a realizada entre portos ou pontos do território brasileiros, utilizando a via marítima ou esta e as vias navegáveis interiores" (art. 2º, IX),[131] além de fazer outras determinações. Já a Lei nº 10.893/04 dispõe sobre o AFRMM e o FMM.

A Lei nº 7.652/98 estabelece o registro da propriedade marítima, e a Lei nº 9.611/98 dispõe sobre o Transporte Multimodal de Cargas, regido por um único contrato, que utiliza duas ou mais modalidades de transporte, sob a responsabilidade de um OTM, regulamentado pelo Decreto nº 3.411/2000.[132]

---

128 CASTRO JR., 2013, p. 150.

129 BRASIL, 1988.

130 BRASIL, [2021e].

131 BRASIL, 1997b.

132 BRASIL, [2021e].

A Lei nº 13.844/19,[133] pertinente ao Ministério da Infraestrutura, estabelece como área de sua competência: a Marinha Mercante e as vias navegáveis (art. 35, III), e compreende a formulação, a coordenação e a supervisão das políticas nacionais, inclusive da execução da política relativa ao FMM em articulação com o Ministério da Economia (art. 35, parágrafo único, incisos I e II); o estabelecimento de diretrizes para afretamento de embarcações estrangeiras por EBNs e para liberação do transporte de carga prescrita art. 35, parágrafo único, inciso III.

A Lei nº 10.233/01[134] dispõe sobre os princípios básicos da atuação do governo no setor, as diretrizes gerais, cria a ANTAQ, institui sua esfera de atuação, objetivos e atribuições, dentre outros. Dentre seus princípios gerais, relevam-se a preservação do interesse nacional, a proteção dos interesses dos usuários e consumidores finais quanto à incidência dos fretes nos preços dos produtos transportados, o pagamento pelos usuários, sempre que razoável, pelos custos dos serviços em regime de eficiências, bem como a compatibilização dos transportes com a preservação do meio ambiente.

A Lei nº 10.233/01, que criou a ANTAQ, estabeleceu no art. 20, inciso I,[135] que é objetivo da agência:

> I - Implementar, nas respectivas esferas de atuação, as políticas formuladas pelo Conselho Nacional de Integração de Políticas de Transporte, pelo Ministério dos Transportes e pela Secretaria de Portos da Presidência da República, nas respectivas áreas de competência, segundo os princípios e diretrizes estabelecidos nesta Lei;
> Como estabelecido em sua lei de criação, a ANTAQ deve implementar a política setorial em sua esfera de atuação que constituem, conforme art. 23:
> I - a navegação fluvial, lacustre, de travessia, de apoio marítimo, de apoio portuário, de cabotagem e de longo curso;
> II - os portos organizados e as instalações portuárias neles localizadas;
> III - as instalações portuárias de que trata o art. 8º da Lei na qual foi convertida a Medida Provisória no 595, de 6 de dezembro de 2012;
> IV - o transporte aquaviário de cargas especiais e perigosas; V – a exploração da infraestrutura aquaviária federal.

No tocante à cabotagem, enfatiza-se a Lei nº 9.432/1997, que define as modalidades de navegação (cabotagem, longo curso, interior, apoio

---

133 BRASIL, 2019b.

134 BRASIL, 2001.

135 BRASIL, [2021e].

marítimo e apoio portuário), disciplina o afretamento de embarcações e cria o REB. Esse é o principal referencial legal para a edição de normativos pela ANTAQ no setor de navegação de cabotagem.

A Lei nº 10.233/01, no inciso IV do art. 27, traz como atribuições da ANTAQ:[136]

> IV - elaborar e editar normas e regulamentos relativos à prestação de serviços de transporte e à exploração da infraestrutura aquaviária e portuária, garantindo isonomia no seu acesso e uso, assegurando os direitos dos usuários e fomentando a competição entre os operadores.

Segundo o Estudo da Cabotagem,[137] cabe à agência, ao elaborar seus normativos e regulamentos, estimular a competição, ou seja, ela deve ponderar entre seus diversos objetivos regulatórios também a promoção da concorrência, mas não só isso, tendo em vista que deve ainda primar pelo acesso e uso de serviços transportes aquaviários, bem como pelos direitos dos usuários.

Ainda com fundamento na Lei nº 10.233/01, a cabotagem, conforme disposto em seu art. 23, inciso I, insere-se na esfera de atuação da ANTAQ, competindo a ela autorizar as EBNs de cabotagem (art. 27, XXIV), bem como a fiscalização do funcionamento e a prestação de serviços das empresas de navegação de cabotagem (art. 27, XXI).

Além disso, à ANTAQ cabe promover estudos exclusivos de demanda de transporte aquaviário (art. 27, I); estudos aplicados às definições de tarifas, preços e fretes em confronto com os custos e os benefícios econômicos transferidos aos usuários pelos investimentos realizados (art. 27, II); promover estudos referentes à composição da frota mercante brasileira e à prática de afretamentos para subsidiar as decisões governamentais quanto à política de apoio à indústria de construção naval e de afretamento de embarcações estrangeiras (art. 27, VIII).

2.4.1 Resolução Normativa nº 1/2015

A Resolução Normativa nº1/2015[138] constitui as metodologias e os critérios para o afretamento de embarcação por EBN atuante na cabotagem, especifica conceitos fundamentais como autorização de

---

136 BRASIL, [2021e].

137 BRASIL, [2021e].

138 BRASIL, [2021f].

afretamento, embarcação em construção, certificado de autorização de afretamento, certificado de liberação de carga prescrita, bloqueio, circularização, subafretamento, Sistema de Afretamento na Navegação Marítima e de Apoio (SAMA), dentre outros. Essa norma ainda estabelece limites e condicionantes para o deferimento ou não de autorização de afretamento para o transporte de cabotagem.

Luís Cláudio Furtado Faria, Erick Mateus Santos Faustino e Daniel Andrade de Souza[139] explicam que, no mercado de afretamento de embarcações utilizadas pela indústria de óleo e gás, no Brasil, há constante concorrência entre embarcações de bandeira nacional e estrangeira, pois, em razão do disposto nos arts. 8º e seguintes da Lei nº 9.432/1997, o afretamento de embarcações estrangeiras somente poderá ocorrer, dentre outras hipóteses previstas em lei, quando verificada a inexistência ou indisponibilidade de embarcação de bandeira brasileira do tipo e porte adequados para o transporte ou apoio pretendido. Portanto, a ANTAQ editou, em 2015, a Resolução Normativa nº 1, estabelecendo os procedimentos necessários para o afretamento de embarcações estrangeiras no Brasil.

Conforme a resolução, para que uma embarcação estrangeira possa ser objeto de afretamento no Brasil, é obrigatória a realização de um procedimento administrativo formal de consulta ao mercado nacional de embarcações denominado "circularização", sendo que a empresa EBN interessada em afretar uma embarcação estrangeira faz uma consulta ao mercado de embarcações nacionais sobre a disponibilidade de embarcação de bandeira brasileira que atenda aos requisitos exigidos para o afretamento.[140]

2.5 BR do Mar – PL nº 4199/2020

Foi aprovado em 7 de dezembro de 2020 na Câmara dos Deputados o PL nº 4199/2020,[141] que institui um Programa de Estímulo ao Transporte por Cabotagem, criando-se a chamada BR do Mar, em alusão a uma rodovia marítima.[142]

---

139 FARIA; FAUSTINO; SOUZA, 2018.

140 FARIA; FAUSTINO; SOUZA, 2018.

141 BRASIL, [2020d].

142 SENADO..., 2020.

O Programa de Estímulo ao Transporte de Cabotagem – BR do Mar – tem o propósito de alterar a Lei nº 5.474, de 18 de julho de 1968; a Lei nº 9.432, de 8 de janeiro de 1997; a Lei nº 10.233, de 5 de junho de 2001; e a Lei nº 10.893, de 13 de julho de 2004, bem como revogar o Decreto nº 123, de 1892, e o Decreto-lei nº 2.784, de 1940. E ainda revogar os dispositivos das Leis nº 6.458, de 1997; nº 11.434, de 2006; nº 12. 599, de 2012; nº 1285, de 2013; nº 13.848, de 2019; e a Medida Provisória nº 2.217, de 2001.[143]

O PL objetiva aumentar a oferta da cabotagem, incentivar a concorrência, criar novas rotas, reduzir custos, entre outras metas. O Ministério da Infraestrutura pretende ampliar o volume de contêineres transportados, por ano, de 1,2 milhão de TEUs (unidade equivalente a 20 pés), em 2019, para 2 milhões de TEUs, em 2022, além de ampliar em 40% a capacidade da frota marítima dedicada à cabotagem nos próximos três anos.[144]

Não obstante tudo isso, o que se verifica é que o potencial de desenvolvimento da cabotagem e da navegação de interior continua em certa desvantagem, embora faça jus a incentivos que vão, inclusive, além de políticas públicas de governo, pois necessita de uma nova visão e mudanças culturais para despontar, considerando ser um modal com plena capacidade de desenvolvimento e aprimoramento, munido de força razoável para alavancar o setor e contribuir para o desenvolvimento econômico do país.

Segundo matéria[145] da *Portos e Navios* sobre o projeto que cria a BR do Mar, há enfrentamento de resistência para o projeto sair do papel, pois existem problemas para conciliar posições distintas sobre a navegação entre portos nacionais, considerando que o *lobby* de representantes das empresas e associações de cabotagem também geram preocupações entre os congressistas.

De acordo com o texto da *Portos e Navios*, as empresas vinham trabalhando no texto proposto pela senadora Kátia Abreu do Partido Progressista (PP-Tocantis), que considera mais alinhado às necessidades do mercado. "Defendemos a concorrência limpa e não um emaranhado de normas para proteger os amigos do rei", afirmou Abrahão Salomão,

[143] BRASIL, [2020d].

[144] BRASIL, 2020a.

[145] PROJETO..., 2020.

diretor da Logística Brasil, associação que representa os usuários dos portos.

Salomão advertiu que a BR do Mar tem potencial devastador tremendo para a indústria local: "Ele [o PL] confere status de brasileiro (*sic*) a embarcações estrangeiras, o que, na prática, cria uma reserva de mercado para as seis grandes do exterior que já operam com navios de fora aqui no Brasil." De acordo com a matéria, Salomão é presidente da Posidonia Shipping, uma empresa que tem contratos com empresas como a Vale e apólices consideráveis de seguros contratadas com bancos.

Ocorre que, com a BR do Mar, os estrangeiros serão tratados como nacionais, e o argumento é de que o problema, segundo as empresas, é o custo de uma embarcação estrangeira, que é muito menor.

Segundo dados do Ministério da Infraestrutura, uma operação de navio com bandeira brasileira pode custar até 70% mais caro do que a realizada por uma embarcação estrangeira na modalidade de afretamento por viagem ou a tempo (durante a colheita de uma safra, por exemplo).[146]

A cabotagem é feita somente pelas EBNs, que carecem de autorização da ANTAQ e podem ter capital 100% estrangeiro. Essas empresas podem ter frota própria ou afretar navios.

O projeto em tramitação na Câmara dos Deputados expande o leque de possibilidades em que as EBNs poderão afretar navios e também retira a obrigatoriedade que tenham embarcações próprias, podendo afretar embarcações estrangeiras, inclusive do próprio grupo econômico, violando a concorrência com empresas brasileiras de menor porte, com abuso da posição dominante, verticalizando ainda mais a cadeia, sob o argumento da multimodalidade, razão pela qual representantes dos caminhoneiros pressionaram suas bases no Congresso *versus* o projeto e ameaçam paralisações caso o projeto avance.

Verifica-se, portanto, que o transporte de cabotagem demonstra grande potencial de desenvolvimento na matriz de transportes, como também nas operações portuárias brasileiras, mesmo tendo pouca representatividade no mercado em razão da burocratização das atividades de fiscalização de mercadorias, ausência de infraestrutura logística e engarrafamento dos portos, por exemplo.

---

[146] PROJETO..., 2020.

A Marinha do Brasil[147] esclarece que o governo quer criar a chamada BR do Mar para diminuir o custo logístico e estimular o crescimento da indústria naval nacional. "É o que escrevem os ministros Tarcísio, Paulo Guedes (Economia) e Jorge Oliveira (Secretaria-Geral) na justificativa do projeto enviado ao Congresso." O texto é avaliado como prioritário pelo governo e está dentro os vários marcos legais que podem ser aprovados.

Esclarecem que os ministros recomendam que, conquanto o Brasil seja um país continental, com praticamente 8 mil km de costa, a movimentação de carga por cabotagem representa apenas 11% de participação na matriz logística. Para decorrências de conferição, as rodovias são responsáveis por 65% do total das cargas transportadas. Com isso, o país fica vinculado e refém de um único modal, que pode ser paralisado por greves de caminhoneiros a qualquer tempo, sem mencionar que não é o ideal para longas distâncias.

Para Sabine Müller Souto e Maycon Fagundes Machado,[148] embora haja grande comemoração do governo federal quanto à tramitação do relevante projeto de lei, empresários e autoridades no segmento continuam demonstrando preocupação com alguns pontos do texto, tanto em relação a medidas para atacar a visível reserva de mercado para a mão de obra como aos custos do combustível. Dessa forma, os autores complementam:

> Haja vista que atualmente as regras para o afretamento são consideradas restritivas, o projeto de lei pretende flexibilizar o aluguel de embarcações estrangeiras, mantida ou não a bandeira do país de origem.
> Uma das críticas, entretanto, trata justamente da mão de obra. A proposta que segue versa sobre uma tripulação composta de minimamente dois terços de brasileiros, valendo-se, todavia, de regras internacionais estabelecidas por organismos (internacionais), negociando de forma mais flexível do que a própria Consolidação das Leis Trabalhistas do Brasil.

Para o ministro da Infraestrutura, Tarcísio Gomes de Freitas, da Economia, Paulo Guedes, e da Secretaria-Geral da Presidência da República, Jorge Oliveira, o uso excessivo do modal rodoviário implica baixa produtividade das cargas, aumento de custos de frete

---

147 MARINHA DO BRASIL, 2020.

148 SOUTO; MACHADO, 2021.

e superutilização de rodovias, gerando gastos significantes, além de aumentar o índice de acidentes e mortes de trânsito e emissão de poluentes.[149]

Todavia, para que haja efetividade no Programa de Estímulo ao Transporte por Cabotagem, a chamada BR do Mar, não se pode deixar de refletir no sentido de que se enfrentam embaraços de ordem jurídica, econômica e política para o desenvolvimento, aperfeiçoamento e estímulo da cabotagem no Brasil, sendo que, além dos enfrentamentos citados, é importante tomar como base as recomendações e determinações do Relatório de Auditoria Operacional do TCU.[150]

Nesse relatório, verifica-se a inexistência de uma política pública de cabotagem, em parte decorrente da violação da isonomia entre os preços de combustíveis de cabotagem e de longo percurso, bem como da falta de fomento para competição no transporte de contêiner e da inexistência de promoção do multimodalismo por parte dos órgãos públicos e intervenientes, temas que serão tratados no Capítulo 3.

De acordo com a publicação no *Diário Oficial da União* datada de 27 de abril de 2021, foi solicitado ao Congresso Nacional que seja considerada sem efeito e, portanto, cancelada, a urgência pedida para o Projeto de Lei nº 4.199, de 2020, enviado ao Congresso Nacional com a Mensagem nº 443 de 2020.[151]

Porém, no dia 25 de novembro de 2021, o Plenário do Senado Federal aprovou o projeto, contemplando, em seu texto, 16 emendas. Ele foi rejeitado, apenas, pela banca do PT. Com isso, o texto seguirá para votação na Câmara dos Deputados. O relator Senador Nelsinho Trad do PSD-MS acolheu as emendas que restringem o uso de navios de bandeira estrangeira para afretamentos no programa,[152] conforme seu voto, *in verbis*:

> Ante o exposto, manifestamo-nos: pela constitucionalidade, juridicidade, regimentalidade e, no mérito, pela *aprovação* do Projeto de Lei nº 4.199, de 2020, nos termos do Parecer nº 18, de 2021, da Comissão de Assuntos Econômicos; e pela rejeição das Emendas nºs 58, 59, 60, 61, 62 e 63 -PLEN.[153]

---

[149] MARINHA DO BRASIL, 2020.

[150] BRASIL, 2019g.

[151] BRASIL, 2021a.

[152] MENDES, 2021.

[153] BRASIL, [2020e].

Além disso, mudanças foram realizadas no cálculo do adicional de Frete da Marinha Mercante.

Já, em 10 de janeiro de 2022, o presidente Jair Bolsonaro sancionou a Lei nº 14.301, de 7 de janeiro de 2022, afirmando que ela incentivará a concorrência e a indústria naval, melhorando a qualidade do serviço prestado.

A citada lei institui o Programa de Estímulo ao Transporte por Cabotagem (BR do Mar); altera as Leis nº 5.474, de 18 de julho de 1968; nº 9.432, de 8 de janeiro de 1997; nº 10.233, de 5 de junho de 2001; nº 10.893, de 13 de julho de 2004; e nº 11.033, de 21 de dezembro de 2004; revoga o Decreto do Poder Legislativo nº 123, de 11 de novembro de 1892; o Decreto-Lei nº 2.784, de 20 de novembro de 1940; os dispositivos da Medida Provisória nº 2.217-3, de 4 de setembro de 2001; e das Leis nº 6.458, de 1º de novembro de 1977; nº 11.434, de 28 de dezembro de 2006; nº 11.483, de 31 de maio de 2007; nº 11.518, de 5 de setembro de 2007; nº 12.599, de 23 de março de 2012; nº 12.815, de 5 de junho de 2013; e nº 13.848, de 25 de junho de 2019.

Pela Lei da BR do Mar, o mercado seria aberto a companhias sem frota própria, que poderiam apenas alugar embarcações estrangeiras. Porém, os caminhoneiros criticam-na, conforme reportagem disponibilizada no site da UOL.[154] Esta informa que os caminhoneiros relataram que "as novas regras vão prejudicar motoristas que fazem viagens de longa distância, já que os produtos acabariam sendo levados por navios". Porém, o governo nega que haverá prejuízos a eles, defendendo que o transporte terrestre continuará necessário para levar mercadorias até os portos ou para o interior do continente, "em trechos menores e mais rentáveis aos caminhoneiros".[155]

Diante das informações da reportagem da UOL, Marcus Quintella, diretor da FGV Transportes, afirmou que:

> O incentivo à navegação não é uma forma de criar uma concorrência com os caminhões. O caminhão não é feito para comportar grandes distâncias. [Percursos muito longos] têm um custo operacional altíssimo e um sacrifício dos motoristas, além de problemas do frete e da manutenção das rodovias. Teoricamente, esse projeto vai dar um equilíbrio na utilização dos caminhões.[156]

---

[154] O QUE..., 2022.

[155] O QUE..., 2022.

[156] O QUE..., 2022.

Ainda segundo informações, Mario Povia, ex-diretor-geral da ANTAQ, comentou que: "A concentração do transporte de cargas no Brasil em caminhões não faz o menor sentido, seja do ponto de vista econômico, logístico, ambiental ou de saúde e segurança no trabalho", afirmando que, "para cada viagem feita por navio, há pelo menos dois fretes de caminhão: um para levar a carga até o porto, e outra para transportá-la até o destino final". E complementou suas ideias expondo que "o caminhoneiro vai fazer viagens mais curtas, com a possibilidade de ficar mais perto de casa e ter ganhos maiores. Isso trará mais qualidade de vida e segurança".[157]

Com a BR do Mar, de acordo com a EPL, o objetivo do governo é fazer com que o setor de cabotagem seja mais atrativo, estimulando a concorrência e baixando os custos, o qual calcula que o programa pode reduzir os custos da cabotagem em mais de 15%.

A redação do site da UOL também relata que o governo estima que o volume de contêineres transportados por ano pode aumentar de 1,2 milhão em 2019 para 2 milhões em 2022. A frota dedicada à cabotagem pode aumentar em 40% nos próximos três anos.

Relata-se ainda que, pela BR do Mar, as empresas não precisarão ter mais embarcações brasileiras, bastando possuir um CNPJ para atuar no aluguel de embarcações de outros países por tempo indeterminado. A ABAC informou à UOL que a lei "parece muito positiva para a segurança jurídica necessária ao setor e determina uma política de longo prazo", e que "o resultado é bom para a cabotagem, em geral, mas os efeitos da lei só se manifestarão com o tempo".[158]

Uma vez estudados e analisados os assuntos deste capítulo, que se referem às agências reguladoras e ao marco regulatório setorial pertinente aos transportes aquaviários no Brasil, em especial, sobre a ANTAQ e suas normas especificas, além do assunto referente ao Projeto de Lei da BR do Mar, adentramos no próximo capítulo, que analisa, especificamente, os obstáculos existentes ao desenvolvimento da cabotagem no Brasil.

---

157 O QUE..., 2022.

158 O QUE..., 2022.

CAPÍTULO 3

OBSTÁCULOS AO DESENVOLVIMENTO DA CABOTAGEM

O Brasil destaca-se por ter um território de extensões continentais, alongada costa marítima, além milhares de quilômetros de via navegável pelo Rio Amazonas até Manaus, e por ocupação demográfica que se particulariza por ter 80% de sua população e 70% de suas indústrias centralizadas no litoral, em uma faixa de aproximadamente 200 km ao longo da costa.[159]

Todos esses predicados são favoráveis para que a navegação de cabotagem (ao longo da costa e no caudaloso Amazonas) seja um meio de transporte adequado à realidade brasileira. Avalia-se ainda que, para distâncias superiores a 1.500 km, o transporte de carga comparativamente mais eficiente e de menor custo é aquele realizado pelo modal aquaviário, sendo que desde 2007 são realizados estudos e planos que apontam a necessidade de modificar a matriz de transporte brasileira, de modo a reduzir a sujeição do modal rodoviário para longas distâncias,[160] bem mais poluente do que o modal aquaviário, e, dessa forma, aumentar a sustentabilidade da matriz de transportes.

No documento mais atualizado, o Plano Nacional de Logística (PNL) 2018,[161] constam os objetivos e as diretrizes do setor de transporte – reduzir custos logísticos, diminuir danos ambientais, melhorar a eficiência de transportes e incentivar a integração multimodal –, os quais sinalizam para a necessidade de desenvolvimento dos modais ferroviário e aquaviário no Brasil. Contudo, mesmo sendo uma das primazias,

159 OBSTÁCULOS..., [2021].
160 OBSTÁCULOS..., [2021].
161 EPL, [2021].

o modal aquaviário responde por 16% de toda carga transportada internamente no Brasil, sendo tão somente 11% pela navegação costeira (e 5% pela navegação interior), em detrimento do modal rodoviário, que totaliza 65% da matriz de transporte de cargas.

Segundo o *Portal* do TCU, a auditoria operacional sobre a navegação de cabotagem foi proposta pela Secretaria de Fiscalização de Infraestrutura Portuária e Ferroviária (SeinfraPor), após austero estudo e análise de situações-problemas que afetam o transporte aquaviário no país. O desenvolvimento dos trabalhos contou com o apoio da Secretaria de Métodos e Suporte ao Controle Externo (SEMEC). Foram feitas entrevistas com os gestores públicos e as entidades privadas atuantes no setor com a utilização de técnicas de auditoria, e concluiu-se que existem obstáculos que comprometem o desenvolvimento da participação da cabotagem na matriz de transporte brasileira, em oposição ao objetivo professado do governo de equilibrá-la e torná-la mais eficiente.[162]

Desta feita, foram analisados se os atos de planejamento da navegação de cabotagem e fomento a ela – entre eles, com foco na questão do preço de combustível *bunker*, no transporte de contêiner, aqueles conduzidos pela pasta do então Ministério dos Transportes, atual Ministério da Infraestrutura –; se estimulam o aumento de participação desse modal na matriz de transportes; se a regulação da ANTAQ incentiva a concorrência entre prestadores de serviço e se os procedimentos de controle aplicáveis em terminais alfandegados obstaculizam o desenvolvimento da cabotagem.

3.1 Aspectos introdutórios do Relatório de Auditoria Operacional do Tribunal de Contas da União

A aplicação dos procedimentos de auditoria[163] evidenciou que não há, no Brasil, uma política pública voltada especificamente para enfrentar, de maneira planejada e institucionalizada, os empecilhos ao desenvolvimento da navegação de cabotagem.

Por meio do Relatório de Auditória Operacional do TCU, verificou-se que existem falhas na governança da política pública de transportes no que toca ao modal em questão. Além disso, consta no relatório que os instrumentos de planejamento do governo federal

---

[162] OBSTÁCULOS..., [2021].

[163] BRASIL, 2019g.

aplicáveis ao sistema de transportes – Plano Plurianual (PPA) e PNL – não observam ações estratégicas, no nível tático e operacional, para o fomento da navegação de cabotagem.

Também ficou consignado que os sistemas de informação governamentais são segmentados, razão pela qual não permitem conexão para produção de informações de forma satisfativa para o monitoramento das ações estratégicas da cabotagem, constantes na PNT.

Além disso, a troca e o uso de informações relevantes para a gestão, fiscalização e regulação da cabotagem de contêiner entre os órgãos e divulgação de estatísticas são obstadas, por questões de sigilo fiscal aplicáveis aos dados nos sistemas aduaneiros. Também foram encontradas dificuldades na integração dos dados de navegação, considerando que são acondicionados por sistemas e entes diferentes, que os coletam e os medem em momentos distintos.

Verificou-se, também, que as estratégias previstas na PNT e a atuação dos órgãos setoriais não resolvem a falta de isonomia entre os preços do combustível da navegação de cabotagem e de longo curso, prevista na legislação. Assim, navios brasileiros dedicados à navegação de cabotagem pagam mais caro pelo óleo combustível do que navios estrangeiros que abastecem no Brasil, especialmente porque aqueles devem pagar o Imposto sobre Circulação de Mercadorias e Serviços, de competência estadual (ICMS) quando navegam de um porto onde abasteceu localizado em um estado, para outro porto em estado diverso.

O poder regulatório da ANTAQ, por meio de normativos, pelos quais se dá a regulação setorial (funções normativas, fiscalizatórias, sancionatórias, adjudicatórias), não fomenta a competição entre operadores na navegação de cabotagem e não estimula a redução da concentração de mercado verificada no segmento. Essa conjuntura pode contribuir para que os preços de frete na cabotagem sejam mais elevados que aqueles praticados na navegação de longo curso internacional.

De acordo com a matéria veiculada no site *Portos e Navios*, de Danilo Oliveira,[164] publicada em 28 de fevereiro de 2018, o TCU suspendeu limitações ao afretamento de embarcações estrangeiras revistas em norma da ANTAQ. Conforme consta na divulgação, o Tribunal de Contas da União (TCU) acatou o pedido de medida cautelar tendo em vista ilegalidades na Resolução Normativa nº 1/2015 da ANTAQ.

---

164 OLIVEIRA, 2018.

A decisão[165] determinou que a agência se abstivesse de exigir, para autorização de afretamento de embarcações estrangeiras na cabotagem, as limitações do quádruplo de tonelagem e de propriedade de embarcação do tipo equivalente à pretendida, conforme previsto na norma. A medida é apropriada quando averiguada inexistência ou indisponibilidade de embarcação de bandeira brasileira do tipo e porte adequados para o transporte ou apoio pretendidos.

Verifica-se, nos autos, que a decisão é favorável à impetrante Posidonia Shipping, que moveu o processo e vem travando disputas judiciais envolvendo ilegalidades nas regras de afretamento com lastro no direito líquido e certo, prescrito pelo art. 9º da Lei nº 9.432/97, que dispõe sobre a ordenação do transporte aquaviário, e no princípio da legalidade, insculpido no art. 5º, inciso II, da CRFB/88 vigente, considerando operar embarcações próprias e afretadas, por meio das quais oferece um serviço de transporte marítimo de carga seca e líquida, em especial nas modalidades de navegação de cabotagem e de longo curso.

O TCU autorizou a realização de diligência junto à Procuradoria da República no Distrito Federal (5º Ofício de Combate à Corrupção) para que o órgão encaminhe à Corte cópia do inquérito civil que apura se houve atos de improbidade administrativa de servidores da ANTAQ. O ministro relator, Bruno Dantas, ponderou que, por meio da norma de afretamento, a ANTAQ instituiu limites à autorização para o afretamento de embarcações estrangeiras sem amparo legal. "Entendo que não poderia a ANTAQ, por meio de resolução, ter criado novas condições para o afretamento de embarcações estrangeiras, além daquelas já previstas pelo legislador ordinário na Lei nº 9.432/1997", declarou em seu voto.[166]

Segundo a notícia, Bruno Dantas considerou como compreensível a argumentação da ANTAQ de que a limitação visa proteger a indústria nacional. Contudo, ressalvou que se trata de uma restrição à competitividade e à livre iniciativa, o que favoreceria visivelmente empresas de grande porte e contribuiria para acentuar a concentração de mercado no setor.

De acordo com os autos,[167] a argumentação da Posidonia é a de que a Norma nº 01/2015 conteria requisitos não previstos na Lei

---

165 BRASIL, [2015].

166 OLIVEIRA, 2018.

167 BRASIL, [2015].

nº 9.432/1997, que dispõe sobre a ordenação do transporte aquaviário nacional, o que estaria transgredindo a livre concorrência no setor. Os argumentos exibidos assinalam discordância entre o art. 9º da Lei nº 9.432/1197 e o art. 5º da Resolução Normativa nº 01/15, pertinente ao afretamento de embarcações estrangeiras. Conforme sustenta a empresa, a Lei nº 9.432/1997 não constituiria limite de tonelagem para concessão de autorização de afretamento de navio estrangeiro, por inexistência ou indisponibilidade de embarcação brasileira, quanto menos decretaria que a afretadora fosse proprietária de, ao menos, uma embarcação de tipo semelhante à pretendida.

Por fim, ficou confirmado que a atuação dos órgãos e entes públicos não provoca a operacionalização da multimodalidade (transporte de uma mesma carga por diferentes modais), o que prejudica o desenvolvimento da cabotagem. Há falhas de governança na PNT, do Ministério da Infraestrutura, no tocante ao estímulo aos operadores multimodais, e o sistema informatizado da Receita Federal utilizado pelos terminais portuários alfandegados não reconhece o Conhecimento de Transporte Multimodal de Cargas (CTMC) como documento válido.

3.1.1 Preços de combustível

Em concordância com os intuitos de desenvolvimento de uma matriz de transportes mais eficiente, de redução dos custos logísticos, da otimização dos recursos públicos nos investimentos em infraestrutura e do desenvolvimento da participação privada nos projetos de infraestrutura logística, as políticas a serem implementadas para estímulo à cabotagem incluem o aprimoramento do ordenamento do modo de transporte aquaviário, estabelecido pela Lei nº 9.432/1997.

Nessa perspectiva, o TCU determinou ao Ministério da Infraestrutura que, em interlocução com o Ministério de Minas e Energia (MME)[168] e com o Ministério da Economia,[169] exibisse um plano de ação contemplando estratégias e ações tencionando solucionar os obstáculos ao desenvolvimento da navegação de cabotagem, com o desígnio de aumentar sua participação na matriz de transportes no Brasil.

Entre os diversos desafios se destaca a diferenciação de tratamento para a comercialização do principal combustível marítimo destinado à

---

[168] BRASIL, [2020c].

[169] BRASIL, [2021c].

navegação de cabotagem, apoio portuário e apoio marítimo e para as navegações de longo curso, à luz do art. 12 da Lei nº 9.432/1997, que estabelece: "São extensivos às embarcações que operam na navegação de cabotagem e nas navegações de apoio portuário e marítimo os preços de combustível cobrados às embarcações de longo curso."

O transporte aquaviário satisfaz a navegação interior (vias navegáveis interiores) e o transporte marítimo (navegação em mar aberto). Por sua vez, o transporte marítimo subdivide-se em quatro modalidades: longo curso, cabotagem, apoio marítimo e apoio portuário. O panorama do transporte aquaviário no Brasil é o de que a frota de embarcações de bandeira brasileira, em 2018, contabilizou 2.660 embarcações, sendo a maior parte destinada ao apoio marítimo e portuário. As embarcações de cabotagem e longo curso totalizaram 209 embarcações, com idade média de 17 anos.[170]

Os custos de transporte fundam-se em relevante fator na estimativa das opções de suprimento. O cálculo do custo de viagem é o somatório de todos os custos fixos e variáveis, combinados à viagem específica a ser realizada pelo navio. Na hipótese de navio próprio, este será a resultante dos custos fixos (custo de capital e custo operacional) adicionados aos custos variáveis.

No caso de afretamento de navio, o custo de viagem será igual ao somatório do custo fixo (aluguel diário vezes a duração) mais os custos variáveis. Os custos operacionais da cabotagem podem ser divididos em três grandes blocos: custos portuários (incluindo praticagem), tripulação (salários, encargos sociais etc.) e gastos com combustível naval (*bunker*).[171]

Conforme os armadores de cabotagem, dentre estes, o mais relevante é o gasto em *bunker*, que representa mais de 30% dos custos operacionais da embarcação, podendo chegar a 50%. Além do preço dos combustíveis marítimos, os armadores levam em consideração outros atributos quando da decisão de abastecimento, tais como o prazo de pagamento, a disponibilidade de crédito, a qualidade das operações, o tempo de entrega e o recebimento em um único lote.[172]

A Lei nº 9.432/1997 definiu a equiparação do preço do combustível cobrado das empresas de navegação de longo curso às empresas de

---

170 BRASIL, [2019c].

171 BRASIL, [2019c].

172 BRASIL, 2019g.

navegação de cabotagem. Na prática, todavia, essa política de preços isonômicos não se consolidou. Isso se deve, mormente, ao ICMS que incide somente sobre o combustível consumido em território nacional (cabotagem).

Como a venda do combustível às empresas de navegação de longo curso é uma operação equiparada a uma exportação, encontra-se fora do desígnio de incidência do imposto sobre operações relativas à circulação de mercadorias e sobre prestações de serviços, o ICMS. O preço do *bunker* depende de cotações internacionais do petróleo e da variação do câmbio. Outros fatores que também interferem no preço são a disponibilidade e qualidade do combustível, o tempo de abastecimento, a infraestrutura, os serviços oferecidos e a localização do porto.[173]

3.1.2 Análise do Achado 3

De acordo com o Relatório Operacional do TCU,[174] as estratégias previstas na PNT e a atuação dos órgãos setoriais não resolvem a falta de isonomia dos preços de combustível entre a navegação de cabotagem e a de longo curso, tal como se verifica em parte do Achado 3:

> 197. A política de preços de óleo combustível praticada no Brasil não cumpre a determinação legal de estender os preços mais baratos de venda a embarcações estrangeiras para embarcações brasileiras, levando a maiores custos operacionais às empresas brasileiras de navegação.
> 198. A Lei 9.432/1997 determina a equiparação do preço do combustível cobrado das empresas de navegação de longo curso às empresas de navegação de cabotagem, nos seguintes termos: "Art. 12. São extensivos às embarcações que operam na navegação de cabotagem e nas navegações de apoio portuário e marítimo os preços de combustível cobrados às embarcações de longo curso."
> 199. Embora o ordenamento jurídico brasileiro imponha que seja praticado o mesmo preço de combustível, isso não ocorre na prática, o que faz com que os navios de longo curso estrangeiros que abastecem no nosso país sejam beneficiados com preços menores. Dificulta-se dessa maneira a concorrência entre empresas brasileiras de navegação e empresas estrangeiras que eventualmente operam no transporte de cargas em nossa costa. Sobre a comercialização do óleo *bunker* que abastece os navios brasileiros incidem onerosos tributos, como o ICMS, com diferentes alíquotas nos Estados.

---

173 BRASIL, 2019g.

174 BRASIL, 2019g.

200. Além disso, a inexistência de uma política pública para os preços do óleo *bunker* na cadeia de distribuição faz com que o combustível tenha preços bastante heterogêneos, sendo mais elevados nos portos do Norte do país. Acrescente-se que a cabotagem concorre diretamente com o transporte rodoviário de longa distância, que tem o diesel subsidiado.
201. Os instrumentos de planejamento estratégico do setor de transporte recomendam que sejam dados incentivos aos meios de transporte de carga mais eficientes do ponto de vista econômico e ambiental. Nesse contexto, seria de se esperar que houvesse ações institucionalizadas por parte do governo para enfrentar esse aspecto econômico dos entraves à navegação de cabotagem.
202. No entanto, o planejamento governamental não orienta como propiciar um ambiente de favorecimento à navegação de cabotagem e nem o problema do elevado custo do combustível utilizado pelas empresas brasileiras de navegação. Também não se verifica uma articulação entre pastas ministeriais para a criação de políticas do setor de combustíveis em prol da cabotagem no Brasil, modo de transporte mais eficiente do que o transporte rodoviário.

3.1.3 Determinações

O TCU determinou que o governo federal apresentasse, em 180 dias, um plano de ação para acabar com a venda de combustível para navegação com preços diferentes para os navios nacionais e estrangeiros. De acordo com o relator do processo, a cobrança diferenciada fere a legislação.

Estas são as determinações que se referem ao Achado 3:

227. Visando direcionar os esforços às causas dos problemas identificados neste relatório, notadamente a falta de elaboração de planejamento tático e operacional voltados especificamente para atacar a questão da falta de isonomia entre o preço do combustível da cabotagem e do longo curso, propõe-se determinar ao Ministério da Infraestrutura que, no prazo de 180 dias, após interlocução com o Ministério de Minas e Energia e o Ministério da Economia, apresente plano de ação contemplando estratégias e ações para solucionar a questão relacionada à cobrança de preços diferentes na venda de combustível marítimo para empresas de cabotagem e de longo curso, à luz do art. 12 da Lei 9.432/1997, abrangendo matriz de responsabilidades com a segregação de tarefas a serem executadas, bem como o respectivo cronograma.
228. Importante registrar que a elaboração de uma política pública voltada especificamente para atacar de maneira planejada e institucionalizada o problema do elevado custo do combustível para as empresas brasileiras

de navegação pode trazer benefícios para a cabotagem brasileira, possibilitando uma redução real dos custos operacionais, em alinhamento com as estratégias elencadas na PNT, e ainda incrementando os instrumentos de planejamento do governo federal.

3.1.4 Recomendações

Com a finalidade de permitir aos gestores se manifestarem sobre as questões analisadas, a versão preliminar do relatório do TCU[175] foi remetida ao Ministério da Infraestrutura, ao Ministério da Economia, à Secretaria Especial da Receita Federal do Brasil e à ANTAQ.

Os órgãos e entidades consultados apresentaram suas manifestações no prazo de 15 dias estabelecido no ofício que encaminhou o documento, sendo que o Ministério da Infraestrutura apresentou suas manifestações ao Achado 3 da seguinte forma:

> 333. O Ministério da Infraestrutura apresentou suas manifestações em relação ao Achado 3 também na peça 139, em que afirmou que com a nova estrutura do Ministério definida no Decreto 9.676/2019, foi atribuída competência específica para o Departamento de Navegação e Hidrovias (DNHI), que tem como uma das suas principais ações estratégicas estudar e propor ações efetivas que contribuam para a garantia da isonomia no combustível. Informou que um estudo específico sobre o tema já foi iniciado e será apresentado à Consultoria Jurídica. Em decorrência do apresentado, entende-se pertinente manter o encaminhamento proposto.

3.2 Fomento à competição

O transporte marítimo é essencial para garantir as trocas comerciais em um mundo globalizado, tendo uma relação direta entre o crescimento econômico e a demanda por transporte marítimo, sendo este o meio de transporte que proporciona a melhor relação custo-benefício aos usuários e de externalidades positivas para a sociedade.

Os períodos de crescimento e encolhimento econômico mundial regulam a volatilidade na oferta do serviço de transporte marítimo, e, agregados ao fato da não existência de regras internacionais para regular as questões anticoncorrenciais e de centralização de mercado, levam a maioria dos países, entre os quais os mais desenvolvidos do mundo, a ampliarem políticas de fomento ao transporte marítimo.

---

175 BRASIL, 2019g.

Entre as políticas, denotam-se os motes estratégicos relacionados ao transporte marítimo, por meio das medidas que constituem tratamento diferenciado ao transporte marítimo, em especial à navegação de cabotagem. Tais medidas, de maneira geral, proporcionam fomento à competitividade.

Desta feita, foram analisados e relatados, no Relatório de Auditoria do TCU, se os atos de planejamento da navegação de cabotagem e fomento a ela, com foco no transporte de contêiner, regidos pela pasta de Transportes, estimulam o avanço de participação desse modal na matriz de transportes, e se a regulação da ANTAQ incentiva a concorrência entre prestadores de serviço.

Portanto, não existe no Brasil uma política pública voltada especificamente para enfrentar, de maneira planejada e institucionalizada, os empecilhos ao desenvolvimento da navegação de cabotagem. O Relatório de Auditoria do TCU relata que existem falhas na governança da política pública de transportes no que tange a esse modal.

Muitos desses problemas são atribuídos à falta de capacidade técnica e gerencial do Estado, no que diz respeito ao planejamento e à execução dos projetos. Segundo Alexandre de Ávila Gomide,[176] os constrangimentos à ação governamental no setor se devem à complexidade do ambiente político-institucional brasileiro, caracterizado pelo presidencialismo de coalizão, pela multiplicidade de controles aos quais que está submetida a administração pública, pela necessidade de coordenação federativa e pela institucionalização da participação da sociedade civil nos processos decisórios, entre outros fatores.

Assim, o desafio do investimento em infraestrutura no país vai além do campo fiscal, abrangendo questões políticas e administrativas. Além disso, a implementação de uma carteira de grandes projetos de investimento é marcada pelo envolvimento de diversos atores, dentro e fora da esfera governamental, inseridos em contextos específicos e portando interesses diversos.

Segundo Carlos Campos Neto e Iansã Melo Ferreira,[177] as tarifas portuárias cobradas no Brasil, por exemplo, são muito elevadas e cada autoridade portuária impõe as próprias tarifas. Essa despadronização faz com que, por vezes, a mercadoria viaje mais para ser descarregada em porto com tarifas menores.

---

[176] GOMIDE, 2015.

[177] FERREIRA; CAMPOS NETO, 2011.

As tarifas pagas pela prestação desses serviços são estabelecidas pela administração de cada porto, que impõe não apenas os valores mas sua própria estrutura tarifária, prejudicando a comparação entre os preços, pelo usuário, comprometendo o potencial competitivo do setor.[178]

Como se verifica nesse exemplo, a ausência de uma estrutura tarifária, ou seja, rubrica de serviços única, faz com que a comparação entre os custos de utilização dos diferentes portos seja uma tarefa árdua, dificultando a concorrência por tarifas, encarecendo, assim, os serviços portuários.

3.2.1 Análise do Achado 4

De acordo com o Relatório Operacional do TCU,[179] também ficou constatado na auditoria que o poder regulatório da ANTAQ não fomenta a competição entre operadores na navegação de cabotagem nem estimula a redução da concentração de mercado verificada no segmento. Tal situação, *v.g.*, pode contribuir para que os preços de frete na cabotagem sejam mais elevados que aqueles praticados na navegação de longo curso internacional.

Estas são as análises que se referem ao Achado 4, em parte:

> 229. Cabe ainda apontar que, nos termos do próximo achado, que trata da ausência de fomento à competição no segmento da cabotagem de contêiner por parte da ANTAQ, tais reduções de custos operacionais, especialmente os de combustível, podem não representar redução dos preços praticados de frete, em razão da falha de mercado observada no setor. Se a medida de redução de custos operacionais das empresas de navegação de cabotagem for implementada de forma autônoma às medidas de fomento à concorrência por parte da ANTAQ, os resultados econômicos podem ser pífios. Os ganhos seriam apropriados, em grande parte, pelos operadores da navegação, não beneficiando os preços finais dos produtos nem a redução do custo logístico observado no Brasil, em oposição aos objetivos e diretrizes declarados nos instrumentos de planejamento do setor.
> 230. A regulamentação da ANTAQ não fomenta a competição entre armadores de transporte no segmento da navegação de cabotagem de contêiner. A inércia da Agência infringe sua legislação de regência e propicia a acomodação do setor de cabotagem em patamares de baixa

---

178 CASTRO JR.; RODRIGUES, 2020.

179 BRASIL, 2019g.

utilização do modal de transporte, distante do regime de eficiências previsto na Lei e na política setorial.

3.2.2 Determinações

De acordo com o Relatório Operacional do TCU,[180] pertinente aos estudos para o fomento à competição do mercado de navegação de cabotagem de contêiner, a determinação envolve os Ministérios da Infraestrutura, das Minas e Energia e da Economia, e é parte das decisões tomadas pelo órgão ao analisar a auditoria operacional que avaliou o problema da cabotagem no país.

Ficou caracterizada a falta de coordenação entre diversos órgãos públicos envolvidos no sistema de navegação, a qual é um dos entraves para o uso das vias marítimas para o transporte de carga em geral.

À ANTAQ, o TCU determinou um prazo de 180 dias para apresentação de um estudo sobre o mercado de navegação de cabotagem de contêiner, com o objetivo de encontrar opção regulatória para o fomento à competição no setor. O voto referendou a análise de área técnica que apontou indícios de cartelização na cabotagem de contêiner no país.[181]

Estas são as determinações do TCU que se referem ao Achado 4:

> 274. Em decorrência do exposto, entende-se pertinente determinar à ANTAQ que apresente, no prazo de 180 dias, estudos sobre o mercado de navegação de cabotagem de contêiner com o objetivo de encontrar opção regulatória para o fomento à competição no setor, nos termos do art. 27, inciso IV, da Lei 10.233/2001, preservado o interesse público.
> 275. Espera-se, com o atendimento da proposta aqui listada, a criação de regulamentação pela agência visando fomentar a competição no segmento de cabotagem de contêiner, que possa dar incentivos para a entrada de novas empresas prestadoras do serviço de cabotagem, de forma regular; o aumento da oferta do serviço na cabotagem doméstica; e o aumento da demanda por mais serviços de cabotagem de contêiner, por parte dos usuários embarcadores de carga. Como resultado último, espera-se redução do nível de frete no serviço prestado, reduzindo o custo logístico brasileiro, bem como o preço dos produtos vendidos internamente ao consumidor final, e o aumento da participação da cabotagem na matriz de transporte.
> 276. Destaca-se que no âmbito do TC 003.667/2018-9, também da lavra do Ministro Relator Bruno Dantas, que trata de representação da Unidade

---
180 BRASIL, 2019g.

181 TCU..., 2019.

Técnica contra a Resolução Normativa ANTAQ 1/2015, existe proposta de determinação à Agência, no âmbito da instrução de peça 67, ainda não apreciada, no sentido de elaborar estudos para a regulação do afretamento de embarcações estrangeiras. Tal medida é de espectro mais restrito do que a proposta ora formulada nesta instrução, mas pode subsidiá-la com informações visando permitir a ANTAQ encontrar a opção regulatória para o fomento à concorrência na cabotagem de contêiner.

277. Por fim, como boa prática, cabe destacar que a edição da Resolução Normativa- ANTAQ 18/2017, embora ainda carente de metas e indicadores para a prestação dos serviços de transporte, permitiu regulamentar práticas para prestação de serviço adequado na cabotagem, em benefício aos usuários, e para o exercício da fiscalização por parte da agência (cf. peça 122, p. 8).

278. Nos termos da citada Resolução, a ANTAQ dispôs sobre os direitos e deveres dos usuários, dos agentes marítimos e das empresas que operam nas navegações de apoio (marítimo e portuário), de cabotagem e de longo curso, e ainda estabeleceu infrações administrativas, tendente a assegurar aos usuários a prestação do serviço adequado na área de navegação (cf. peça 11, p. 6). Tal medida tende a beneficiar os usuários dos serviços de cabotagem, especialmente embarcadores de carga, podendo indiretamente beneficiar o setor por meio do aumento da demanda por tais serviços, indo ao encontro dos objetivos e diretrizes da PNT de estimular modais de transporte mais eficientes, a exemplo da cabotagem.

279. Tal medida atende ao disposto na Lei 10.233/2001, art. 28, inciso I, que estabelece que a ANTAQ deve adotar procedimentos visando que a prestação de serviços de transporte satisfaça as condições de regularidade, eficiência, segurança, atualidade, generalidade, cortesia na prestação do serviço e modicidade nas tarifas. Lembra-se novamente que, embora a citada resolução careça de evolução no sentido de estabelecimento de metas e indicadores para acompanhamento dos serviços de navegação, sua edição constitui-se em melhoramento da atividade de regulação, fiscalização, estudos e estatísticas da agência.

3.2.3 Recomendações

Considerando, resumidamente, que o TCU fez menção no sentido de que o mercado de transportes de contêineres tende a concentrar nos armadores e de que motes estratégicos relacionados ao transporte marítimo são necessários por meio de medidas que constituem tratamento diferenciado ao transporte marítimo, em especial a navegação de cabotagem, para que se proporcione fomento à competitividade, foram feitas as seguintes recomendações quanto ao Achado 4:

334. Sobre o Achado 4, a ANTAQ, em apertada síntese, apontou que o mercado de transporte de contêineres tende à concentração dos armadores, seja na cabotagem como no longo curso; que se mostram inadequadas as comparações de frete nas navegações de longo curso e de cabotagem de contêineres, pois existem diferenças nas formações dos preços (como é exemplo o valor agregado à rubrica frete na cabotagem decorrente do serviço porta-a-porta, que inclui, além do transporte, as movimentações portuárias na origem e destino e a entrega rodoviária); que medidas para desenvolvimento da navegação foram tomadas e incentivaram o crescimento da cabotagem nacional; e que a Agência tem cumprido sua competência legal de regular uma atividade com características de oligopólio. Maiores detalhes encontram-se no Apêndice 2 deste relatório.

3.3 Incentivo ao multimodalismo

A atividade industrial brasileira está cada vez maior, e o aumento significativo das exportações faz com que se tenha grande circulação de veículos transportadores pelas rodovias do país; todavia, muitos melhoramentos ainda necessitam ser feitos combinando logística e estratégia.

A operação multimodal funciona como um aliado de derradeira relevância para as empresas, fomentando a utilização de toda matriz de transportes disponível, apresentando-se como saída para os gargalos logísticos do Brasil.

Segundo Samir Keedi,[182] o transporte multimodal é a operação em que a carga é transportada por mais de um modo de transporte para a entrega da mercadoria. Isso quer dizer transportar uma mercadoria do seu ponto de origem até a entrega no destino final por modalidades diferentes.

O art. 2º da Lei nº 9.611, de 19 de fevereiro de 1998, define:

> Art. 2º Transporte Multimodal de Cargas é aquele que, regido por um único contrato, utiliza duas ou mais modalidades de transporte, desde a origem até o destino, e é executado sob a responsabilidade única de um Operador de Transporte Multimodal.[183]

Múltiplas combinações podem ser formadas se considerada a rota e, principalmente, o produto a ser movimentado, citando, como

---

182 KEEDI, 2002, p. 37.

183 BRASIL, 1998.

exemplo, rodoviário-hidroviário-ferroviário, ou outras formas. Segundo Fábio César Bovolenta,[184] no que se refere a uma maior agilidade e menor burocracia, a multimodalidade mostra-se mais interessante se comparada à utilização de um único modal, ou utilização da intermodalidade.

A importância do transporte multimodal é deveras significativa, pois interconecta com o potencial da cabotagem, razão pela qual tanta ênfase quanto ao Achado 5, pois, dentro da ancoragem da política de incentivos à cabotagem, o transporte multimodal desempenha um papel central. Este, como definido no informe EAE,[185] é uma forma de transporte que permite, por meio da combinação de diferentes meios de transporte, gerenciamento efetivo de logística, com custos reduzidos e grandes benefícios, não somente em termos empresariais, mas também para os clientes e mesmo para o meio ambiente em geral.

Para o crescimento de um país, é indispensável contar com infraestrutura econômica, e, de tal forma, a infraestrutura de transportes impacta de maneira decisiva para a sustentabilidade deste processo. A disponibilidade de oferta de infraestrutura de transportes, todavia, deve ter custos plausíveis, viabilizando o atendimento da crescente demanda impulsionada pelo próprio desenvolvimento da economia nacional.

Segundo Ronald Ballou,[186] o transporte possui forte ligação à economia, basta fazer um comparativo entre uma nação desenvolvida e outra em desenvolvimento, para enxergar o papel que o transporte desempenha na criação de alto nível de atividades. A empresa pode utilizar a logística como estratégia competitiva, uma vez que consiga se diferenciar dos concorrentes na visão de seus clientes e busque reduzir seus custos, aumentando assim o seu lucro.

Conforme a ANTT,[187] as operações multimodais no Brasil oferecem diversas vantagens, como: a melhor utilização da capacidade disponível da matriz de transportes; a utilização de combinações de modais mais eficientes energeticamente; a melhor utilização da Tecnologia de Informação e a responsabilidade da carga perante o cliente, desde a sua origem até o destino final ser do OTM. Ainda assim, encontra empecilhos como a falta de infraestrutura adequada em terminais e para

184 BOVOLENTA, 2007.

185 EAE BUSINESS SCHOOL, 2016, p. 3.

186 BALLOU, 2006, p. 31.

187 BRASIL, [2021g].

atividades de apoio e as incertezas jurídicas na compensação de créditos na operação, já que envolve mais de uma Unidade Federativa (UF).

Logo, o transporte multimodal de cargas visa melhorar a qualidade e produtividade do transporte, estabelecendo operações seguras sendo que se denota falta de infraestrutura adequada, o que é fator problemático para a eficiência das operações de transporte brasileiras, assim como de políticas e governança específicas, demandando investimentos e estudos para melhor adequação da matriz de transportes.

3.3.1 Análise do Achado 5

De acordo com o Relatório Operacional do TCU,[188] ficou evidenciado que a atuação dos órgãos e entes públicos não promovem a operacionalização da multimodalidade (transporte de uma mesma carga por diferentes modais), o que prejudica o desenvolvimento da cabotagem.

Consta no relatório que existem falhas de governança na PNT, do Ministério da Infraestrutura, no tocante ao estímulo aos operadores multimodais, e que o sistema informatizado da Receita Federal utilizado pelos terminais portuários alfandegados não reconhece o CTMC como documento válido.

Estas são as manifestações, em parte, quanto ao Achado 5:

> 280. A multimodalidade não é fomentada por nenhum órgão na esfera federal, o documento de conhecimento multimodal de carga não é reconhecido nos sistemas de controle da navegação e nem há previsão para a contorno dos entraves tributários e burocráticos à sua utilização, mesmo após mais de vinte anos da promulgação da Lei da multimodalidade. Tal situação limita o desenvolvimento da cabotagem e a redução dos custos logísticos associados à burocracia.
> 281. A Lei 9.611/1998, art. 2º, define Transporte Multimodal de Cargas como sendo aquele que, regido por um único contrato, utiliza duas ou mais modalidades de transporte, desde a origem até o destino, é executado sob a responsabilidade única de um Operador de Transporte Multimodal. Já em seus arts. 8º e 9º, a Lei define o Conhecimento de Transporte Multimodal como sendo o documento que evidencia o contrato de transporte multimodal e rege toda a operação de transporte desde o recebimento da carga até a sua entrega no destino.

---

188 BRASIL, 2019g.

282. A auditoria verificou que há problemas que dificultam a evolução do uso multimodalidade no Brasil, afetando indiretamente a cabotagem. É o caso da existência de entraves tributários e burocráticos, o que demanda a elaboração de políticas públicas, com ações institucionalizadas, para fomentar o uso do transporte multimodal e induzir a diminuição da prevalência rodoviarista no transporte de carga brasileiro.
283. Um desses entraves consiste no fato de que a Política Nacional de Transportes (PNT) do atual Ministério da Infraestrutura (anterior MTPA), apesar de apresentar uma estratégia declarada de aumentar o número de operadores multimodais, não contempla ações no nível tático e operacional, tampouco metas, objetivos, indicadores previstos para orientar e monitorar adequadamente o fomento da multimodalidade, como já exposto no presente relatório (Achado 1).
284. Outro entrave reside no processo burocrático dos sistemas de despacho aduaneiro, que dificulta o desenvolvimento da multimodalidade e do transporte por cabotagem. Isso porque os sistemas da Receita Federal do Brasil não reconhecem o Conhecimento de Transporte Multimodal de Cargas (CTMC), apesar de haver esforços para agilizar e reduzir os custos burocráticos na liberação de cargas por parte do órgão fiscalizador.
285. Outra constatação foi a de que o ordenamento jurídico, vigente à época da auditoria, previa que a multimodalidade deveria ser estimulada por meio de ações e planejamentos a serem elaborados pelo CONIT, órgão que foi extinto e cujas competências foram absorvidas pelo Conselho do Programa de Parcerias de Investimentos da Presidência da República (CPPI), que por sua vez, não fomentava a multimodalidade. Recentemente a competência foi transferida ao Ministério da Infraestrutura. Já a ANTT possui competências que incluem a implementação de ações envolvendo a multimodalidade, mas não atua como órgão fomentador do transporte multimodal de cargas.

3.3.2 Determinações

De acordo com o Relatório Operacional do TCU,[189] pertinente aos estudos para o estímulo aos operadores multimodais, ficou evidenciado que a atuação dos órgãos e entes públicos não promovem a operacionalização da multimodalidade, houve a determinação para o governo de um plano para que o CTMC passasse a ser utilizado nos sistemas da Receita Federal.

Estas são as principais determinações do TCU que se referem ao Achado 5:

---

[189] BRASIL, 2019g.

> 320. Visando direcionar os esforços às causas dos problemas identificados neste achado e considerando que as propostas afetas ao aperfeiçoamento da governança da ação estratégica de estímulo aos operadores multimodais já estão tratadas no achado 1 deste relatório, propõe-se determinar ao Ministério da Infraestrutura que, no prazo de 180 dias, apresente estudo para o desenvolvimento da multimodalidade, com estratégias e ações para superação dos entraves identificados, com vistas ao atendimento das competência previstas na Medida Provisória 870/2019, art. 35, parágrafo único, inciso IV c/c Decreto 9.676/2019, Anexo I, art. 1º, § único, inciso IV.
> 321. Propõe-se também determinar ao Ministério da Economia, que, no prazo de 90 dias, apresente plano de ação para implementar, nos sistemas informatizados geridos pela Secretaria Especial da Receita Federal, a utilização do Conhecimento de Transporte Multimodal de Cargas, com vistas a dar efetividade à Lei 9.611/1998.
> 322. Com o atendimento das propostas acima elencadas, espera-se que a navegação de cabotagem se beneficie da utilização efetiva do Conhecimento de Transporte Multimodal de Cargas, a partir da adaptação dos sistemas da Receita Federal do Brasil, bem como que haja fomento da multimodalidade, a partir do estudo a ser elaborado pelo Ministério da Infraestrutura.

3.3.3 Recomendações

Considerando as determinações contidas no Relatório de Auditoria do TCU quanto ao fato de que ficou evidenciado que a atuação dos órgãos e entes públicos não promovem a operacionalização da multimodalidade, foram feitas as seguintes manifestações quanto ao Achado 5, pelo Ministério da Infraestrutura e pela Receita Federal:

> 349. O Ministério da Infraestrutura apresentou suas manifestações em relação ao Achado 5 também na peça 139, destacando que a nova estrutura do Ministério da Infraestrutura, prevista no Decreto 9.676, de 2019, prevê dispositivos voltados a promover a multimodalidade (art. 24 do Decreto).
> 350. Já a Receita Federal do Brasil, na peça 144, destaca que a implementação de funcionalidades que permitam receber informações do Conhecimento de Transporte Multimodal depende de previsão de alteração de escopo do projeto Pucomex em desenvolvimento, com ajustes de seu cronograma, além de previsão orçamentaria. Entende que o CMTC internacional depende de regulamentação, e que não compete ao órgão aduaneiro. Informa ainda que não há necessidade de criação de um novo documento no mercante para atender o CMTC nacional,

uma vez que as informações prestadas pelo usuário são somente as necessárias para fins do controle do AFRMM e relativas à etapa do transporte aquaviário.

351. Ocorre que, conforme relatado acima, o não reconhecimento do CMTC pelos órgãos fazendários e aduaneiros é mais um entrave burocrático ao desenvolvimento da cabotagem, vai de encontro aos ditames da Lei 9.611/1998 e dificulta a celebração de transporte de cargas, aumentando custos para os contratantes dos serviços.

Diante de todas as informações apresentadas a respeito do conteúdo do Capítulo 3, pode-se sustentar que a auditoria operacional do TCU, pelo voto do relator, entendeu que o cenário atual da cabotagem demonstra falta de uma política pública institucionalizada, e que as ações são sem sinergia, especificamente as adotadas por entidades e órgãos. E, considerando-se tudo isso, que estariam prejudicando a participação desse modal na logística brasileira.

Verifica-se que, para os auditores do TCU, os sistemas de informação governamentais não são interligados, o que dificulta o monitoramento das ações de fomento à cabotagem. O relatório identificou que as estratégias previstas na PNT (2018) e o desempenho do Ministério dos Transporte, Portos e Aviação Civil (MTPA), atual Ministério da Infraestrutura, não resolvem a falta de isonomia entre os preços do combustível da navegação de cabotagem e do longo curso, e que a atuação dos órgãos e entes públicos não promovem o fomento da multimodalidade.

A fiscalização do TCU teve como desígnio ponderar obstáculos ao desenvolvimento da cabotagem de contêineres, com o objetivo de colaborar com a maior participação do modal na matriz brasileira de transportes. O trabalho foi realizado a partir da ação do MTPA, da ANTAQ e da Receita Federal. Em caráter preliminar, os auditores ressaltam que a baixa participação da navegação de cabotagem na matriz de transporte colabora para a ascensão do custo logístico no Brasil.

Tendo em vista os achados trazidos neste capítulo, bem como a conclusão da auditoria em comento, passa-se ao Capítulo 4, que tratará da busca de uma matriz de transportes para o Brasil, por meio da cabotagem, com a proposta de regulamentação.

EM BUSCA DE UMA MATRIZ DE TRANSPORTES VIA CABOTAGEM: PROPOSTA DE REGULAMENTAÇÃO (PREÇO DE COMBUSTÍVEL, COMPETIÇÃO E MULTIMODALISMO)

A modernização do sistema de transportes facilita a mobilidade e a acessibilidade, além de reduzir o tempo de deslocamento no espaço. A participação do Estado é essencial para o desenvolvimento econômico, para o fomento do transporte marítimo e para a circulação e a mobilidade geográfica do capital. A expansão da matriz de transportes é fundamental para a geração de empregos e renda, sendo que a cabotagem se apresenta como uma boa solução para viabilizar o crescimento almejado e é uma opção eficiente e sustentável.

A propensão da cabotagem é clara, considerando atender ao transporte de produtos com origens e destinos próximos à costa, para longas distâncias. Não obstante possuir 80% da população a uma distância de até 200 km da costa e ter praticamente 7.500 mil km de litoral, o Brasil possui somente 11% de sua matriz de transporte alocada no modal.[190]

Levando-se em conta as potencialidades do modal para o desenvolvimento econômico e social no país, verifica-se que vários estudos tratando da navegação de cabotagem brasileira foram suscitados nos últimos anos por respeitáveis instituições. De forma geral, eles reconhecem o potencial do modal de transporte aquaviário para impulsionar

[190] INCIRILO, 2019, p. 1.

a competitividade logística no Brasil; entretanto, apresentam críticas sobre a política pública existente.[191]

Com a reestruturação produtiva, as tecnologias ligadas à circulação, a grande capacidade dos navios cargueiros e a otimização logística, têm-se intensas repercussões na produção e no comércio. Grandes quantidades de cargas, atualmente, podem ser transportadas em menos tempo e com custos mais baixos, surgindo sucessivamente no mercado (reabastecimento rápido do estoque), não sendo necessária, assim, a armazenagem em larga escala na forma de capital-mercadoria latente.

Em decorrência do aperfeiçoamento da logística e da expansão do transporte marítimo, o retorno do dinheiro aplicado ocorre em períodos mais curtos, de maneira que parte da mercadoria se transforma continuamente em capital-dinheiro, enquanto a outra parte circula no espaço como capital-mercadoria em condições de ser comercializada.

O transporte marítimo não é um fim em si mesmo, mas um meio de servir a outros objetivos e outras demandas. A atividade produtiva (indústria e agricultura) é condicionada ao transporte marítimo internacional para conquistar mercados externos (acumulação e reprodução acelerada do capital), ao passo que a cabotagem tem como finalidade principal auxiliar a cadeia de suprimentos interna (matérias-primas). O sistema de transportes, e em especial o modal marítimo, é, por um lado, um reflexo da economia regional/nacional e, por outro, um fator que impulsiona o desenvolvimento. O transporte marítimo de cargas é subsidiário à produção e, ao mesmo tempo, fundamental para completar a rotatividade do capital.[192]

O Estado tem papel proeminente no que se refere ao incremento do processo de circulação do capital. O desenvolvimento das infraestruturas de transportes e energia (destaque para o fomento da multimodalidade e do transporte marítimo, em especial a cabotagem), os incentivos creditícios e tributários e as políticas setoriais são importantes para acelerar a rotatividade do capital para o desenvolvimento das propostas, pela atuação do poder público e pela política econômica adotada.[193]

---

191 SOUTO; MACHADO, 2021.

192 SILVEIRA; FELIPE JR., 2013.

193 RANGEL, 2005, p. 147.

O sistema marítimo brasileiro é caracterizado pela desregulamentação, bem como pela existência de oligopólio estrangeiro,[194] sendo intensificado pela legislação neoliberal criada na década de 1990 (Lei nº 8.630/93, revogada pela Lei nº 12.815/2013), mitigando a reserva de mercado para os armadores nacionais e abrindo o setor para o grande capital estrangeiro.

As concessões ligadas ao setor marítimo refletem a frágil atuação do Estado, das Companhias Docas, das autoridades portuárias, da Secretaria de Portos (SEP) e da ANTAQ na imposição de metas às empresas de transporte marítimo e de terminais, investimentos a serem realizados, fiscalização e liberdade de concorrência (muitas vezes os grandes armadores e os operadores logísticos pressionam o poder público no sentido de evitar a atuação de novas empresas no setor).[195]

A auditoria operacional sobre a navegação de cabotagem foi proposta pela SeinfraPor do TCU e seguida por austero estudo e análise de situações problemas que afetam o transporte aquaviário no Brasil. O desenvolvimento dos trabalhos teve o reforço da SEMEC.

A partir de entrevistas com os gestores públicos e as entidades privadas influentes no setor, com o uso de técnicas de auditoria, verificou-se que existem obstáculos que afetam a ampliação da participação da cabotagem na matriz de transporte brasileira, em oposição ao objetivo declarado do governo de equilibrar a matriz de transporte e torná-lá mais eficiente.

De acordo com Danilo Oliveira,[196] no espaço dedicado pelo TCU para apresentações, representantes dos armadores e da agência reguladora defenderam a manutenção do marco regulatório do setor (Lei nº 9432/1997) no sentido de dar segurança jurídica ao segmento. No decorrer da reunião, entidades setoriais criticaram o que classificam como "concentração de mercado" e recomendaram mais liberdade para as empresas de navegação buscarem navios em outros mercados.

O intuito da auditoria ficou focalizado no contêiner, que tem atributos diferentes de outras cargas transportadas por cabotagem, como

---

194 Os principais armadores que atuam nos portos brasileiros são: Hamburg Süd (Alemanha), Maersk (Dinamarca), Mediterranean Shipping Company (MSC) (Itália/Suíça), Aliança (pertence à Hamburg Süd, Alemanha), CMA/CGM (França), Cia Sudamericana de Vapores (CSAV) (Chile), Mitsui/OSK Lines (Japão), Cosco (China), Evergreen (Taiwan) e China Shipping (China) (SILVEIRA; FELIPE JR., 2013).

195 SILVEIRA; FELIPE JR., 2013.

196 OLIVEIRA, 2018.

granéis sólidos e líquidos. Todavia, não houve aprofundamento das questões que permeiam custos operacionais, como tripulação, praticagem e tributos. Conforme o relatório, as ações e estratégias da PNT relacionadas a arrefecimento de custos operacionais de armadores de cabotagem não são transparentes o suficiente no que concerne a quais custos serão atacados pelo governo.

O relatório ainda assinala que a PNT não aborda como equalizar o tratamento do combustível entre o longo curso e a cabotagem: "Nos preços do combustível *bunker* vendido pela Petrobras às embarcações de cabotagem, há incidência de tributos federais e estaduais, enquanto para armadores de longo curso não há. Não há outras ações do MTPA visando a isonomia dos preços."[197]

Conforme se pode observar, a linha de trabalho da auditoria foi construída nas primeiras reuniões com os agentes do setor, contando com representantes do MTPA, da ANTAQ, da Secretaria Especial do Programa de Parcerias de Investimentos (PPI) e associações setoriais que representam armadores, importadores, exportadores e demais usuários de portos.[198]

Assim, foi considerado se os atos de planejamento da navegação de cabotagem e fomento a ela seriam viáveis e produziriam o desenvolvimento e eficiência almejados, entre eles a questão apontada no Achado 3, pertinente ao preço de combustível *bunker*, no transporte de contêiner (Achado 4), conduzidos pela Pasta de Transportes; se estimulam o aumento de participação desse modal na matriz de transportes, bem como se a regulação da ANTAQ incentiva a concorrência entre prestadores de serviço (Achado 5).

Foi comprovado que não existe, no Brasil, uma política pública voltada especificamente para enfrentar, de maneira planejada e institucionalizada, os empecilhos ao desenvolvimento da navegação de cabotagem. Verificou-se que existem falhas na governança da política pública de transportes, no que tange a esse modal. Também, que os instrumentos de planejamento do governo federal aplicáveis ao sistema de transportes não observam ações estratégicas para o fomento da navegação de cabotagem.

Pertinente aos três achados aqui estudados, verificou-se que:

---

197 OLIVEIRA, 2018.

198 OLIVEIRA, 2018.

(i) as táticas previstas na PNT e a atuação dos órgãos setoriais não solucionam a falta de isonomia entre os preços do combustível da navegação de cabotagem e de longo curso, prevista na legislação, razão pela qual os navios brasileiros dedicados à navegação de cabotagem pagam mais caro pelo óleo combustível do que navios estrangeiros que abastecem no Brasil;

(ii) os sistemas de informação governamentais são segmentados e não permitem integração de forma a produzir informações suficientes para o monitoramento das ações estratégicas da cabotagem, constantes na PNT, e a troca e o uso de informações relevantes para a gestão, fiscalização e regulação da cabotagem de contêiner entre os órgãos e a divulgação de estatísticas são dificultadas por questões de sigilo fiscal aplicáveis aos dados nos sistemas aduaneiros;

(iii) a atuação dos órgãos e entes públicos não promove a operacionalização da multimodalidade (transporte de uma mesma carga por diferentes modais), o que prejudica o desenvolvimento da cabotagem.

Essas situações apontadas pela auditoria operacional do TCU podem contribuir para que os preços de frete na cabotagem sejam mais elevados que aqueles praticados na navegação de longo curso internacional.

4.1 Preço do combustível

4.1.1 Análise das determinações

Diante das situações encontradas, foi proposto ao Ministério da Infraestrutura o aprimoramento da PNT, com a inclusão de indicadores, metas, ações táticas e operacionais para cada estratégia elencada para permitir seus acompanhamentos, entre elas a solução da cobrança de preços diferentes do óleo combustível entre embarcações brasileiras e estrangeiras.

O valor do *bunker* comercializado é fruto do volume transacionado multiplicado pelo preço médio praticado em cada unidade da Federação, conforme leitura obtida no Relatório de Auditoria TC nº 023.297/2018-2. Foram colhidos os dados que se referem às médias de janeiro a setembro de 2018. Esses preços foram avaliados como adequados para estimar a ordem de grandeza de uma eventual perda arrecadatória futura.

Obtido o valor comercializado, a receita estimada de cada UF com a venda de *bunker* pode ser encontrada multiplicando-se esse montante pela respectiva alíquota de ICMS para o produto. O preço potencial é encontrado por meio de uma simplificação, supondo que, posta a não incidência do ICMS, esse montante seria integralmente repassado aos consumidores.[199]

A elaboração de políticas públicas direcionadas para a questão do custo do combustível para as EBNs, pode trazer benefícios para as operações de cabotagem, de apoio portuário e marítimo brasileiros, possibilitando uma redução significativa dos custos operacionais.

Sobre o combustível marítimo destinado ao abastecimento de embarcações que operam na navegação de cabotagem no Brasil, buscou-se identificar possíveis impactos fiscais da não incidências de ICMS sobre o combustível *bunker*. Esse interesse em aplicar adequações tributárias se destina a tornar efetivo o que estabelece o art. 12 da Lei nº 9.432/1997,[200] ajustando isonomia no tratamento tributário entre a aquisição de combustíveis destinados à cabotagem e para as operações de longo curso.

A prática da medida ora em análise (possibilitar a venda de combustível *bunker* utilizado na cabotagem equivalente à exportação), por meio de uma lei federal, provocaria a inclusão de referida operação no campo da não incidência do ICMS, assim como também ocorre com as exportações. Entende-se que essa atitude dispensaria a necessidade de alguma outra medida por meio dos poderes estaduais, considerando que a inclusão de uma operação no campo da não incidência incumbe à legislação federal.

Aplicando a não incidência aludida para a cabotagem, o maior valor de redução da arrecadação de ICMS encontrado foi de 0,6%, o que representa uma diminuição de 0,2% da receita corrente, explicou a Empresa de Pesquisa Energética (EPE).[201] Dessa forma, a possível perda arrecadatória decorrente da concessão desse estímulo à atividade de cabotagem seria de monta pouco relevante diante os benefícios dos

---

199 BRASIL, 2019c.

200 BRASIL, 1997b.

201 BRASIL, 2019c.

ganhos logísticos, advindos do acréscimo da participação desse modal de transporte, complementa.

É importante dizer que a análise realizada e apresentada aos leitores, neste livro, não exaure as possibilidades de apreciar outras conveniências para a ampliação da navegação de cabotagem no país. Além de uma sugestão de alteração legal com desígnio de tornar a venda de combustível marítimos para cabotagem nivelada à operação de exportação, para todos os efeitos legais e fiscais, outras abordagens merecem ser ponderados, como o impacto do AFRMM. Seria essencial quantificar os melhoramentos oriundos do FMM frente a um casual acréscimo da atividade de cabotagem decorrente da não cobrança desse adicional.

Medidas de arrefecimento de custos operacionais das empresas de navegação de cabotagem devem ser acompanhadas do impulso à concorrência no setor, com o objetivo de assegurar que ocasionais ganhos, como a redução dos preços finais dos produtos e a redução do custo logístico da cabotagem, sejam acertados pelos consumidores.

Também, a captação de novos mercados para essa categoria de navegação depende da sua competitividade em relação às outras modalidades de transporte de cargas, por médias e longas distâncias, como o modal rodoviário, ferroviário e dutoviário.

Importante dizer que as políticas de redução tarifária, concomitantemente consentem provocar a navegação de cabotagem para transporte de cargas, podem alterar a demanda por outros modos de transporte. A integração multimodal é relevante para o aprimoramento da cadeia logística como um todo, tornando a cabotagem uma conexão efetiva para a movimentação de carga, pretendendo promover, em última opção, a redução dos custos logísticos da produção brasileira. Porém, esse é um assunto para o Achado 5, analisado logo a seguir.

4.1.2 Análise das recomendações

Analisando as recomendações do Achado 3, verifica-se que a Petrobras foi instada a se manifestar, e, como resposta, alegou que cumpre literalmente o disposto na Lei nº 9.432/1997, no sentido de que o preço aplicado é único tanto para a navegação de longo curso, como da cabotagem.

Todavia, ocorre que no preço praticado pela Petrobras há uma incidência de imposto que não é isonômica, ou seja, o preço final do combustível para cabotagem é desigual, no caso, menor para a navegação de longo curso e maior para a cabotagem.

Ora, verifica-se que a justificativa da Petrobras é totalmente incoerente e improcedente, pois foi exatamente isso que a Lei nº 9.432/1997 buscou suprimir, ou seja, que subsídios inerentes à atividade relacionada à exportação se constituíssem em vantagem competitiva para embarcações que estivessem na costa brasileira de bandeira estrangeira, que eventualmente poderia fazer, ainda que em regime excepcionalidade, considerando que a lei o permite e não o veda completamente.

Vale lembrar que, se não houvesse a situação da venda de bandeira, a questão do combustível não seria tão relevante, porque nessa hipótese a figura do armador estrangeiro não competiria diretamente com os armadores nacionais. Pois, na verdade, a regra seria a de que os armadores nacionais tomassem serviços dos armadores estrangeiros dentro do mesmo mercado, ante a ausência de embarcação.

Ocorre que se tem a seguinte situação: algumas empresas que conseguiram a outorga sem operar em determinados mercados passaram a vender bandeira, ou seja, a viabilizar que estrangeiros vendessem frete aqui de forma oportunista; então, quando estas empresas usaram o desvio nas suas outorgas para fazer essas operações, surgiu a questão da diferença do *bunker*, que passou a ter essa conotação competitiva.

Desta feita, e considerando a análise aqui colocada, entendeu-se pela solução por meio da proposta de regulamentação para o Achado 3 do Relatório Operacional do TCU, sendo este, pois, o assunto tratado no item 4.4.1.

4.2 Fomento à competição

4.2.1 Análise das determinações

Diante das situações encontradas no Achado 4 pelo TCU, no sentido de que a ANTAQ não promove a competição entre operadores na navegação de cabotagem, tampouco estimula a redução da concentração de mercado no segmento, o que, em tese, pode contribuir para que os preços de frete na cabotagem sejam mais altos que os praticados na navegação de longo curso internacional, o referido Tribunal determinou à ANTAQ que apresentasse estudo sobre o mercado de navegação de cabotagem de contêiner. O objetivo era encontrar opção regulatória para o fomento à competição no setor, sendo que o voto referendou a análise de área técnica que apontou indícios de cartelização na cabotagem de contêiner no país.

Em decorrência, o TCU fez as determinações, esperando a criação de regulamentação pela ANTAQ, visando fomentar a competição no segmento de cabotagem de contêiner, no sentido de que possa dar incentivos para a entrada de novas empresas prestadoras do serviço de cabotagem de forma regular.

Com tudo isso, entende-se pela viabilidade de reduzir o nível de frete no serviço prestado, amortizando o custo logístico no país, assim como o preço dos produtos vendidos internamente ao consumidor final, e o consequente aumento da participação da cabotagem na matriz de transporte.

4.2.2 Análise das recomendações

As recomendações às quais se referem o Achado 4 partiram de dois questionamentos realizados pelo SeinfraFerroviasPortos do TCU: i) não existe política pública específica de fomento à navegação de cabotagem e ii) os sistemas de informação governamentais não proveem informações suficientes que permitam o monitoramento das ações de fomento à navegação de cabotagem de contêiner.[202]

Ao analisar as recomendações desse achado, entende-se que o cenário atual da cabotagem demonstra ausência de política pública institucionalizada e ações sem sinergia, notadamente adotadas por entidades e órgãos, o que resulta em prejuízo na participação deste modal na logística brasileira.

As recomendações certamente despertam consciência de que a viabilidade do segmento da cabotagem depende do nível de serviço oferecido ao usuário, da qualidade do serviço, da confiabilidade, da regularidade e da continuidade, do *transit-time* e da frequência compatível com a carga e, principalmente, dos fretes competitivos.

Entende-se, com isso, que a regulação da ANTAQ deve fomentar a competição entre armadores de transporte no segmento da navegação de cabotagem de contêiner, considerando que sua inércia, nesse particular, desobedece à própria legislação de regência e propicia a acomodação do setor de cabotagem em patamares de baixa utilização

---

202 TCU..., 2019.

do modal de transporte, distante do regime de eficiências previsto na Lei e na política setorial.

É necessário lembrar sempre que a navegação de cabotagem enfrenta entraves no setor, diante do fato de que o transporte marítimo implica desafios que certamente representam riscos para o embarcador, como o problema da falta ou ausência de informações, que faz com que o dono da carga acabe por optar por uma operação que "imagina" ser mais segura, como aquela feita por meio do modal rodoviário, o que não significa, necessariamente, o transporte mais adequado para aquele *commodity*.

Também foi verificado que o poder regulatório da ANTAQ não fomenta a competição entre armadores de transporte no segmento da navegação de cabotagem de contêiner. A inércia da agência infringe sua legislação e propicia a acomodação do setor de cabotagem em patamares de baixa utilização do modal de transporte, distante do regime de eficiência previsto na lei e na política setorial, isso sem mencionar que ficou caracterizada a existência da formação de cartel no setor.

De acordo com o *Jornal do Comércio*,[203] o TCU suspendeu uma resolução da ANTAQ que altera as regras de aluguel de embarcações internacionais pelo setor de cabotagem, responsável pelo transporte de cargas entre portos brasileiros. A suspensão da resolução é alvo de uma medida cautelar considerada pelo ministro da Corte Bruno Dantas, de processo que foi movido pela empresa de navegação Posidonia Shipping, que alega ter sido prejudicada pela resolução da ANTAQ porque esta favoreceria a formação de um "cartel" no setor, dificultando a entrada de empresas menores.

A alegação da empresa é a de que é seu direito contratar embarcações internacionais para prestar serviços de transporte portuário, "mas afirma que a resolução publicada em 2015 – e até hoje alvo de ações na Justiça – limita essas contratações, prejudicando a competição". Já a ANTAQ defende que apenas busca formas de proteger a indústria nacional e companhias que, de fato, investem em embarcações no país.

As controvérsias pertinentes à citada resolução arrastam-se desde 2015. A regra é escopo de diversas ações no Poder Judiciário e já passou por várias mudanças repentinas, até chegar aos gabinetes da Corte de Contas. A resolução mudou as regras de contratação temporária de navios estrangeiros por empresas brasileiras, mexendo com as reivindicações para o transporte de contêineres e cargas em geral.

203 TCU..., 2018.

A empresa Posidonia Shipping assevera que, desde que entrou em operação, em 2013, tem sido alvo constante de decisões anticompetitivas por parte da ANTAQ, que estaria privilegiando interesses de grandes empresas. De outro norte, a agência nega qualquer irregularidade, garante e sustenta que o assunto foi publicamente discutido e que, de fato, amplia a competição no setor, privilegiando as empresas que possuem embarcações no país.[204]

Assim, considerando a análise aqui colocada, entendeu-se pela solução por meio da proposta de regulamentação para o Achado 4 do Relatório Operacional do TCU, sendo este, pois, o assunto tratado no item 4.4.2.

4.3 Multimodalismo

4.3.1 Análise das determinações

Diante do relatório do TCU, ficou evidenciado que o desempenho dos órgãos e entes públicos não dá impulso à operacionalização da multimodalidade (transporte de uma mesma carga por mais de um modal, mas com um contrato de transporte único), prejudicando, assim, o crescimento da cabotagem.

Pela leitura do relatório, verifica-se que existem falhas de governança na PNT e no Ministério da Infraestrutura quanto ao estímulo aos operadores multimodais. Também consta que o sistema informatizado da Receita Federal utilizado pelos terminais portuários alfandegados não reconhece o CTMC como documento válido, razão pela qual houve a determinação para o governo de um plano específico para esse particular nos sistemas da Receita Federal, com estratégias e ações para superação dos entraves identificados.

4.3.2 Análise das recomendações

O Ministério da Infraestrutura expôs suas manifestações enfatizando que a nova estrutura do Ministério da Infraestrutura, predita no Decreto nº 9.676/2019, prevê dispositivos que promovem a multimodalidade (art. 24 do decreto). Já a Receita Federal, quanto à implementação de funcionalidades que possibilitem atender informações do Conhecimento

[204] TCU..., 2018.

de Transporte Multimodal, manifestou que entende que o CMTC internacional depende de regulamentação, e que não compete ao órgão aduaneiro. Cientifica, ainda, que não há necessidade de criação de um novo documento no Sistema Mercante para atender o CMTC nacional, considerando que as informações prestadas pelo usuário são apenas para fins do controle do AFRMM e relativas à etapa do transporte aquaviário.

Todavia, não se pode deixar de analisar que o não reconhecimento do CMTC pelos órgãos fazendários e aduaneiros caracteriza uma barreira burocrática ao crescimento da cabotagem, inclusive dificulta a celebração de transporte de cargas, aumentando custos para os contratantes dos serviços.

Diante do exposto, considerando a análise supra, entendeu-se pela solução por meio da proposta de regulamentação para o Achado 5 do Relatório Operacional do TCU, sendo este, pois, o assunto tratado no item 4.4.3.

4.4 Proposta de regulamentação

4.4.1 Preço de combustível

Avaliando-se o fato de que no preço praticado pela Petrobras, quanto ao combustível *bunker*, existe uma incidência de imposto que não é isonômica, pois o preço final do combustível para cabotagem é díspar e maior em se tratando da cabotagem, e menor para a navegação de longo curso – tudo isso considerando-se a análise das recomendações do Achado 3, no item 4.1.2 –, verifica-se a possibilidade de duas propostas para a solução do problema neste particular.

1ª Proposta: a Petrobras ou o governo federal, em termos de política pública, poderia constituir um fundo que seria composto exatamente por este valor de tributos não recolhidos referente ao combustível *bunker* na exportação. Nessa hipótese, esse valor da diferença de preços praticado entre a cabotagem e da navegação de longo curso poderia ser recolhido quando fornecido para empresas estrangeiras.

Esse fundo poderia beneficiar, de alguma forma, a indústria naval (indústria de reparação naval), poderia ir direto para o Fundo de Marinha Mercante ou até mesmo para outras atividades para cabotagem, ou seja, em benefício da própria política de cabotagem.

2ª Proposta: centrar esforços por meio dos estados onde estão localizados os principais terminais e portos e trabalhar diretamente com as secretarias da Fazenda desses estados ou com o governo de estado, buscando zerar os tributos nestes respectivos estados.

É importante registrar que isso já vem ocorrendo, conforme o exemplo do estado do Espírito Santo,[205] onde já existe um acordo ou conversas adiantadas com os demais estados, de forma que a redução do ICMS irá fazer com que o combustível de navegação tenha, lá, o menor preço do Brasil, atraindo mais navios para o estado, com o objetivo de fortalecer o crescimento econômico e aumentar competitividade. Essa é razão pela qual o governo estadual propôs a criação da Lei Estadual do Mercado Livre de Gás e a redução de ICMS do combustível *bunker.* Se aprovado, o Espírito Santo terá o menor preço do país, atraindo mais navios para a região.

Nessa segunda proposição, o endereçamento da questão não se daria por meio de uma lei federal, mas sim por meio de negociações e de medidas a serem todas pontuadas junto com os governos estaduais.

4.4.2 Fomento à competição

Considerando o que foi colocado no item da análise das recomendações no que se refere ao Achado 4, surgiram os questionamentos pertinentes ao fato de que não existe política pública específica de fomento à navegação de cabotagem e de que os sistemas de informações governamentais não fornecem dados suficientes que permitam o monitoramento das ações de fomento à navegação de cabotagem de contêiner.

Nesse cenário, destaca-se que o TCU confirmou, por meio do Acórdão nº 1.693/2020, de 1 de julho de 2020, o seu entendimento acerca da ilegalidade de certos dispositivos da Resolução nº 1/2015 da ANTAQ, que restringiam as condições para afretamento de embarcação estrangeira, pois a resolução estabelece, em seu artigo 5º, III, "a", que as autorizações da citada agência, para afretamento de embarcações estrangeiras, estão limitadas ao quádruplo da tonelagem de porte bruto das embarcações de registro brasileiro em operação comercial pela empresa afretadora, a qual também deverá ser proprietária de ao menos uma embarcação de tipo semelhante à pretendida. Cabe ressaltar, contudo, que esta é uma limitação de tonelagem aos afretamentos

205 A redução do ICMS vai fazer que o combustível de navegação (*bunker*) tenha, no Espírito Santo, o menor preço do Brasil, atraindo mais navios para o Estado (MARINHO, 2020).

de embarcação estrangeira que não está prevista na lei de ordenação do transporte aquaviário (Lei nº 9.432/1997).

Entende-se que existem duas possibilidades a serem propostas:

1ª Proposta: a existência de política pública institucionalizada com ações que despertem a consciência do usuário para a qualidade do serviço, a quantidade/volume da carga a ser transportada, a confiabilidade e a segurança, a regularidade e a continuidade, o *transit-time* e a frequência compatível com a carga.

Para isso, é necessário realizar uma política de conscientização de que a navegação de cabotagem apresenta baixos riscos para o embarcador, resolvendo-se isso com a divulgação de informações e melhor sinergia entre os atores envolvidos, para que o dono da carga acabe por optar pela operação via cabotagem, que se apresenta com o menor custo e maiores benefícios.

É necessário que o usuário confie e acredite na operação. Sem essa conscientização, o modal rodoviário continuará operando incessantemente em rotas que não são adequadas a ele.

2ª Proposta: a quebra da cláusula de barreira da RN 1 criada pela ANTAQ, considerando esta ser uma limitação de tonelagem aos afretamentos de embarcação estrangeira que não está prevista pela lei de ordenação do transporte aquaviário (Lei nº 9.432/1997). Essa barreira de entrada impunha a limitação de quádruplo de tonelagem para autorização de afretamento de embarcação estrangeira, pois feria princípio da reserva legal ao inovar na ordem jurídica, já que estabelecia exigências acima dos limites fixados pela lei e limita a expansão de pequenas empresas de cabotagem, a elevação de barreiras para novos entrantes, o aumento da concentração de mercado e a redução de oferta de embarcações de maior porte por empresa não atuante no Brasil.

A ação sugerida está voltada à quebra da cláusula de barreira que extrapola a Lei nº 9.432/1997; com isso, pode-se ter liberdade de investimento e competição.

4.4.3 Multimodalismo

A grande atividade industrial desenvolvida no Brasil, juntamente com o aumento expressivo das exportações, faz com que se tenha intensa circulação de veículos pelas rodovias brasileiras, razão pela qual muitos avanços ainda necessitam serem realizados unindo logística e estratégia.

A operação multimodal figura como um aliado de extraordinária relevância para as empresas, promovendo a utilização de toda matriz de transportes disponível, apresentando-se como solução para os gargalos logísticos do Brasil.

Acredita-se, inclusive, que de todos os achados do Relatório Operacional do TCU, este é o mais significativo, porque o sucesso da cabotagem está diretamente atrelado ao uso da multimodalidade, considerando que usa vários *players* e que a cabotagem se insere dentro de um modelo integrado e que atende a sua função logística.

O Transporte Multimodal de Cargas objetiva melhorar a qualidade e a produtividade do transporte, estabelecendo operações seguras por meio de um único responsável – o OTM –, sendo que, pela análise do Achado 5, ficou evidente que a falta de infraestrutura adequada é fator problemático para a eficiência das operações de transporte no país, assim como a falta de políticas e governança especificas, o que demanda investimentos e estudos para melhor adequação da matriz.

O transporte multimodal é a operação em que a carga é transportada por mais de um modo de transporte para a entrega da mercadoria, por meio de um único conhecimento de transporte. Isso quer dizer transportar uma mercadoria do seu ponto de origem até a entrega no destino final por modalidades diferentes. É realizado por um OTM que assume a responsabilidade por um transporte total, desde a origem até o destino final, sendo que o transporte somente será considerado como multimodal quando o contrato de transporte estiver unificando todos os modais utilizados na movimentação da carga.[206]

A multimodalidade pode aumentar a competitividade dos produtos brasileiros no exterior; no entanto, é preciso que o poder público invista em melhorias na infraestrutura dos transportes brasileiros e reduza os trâmites burocráticos, criando sistemas integrados para agilidade dos processos. Não de menor importância, a criação de taxas específicas para essa modalidade, de forma única, é necessária. Cita-se, como exemplo, o ICMS, que possui alíquotas diferentes para cada estado brasileiro, o que gera transtornos para as empresas, dificultando a competitividade do produto no mercado.

---

[206] Entende-se por transporte multimodal de cargas "aquele que, regido por um único contrato, utiliza duas ou mais modalidades de transporte, desde a origem até o destino, e é executado sob a responsabilidade única de uma pessoa jurídica denominada OTM, por meios próprios ou por intermédio de terceiros, sendo considerado: art. 2º e 5º da Lei nº 9.611/1998" (BRASIL, [2021b]).

Por tudo que foi analisado a respeito da Achado 5 do TCU, são feitas as seguintes propostas:

1ª Proposta: a existência de política pública institucionalizada com ações que despertem a competitividade de encontrar operadores capacitados por uma melhor adequação dos serviços. O desempenho do transporte dentro da matriz logística, fornecendo a Integração com as demais funções e atingindo a eficiência das operações, que é uma realidade a ser trabalhada no Brasil; com estímulo em medidas regulatórias e governança nas operações multimodais.

2ª Proposta: diante do Relatório Operacional do TCU, ficou evidenciado que o desempenho dos órgãos e entes públicos não dá impulso à operacionalização da multimodalidade, prejudicando assim o crescimento da cabotagem. Consta que o sistema informatizado da Receita Federal utilizado pelos terminais portuários alfandegados não reconhece o CTMC como documento válido, devendo haver um plano específico para esse particular nos sistemas da Receita Federal, com estratégias e ações para superação dos entraves identificados no sentido de que o sistema identifique o CTMC.

CONSIDERAÇÕES FINAIS

Como foi descrito na Introdução da presente obra, o transporte é uma indústria de serviços sem a qual o comércio mundial e o desenvolvimento das nações não seriam possíveis. As relações mercantis entre atores, sociedades, países e regiões necessitam dos transportes disponíveis, e essa é uma atividade completamente indispensável para o avanço e desenvolvimento da sociedade, da indústria e para o intercâmbio de mercadorias por meio dos comércios.

Para tanto, é imprescindível a colaboração entre os Estados, para o avanço da eficiência na gestão de vias e meios de transporte que sirvam ao crescimento das próprias nações. Com esse intuito, é indispensável a criação de estruturas e mecanismos satisfatórios, implementando sistemas que favoreçam políticas e meios de transportes eficientes. De tal modo, as políticas de relação governamentais são indispensáveis para as melhorias no transporte aquaviário. É preciso uma percepção da realidade desde uma ótica regional e políticas públicas e regulatórias, pois a globalização gerou um novo quadro de necessidades e de concorrência nacional e internacional.

E é nesse sentido que esta obra se justifica, na busca de uma matriz de transportes via cabotagem e na proposição de uma regulamentação.

Como visto, a análise do cumprimento pelos órgãos competentes das determinações e recomendações, relacionadas à isonomia de preços de combustíveis, competição e multimodalismo, bem como a elaboração de uma proposta de regulamentação, contribui para desenvolver a cabotagem e, por sua vez, para aumentar a sustentabilidade da matriz de transporte brasileira.

Assim sendo, discorreu-se sobre a busca de uma matriz de transportes para o Brasil por meio da cabotagem, com análise dos Achados

3, 4 e 5 do Relatório de Auditoria Operacional do TCU, que se referem aos obstáculos encontrados ao desenvolvimento da cabotagem, apresentando-se, ao final do livro, propostas de regulamentação para o preço de combustível *bunker*, competição e multimodalismo.

Muito embora existam outras modalidades de navegação relacionadas ao modal aquaviário, entendeu-se por bem apresentar, na presente obra, a navegação de cabotagem por vários motivos, dentre os quais a ocorrência da problemática da greve dos caminhoneiros ocorrida no Brasil, em maio de 2018, que demonstrou a gravidade de um país como o nosso depender de praticamente um único modal de escoamento e transporte de cargas, com risco de colapso para sua economia.

Entre os objetivos do PL nº 4199/2020, os quais se referem à BR do Mar, estão incrementar a oferta e a qualidade do transporte; incentivar a concorrência e a competitividade na prestação do serviço de transporte; ampliar a disponibilidade de frota no território nacional; incentivar a formação, a capacitação e a qualificação de marítimos nacionais; estimular o desenvolvimento da indústria naval nacional; revisar a vinculação das políticas de navegação de cabotagem das políticas de construção naval; incentivar as operações especiais de cabotagem e os investimentos decorrentes em instalações portuárias, para atendimento de cargas em tipo, rota ou mercado ainda não existentes ou consolidados na cabotagem brasileira; e, ainda, otimizar o uso de recursos advindos da arrecadação do AFRMM, sendo essa a razão para estudar a suas vantagens e desvantagens.[207]

Sobre os principais obstáculos que impedem o desenvolvimento da navegação de cabotagem no Brasil, destaca-se que, apesar de existir uma grande comemoração do governo federal quanto à tramitação do relevante PL, que institui a comentada BR do Mar, empresários e autoridades no segmento continuam demonstrando preocupação com alguns pontos do texto, seja em relação às medidas para atacar, à visível reserva de mercado para a mão de obra e, sobretudo, aos custos do combustível.

Notadamente, as questões apontadas nos Achados 3, 4 e 5 se referem à isonomia do combustível *bunker*, à falta de políticas públicas que fomentem a competição e o multimodalismo, as quais também foram amplamente debatidas e representam entraves e obstáculos para o desenvolvimento da navegação de cabotagem no Brasil.

---

[207] SOUTO; MACHADO, 2021.

Ainda é pertinente discorrer sobre quais as ações necessárias para o crescimento da navegação de cabotagem no Brasil, conforme foram apresentadas no Capítulo 4, a saber:

Preço de combustível

- Constituição de um fundo que seria composto pelo valor de tributos não recolhidos referentes ao combustível *bunker* na exportação, sendo que esse valor da diferença de preços praticados entre a cabotagem e a navegação de longo curso poderia ser recolhido quando fornecido para empresas estrangeiras, para beneficiar a indústria naval, ir direto para o fundo da Marinha Mercante ou, até mesmo, para outras atividades para cabotagem, em benefício da própria política de cabotagem.
- Efetuar esforços por meio dos estados onde estão localizados os principais terminais e portos e trabalhar diretamente com as secretarias da Fazenda desses estados ou com o governo estadual, buscando zerar os tributos nos respectivos estados.

Competição

- Existência de política pública institucionalizada com ações que despertem a consciência do usuário para exigir qualidade do serviço, por meio de política de conscientização para difundir que a navegação de cabotagem apresenta baixos riscos para o embarcador, e que se apresenta com o menor custo e maiores benefícios.
- Pertinente quebra da cláusula de barreira da RN 1 criada pela ANTAQ, considerando esta ser um obstáculo de tonelagem aos afretamentos de embarcação estrangeira, que não está prevista pela Lei nº 9.432/1997, que impunha uma barreira de quádruplo de tonelagem para autorização de afretamento de embarcação estrangeira, ferindo, assim, o princípio da reserva legal ao inovar na ordem jurídica, constituindo exigências acima dos limites fixados pela lei, que limitam a expansão de pequenas empresas de cabotagem, a elevação de barreiras para novos entrantes, o aumento da concentração de mercado e a redução de oferta de embarcações de maior porte por empresa não atuante no Brasil.
- Também, a ANTAQ deve fomentar a competição entre armadores de transporte no segmento da navegação de cabotagem

de contêiner, sendo a ação sugerida voltada para a quebra da barreira acima suscitada com liberdade de investimento e competição.

Multimodalismo

- Existência de política pública institucionalizada com ações que despertem a competitividade de encontrar operadores capacitados por uma melhor adequação dos serviços no que tange ao desempenho do transporte dentro da matriz logística, fornecendo a integração com as demais funções por meio de estímulo em medidas regulatórias e governança nas operações multimodais.
- Existência de um plano específico para que o sistema da Receita Federal identifique o CTMC.

Dessa forma, conclui-se que o desenvolvimento da cabotagem pode trazer vantagens para um país como o Brasil, pois se verificou que o fomento deste modal na matriz de transportes, uma vez vencidos os obstáculos antes descritos, por meio das propostas apresentadas, tem o condão de dar retorno sobre o investimento em transporte, quando comparado com outros tipos de modais. Ela praticamente não precisa de recursos em vias, tendo em vista que a carga passa pelo mar, sendo esta uma via natural que não demanda de grandes investimentos, tampouco manutenções.

A cabotagem tem vantagens, também, quando comparada com outros tipos de modais, em termos de sustentabilidade, segurança e eficiência, com menor emissão de poluentes, menor consumo de combustível por tonelada transportada, menor custo por tonelada-quilômetro transportado, reduzido registro de acidentes, o que repercute em menores custos de apólices de seguro, inclusive, tanto para as cargas quanto para as embarcações e grande capacidade operacional de movimentação de cargas.

Nesse sentido, a presente obra traz conhecimentos, possibilitando que atores públicos e privados sejam providos de noções importantes para a tomada de decisão sobre o tema.

O Brasil está acompanhando as tendências globalizadas e transnacionais de sustentabilidade e boa utilização dos recursos naturais e renováveis para o desenvolvimento. Dessa forma, a cabotagem brasileira pode contribuir significativamente para tudo isso, usando todo o seu potencial, a fim de que o Brasil dê um grande salto de crescimento para integrar ao grupo de países desenvolvidos no mundo, considerando que o transporte aquaviário é uma indústria de serviços sem a qual o comércio mundial e o desenvolvimento das nações não seriam imagináveis.

É certo, muito nítido e positivo que as relações entre atores de uma comunidade comercialmente desenvolvida, ou ainda entre países e até mesmo regiões, dependem dos transportes disponíveis, como é o caso da cabotagem, e que essa é uma atividade imprescindível para o progresso e evolução da sociedade, da indústria e para a troca de *commodities* por meio dos mercados, num mundo cada vez mais transnacional e globalizado.

REFERÊNCIAS

AGUILLAR, Fernando Herren. *Direito Econômico*: do Direito Nacional ao Direito Supranacional. São Paulo: Atlas, 2006.

ALBUQUERQUE, José de Lima. *Gestão ambiental e responsabilidade social*: conceitos, ferramentas e aplicações. São Paulo: Atlas, 2009.

ALMEIDA, Fernando. *Desenvolvimento Sustentável 2012-2050*: visão, rumos e contradições. Rio de Janeiro: Elsevier, 2012.

ALVARENGA, Henrique. Cabotagem no Brasil: importância, benefícios e crescimento. *Tecnologística*, 22 fev. 2019. Disponível em: https://www.tecnologistica.com.br/portal/artigos/79972/cabotagemnobrasilimportancia-beneficios-e-crescimento/. Acesso em: 9 dez. 2020.

AMARAL, Jonathan. Cabotagem e sustentabilidade. *Cabotagem Brasil*, [2020]. Disponível em: https://cabotagembrasil.com.br/cabotagem-e-sustentabilidade/. Acesso em: 16. dez. 2020.

ASSOCIAÇÃO NACIONAL DOS TRANSPORTADORES FERROVIÁRIOS (ANTF). *Ferrovias de Carga e o Futuro do Brasil.* Propostas da ANTF para o Novo Governo 2019-2022, s.d. Disponível em: https://www.antf.org.br/wp-content/uploads/2018/09/Folder-presidencial4-v2-spread.pdf. Acesso em: 11 jul. 2020.

AQUINO, Alberto Pereira de. *História da Marinha Mercante brasileira.* 2. ed. Rio de Janeiro: Femar, 2009.

ARANHA, Márcio Iório. *Manual de Direito Regulatório*: fundamentos de Direito Público. 3. ed. Londres: Laccademia Publishing, 2015.

ARAÚJO, João Guilherme. A navegação da cabotagem brasileira e os impactos da Lei 12.619. *Instituto de Logística e Supply Chain (ILOS)*, Rio de Janeiro, 2013. Disponível em: https://silo.tips/download/a-navegaao-de-cabotagem-brasileira-e-os-impactos-da-lei. Acesso em: 26 dez. 2020.

BALLOU, Ronald. *Gerenciamento da cadeia de suprimentos/logística empresarial.* São Paulo: Atlas, 2006.

BARRETO, Leandro. A cabotagem no mundo. *Guia marítimo* – artigos, 15 ago. 2016. Disponível em: https://www.guiamaritimo.com.br/especiais/cabotagem/a-cabotagem-no-mundo. Acesso em: 26 dez. 2020.

BINENBOJM, Gustavo. Agências reguladoras independentes e democracia no Brasil. *REDAE – Revista Eletrônica de Direito Administrativo Econômico*, Salvador, n. 3, ago./set. 2005.

BOVOLENTA, Fábio César. *Análise energética comparativa na logística de transporte multimodal da soja.* 2007. 59 f. Dissertação (Mestrado em Ciências Agronômicas) – Faculdade de Ciências Agronômicas, Universidade Estadual Paulista, 2007. Disponível em: https://repositorio.unesp.br/bitstream/handle/11449/101919/bovolenta_fc_me_botfca.pdf?sequence=1&isAllowed=y. Acesso em: 4 jan. 2021.

BRASIL [Constituição (1891)]. *Constituição da República dos Estados Unidos do Brasil, de 24 de fevereiro de 1891.* Brasília, DF: Presidência da República, [1891]. Disponível em: http://www.planalto.gov.br/ccivil_03/constituicao/constituicao91.htm. Acesso em: 26 jan. 2021.

BRASIL. [Constituição (1988)]. *Constituição da República Federativa do Brasil de 1988.* Disponível em: http://www.planalto.gov.br/ccivil_03/constituicao/constituicaocompilado.htm. Brasília, DF: Presidência da República. Acesso em: 22 dez. 2020.

BRASIL. Decreto nº 2.256, de 17 de junho de 1997. Regulamenta o Registro Especial Brasileiro – REB, para embarcações de que trata a Lei nº 9.432, de 8 de janeiro de 1997a. *Diário Oficial da União*: Brasília, DF, 1997. Disponível em: http://www.planalto.gov.br/ccivil_03/decreto/1997/D2256.htm. Acesso em: 16. fev. 2021.

BRASIL. Despacho do Presidente da República nº 169, de 27 de abril de 2021. *Diário Oficial da União*: Edição 77-A, Seção 1 - Extra A, Brasília, DF, 27 abr. 2021a. Disponível em: http://www.in.gov.br/web/dou/-/despacho-do-presidente-da-republica-316167808. Acesso em: 11 maio 2021.

BRASIL. Lei nº 9.432, de 8 de janeiro de 1997. Dispõe sobre a ordenação do transporte aquaviário e dá outras providências. *Diário Oficial da União*: Brasília, DF, 1997b. Disponível em: http://www.planalto.gov.br/ccivil_03/LEIS/L9432.htm. Acesso em: 11 jun. 2020.

BRASIL. Lei nº 9.611, de 19 de fevereiro de 1998. Dispõe sobre o Transporte Multimodal de Cargas e dá outras providências. *Diário Oficial da União*: Brasília, DF, 1998. Disponível em: http://www.planalto.gov.br/CCiVil_03/Leis/L9611.htm. Acesso em: 4 jan. 2021.

BRASIL. Lei nº 10.233, de 5 de junho de 2001. Dispõe sobre a reestruturação dos transportes aquaviário e terrestre, cria o Conselho Nacional de Integração de Políticas de Transporte, a Agência Nacional de Transportes Terrestres, a Agência Nacional de Transportes Aquaviários e o Departamento Nacional de Infraestrutura de Transportes, e dá outras providências. *Diário Oficial da União*: Brasília, DF, 2001. Disponível em: http://www.planalto.gov.br/ccivil_03/leis/LEIS_2001/L10233.htm. Acesso em: 26 dez. 2020.

BRASIL. Lei nº 13.874, de 20 de setembro de 2019. Institui a Declaração de Direitos de Liberdade Econômica; estabelece garantias de livre mercado. *Diário Oficial da União*: Brasília, DF, 2019a. Disponível em: http://www.planalto.gov.br/ccivil_03/_ato2019-2022/2019/lei/L13874.htm. Acesso em: 26 dez. 2020.

BRASIL. Lei nº 13.844, de 18 de junho de 2019. Estabelece a organização básica dos órgãos da Presidência da República e dos Ministérios. *Diário Oficial da União*: Brasília, DF, 2019b. Disponível em: http://www.planalto.gov.br/ccivil_03/_ato2019-2022/2019/lei/L13844.htm. Acesso em: 2 jan. 2021.

BRASIL. Ministério da Economia. Receita Federal. *Mudança no Modal de Transporte,* [2021b]. Disponível em: https://receita.economia.gov.br/orientacao/aduaneira/manuais/transitoaduaneiro/topicos/procedimentos-durante-a-operacao-de-transito/mudanca-no-modal-de-transporte. Acesso em: 3 fev. 2021.

BRASIL. Ministério da Economia. *Secretaria de Trabalho,* [2021c]. Disponível em: https://servicos.mte.gov.br/#/loginfailed/redirect=. Acesso em: 03 jan. 2021.

BRASIL. Ministério da Infraestrutura. Agência Nacional de Transporte Aquaviários (Antaq). *A Antaq,* [2021d]. Disponível em: http://portal.antaq.gov.br/index.php/acesso-a-informacao/institucional/aantaq/#:~:text=A%20Ag%C3%AAncia%20Nacional%20de%20Transportes,vinculada%20ao%20Minist%C3%A9rio%20da%20Infraestrutura. Acesso em: 18 fev. 2021.

BRASIL. Ministério da Infraestrutura. *Agência Nacional de Transporte Aquaviários (Antaq),* [2021e]. Disponível em: http://portal.antaq.gov.br/index.php/acesso-a-informacao/institucional/a-antaq/. Acesso em: 26 maio 2021.

BRASIL. Ministério da Infraestrutura. *BR do Mar,* 1 set. 2020a. Disponível em: https://www.gov.br/infraestrutura/pt-br/brdomar. Acesso em: 05 jan. 2021.

BRASIL. Ministério das Minas e da Energia. Agência Nacional do Petróleo, Gás natural e Biocombustível (ANP). *Armazenamento e movimentação de produtos líquidos,* [2020b]. Disponível em: http://www.anp.gov.br/armazenamento-e-movimentacao-de-produtos-liquidos. Acesso em: 11 jul. 2020.

BRASIL. Ministério das Minas e Energia. *Agência Nacional do Petróleo, Gás natural e Biocombustível (ANP),* [2020c]. Disponível em: https://www.gov.br/anp/pt-br. Acesso em: 30 dez. 2020.

BRASIL. Ministério das Minas e Energia. Empresa de Pesquisa Energética (EPE). *Nota Técnica.* Precificação de óleo combustível marítimo para cabotagem DPG-SDB n. 01/2019. Rio de Janeiro: Ministério das Minas e Energia; EPE, dez. 2019c. Disponível em: https://www.epe.gov.br/sites-pt/publicacoes-dados-abertos/publicacoes/PublicacoesArquivos/publicacao-454/EPE_Nota%20T%C3%A9cnica_Pre%C3%A7os%20Combust%C3%ADveis%20Mar%C3%ADtimos%202019.pdf. Acesso em: 30 dez. 2020.

BRASIL. Ministério dos Transportes. Agência Nacional de Transporte Aquaviários (Antaq). *Resolução Normativa nº 1/2015.* Aprova a norma que estabelece os procedimentos e critérios para o afretamento de embarcação por empresa brasileira de navegação nas navegações de apoio portuário, apoio marítimo, cabotagem e longo curso, [2021f]. Disponível em: http://portal.antaq.gov.br/index.php/hrf_faq/resolucao-normativa-no-01-2015/. Acesso em: 02 jan. 2021.

BRASIL. Ministério dos Transportes. Agência Nacional de Transportes Terrestres (ANTT). *Transporte Multimodal de Cargas,* [2021g]. Disponível em: https://portal.antt.gov.br/transporte-multimodal-de-cargas. Acesso em: 04 jan. 2021.

BRASIL. Portaria nº 07, de 14 de janeiro de 1991. *Diário Oficial da União,* Brasília, DF, 16 jan. 1991. Disponível em: http://web.antaq.gov.br/portalv3/pdf/Portaria07.pdf. Acesso em: 26 dez. 2020.

BRASIL. *Projeto de Lei nº 4.199/2020*. Institui o Programa de Estímulo ao Transporte por Cabotagem - BR do Mar e altera a Lei nº 5.474, de 18 de julho de 1968, a Lei nº 9.432, de 8 de janeiro de 1997, a Lei nº 10.233, de 5 de junho de 2001, e a Lei nº 10.893, de 13 de julho de 2004. Brasília, DF: Câmara dos Deputados, [2020d]. Disponível em: https://www.camara.leg.br/proposicoesWeb/fichadetramitacao?idProposicao=2260433. Acesso em: 05 jan. 2021.

BRASIL. Resolução nº 789, de 22 de maio de 2019. Altera a Resolução ANP nº 52, de 29 de dezembro de 2010, que estabelece as especificações dos combustíveis aquaviários, reduzindo o limite máximo do teor de enxofre nos combustíveis marítimos para as embarcações que não dispuserem de sistema de limpeza de gases de escape. *Diário Oficial da União*: Edição 98, Seção 1, Brasília, DF, 23 maio 2019d. Disponível em: https://www.in.gov.br/en/web/dou/-/resolucao-n-789-de-22-de-maio-de-2019-122631742. Acesso em: 30 dez. 2020.

BRASIL. Senado Federal. *Parecer de 2020*, [2020e]. Relator: Senador Nelsinho Trad. Disponível em: https://www25.senado.leg.br/web/senadores/senador/-/perfil/5985. Acesso em: 27 fev. 2022.

BRASIL. Tribunal de Contas da União. *Acórdão 1.388/2019*. Relator: Min. Bruno Dantas, 12 de junho de 2019e. Disponível em: https://pesquisa.apps.tcu.gov.br/#/documento/acordao-completo. Acesso em: 12 jul. 2020.

BRASIL. Tribunal de Contas da União. *Mandado de Segurança 1000594-21.2017.4.01.3400.* 5. Vara Federal Cível da SJDF, [2015].

BRASIL. Tribunal de Contas da União. *Relatório de Auditoria Operacional*: cabotagem. TC 023.297/2018-2. Apenso: TC 003.329/2019-4. Acórdão 1383/2019. Relator: Min. Bruno Dantas, 12 de junho de 2019f. Disponível em: www.tcu.gov.br. Acesso em: 12 jul. 2020.

BRASIL. Tribunal de Contas da União. *Relatório de Auditória Operacional do TCU*. Acórdão 1.383/2019 TCU CABOTAGEM (Achados 1 a 5 TC 023297 2018 2). Apenso: TC 003.329 2019 4.rtf, [2019g].

BR do MAR vai ao Senado, mas ainda com trechos polêmicos para o setor. *Portos e Navios*, 13 dez. 2020. Disponível em: https://www.portosenavios.com.br/noticias/navegacao-e-marinha/br-do-mar-vai-ao-senado-mas-ainda-com-trechos-polemicos-para-o-setor. Acesso em: 22 dez. 2020.

CASACA, Ana; LYRIDIS, Dimitrios. Protectionist *vs.* liberalised maritime cabotage policies: A Review. *Maritime Business Review*, London, p. 128- 132, abr. 2018.

CARVALHO FILHO, José dos Santos. Agências Reguladoras e Poder Normativo. *In:* ARAGÃO, Alexandre Santos de (coord.). *O poder normativo da agências reguladoras*. 2. ed. Rio de Janeiro: Editora Forense, 2011.

CARVALHO FILHO, José dos Santos. *Manual de Direito Administrativo*. São Paulo: Atlas, 2012.

CASTRO JÚNIOR, Osvaldo Agripino de. A importância da regulação setorial independente para o desenvolvimento dos transportes e portos. *In:* CASTRO JÚNIOR, Osvaldo Agripino de (org.). *Regulação, engenharia de transportes e portos*. Florianópolis: Conceito, 2020.

CASTRO JÚNIOR, Osvaldo Agripino de. *Direito Regulatório e inovação nos transportes e portos nos Estados Unidos e no Brasil*. Florianópolis: Conceito, 2009.

CASTRO JÚNIOR, Osvaldo Agripino de. *Marinha Mercante brasileira*: longo curso, cabotagem e bandeira de (in)conveniência. São Paulo: Aduaneiras, 2013.

CASTRO JÚNIOR, Osvaldo Agripino de; RODRIGUES, Maicon. Defesa da concorrência e verticalização portuária. *Revista de Defesa da Concorrência – CADE*, v. 8, n. 1, jun. 2020. Disponível em: https://revista.cade.gov.br/index.php/revistadedefesadaconcorrencia/article/view/53.5 Acesso em: 17 jan. 2021.

CASTRO JÚNIOR, Osvaldo Agripino de; SOUZA, Silvano Denega. Transporte marítimo e sustentabilidade: as experiências sul-americanas e Europa. *In:* CASTRO JÚNIOR, Osvaldo Agripino de (coord.). *Direito, regulação e logística*. Belo Horizonte: Editora Fórum, 2013.

CAXITO, Fabiano. *Logística*: um enfoque prático. São Paulo: Saraiva, 2011.

CHOPRA, Sunil; MEINDL, Peter. *Gestão da cadeia de suprimentos*: estratégia, planejamento e operações. São Paulo: Pearson, 2011.

COMISSÃO INTERESTADUAL DO COMÉRCIO (ICC). *The Columbia Electronic Encyclopedia*. 6th ed. Columbia: Columbia University Press, 2012. Disponível em: https://www.worldcat.org/title/columbia-electronic-encyclopedia-6th-edition/oclc/746941797. Acesso em: 18 jul. 2020.

CONFEDERAÇÃO NACIONAL DO TRANSPORTE (CNT). *Aspectos gerais da navegação no interior do Brasil*, 2 out. 2019. Disponível em: https://cnt.org.br/aspectos-gerais-navegação-brasil. Acesso em: 11 jun. 2020.

CONSULTORIA ILOS. *Especialistas em Logística e Supply Chain*, [2021]. Disponível em: https://www.ilos.com.br/web/. Acesso em: 16 fev. 2021.

CPMR ATLANTIC ARC COMMISSION. *Estratégia Atlântica*, [2021]. Disponível em: https://cpmr-atlantic.org/pt-pt/temas/atlantic-strategy-task-forces/estrategia-atlantica-e-cooperacao/. Acesso em: 05 jan. 2021.

CUÉLLAR, Leila. Poder normativo das agências reguladoras norte-americanas. *Revista de Direito Administrativo*, Rio de Janeiro, n. 229, p. 153-176, jul./set, 2002.

DIAS, Marco Aurélio E. *Administração de materiais*: uma abordagem logística. São Paulo: Atlas, 1993.

EAE BUSINESS SCHOOL. *Transporte intermodal*: presente y futuro. Barcelona: EAE Business School, 2016.

EMPRESA DE PLANEJAMENTO E LOGÍSTICA S.A. (EPL). *Plano Nacional de Logística – PNL*, [2021]. Disponível em: https://www.epl.gov.br/plano-nacional-de-logistica-pnl. Acesso em: 02 jan. 2021.

EMPRESA DE PLANEJAMENTO E LOGÍSTICA S.A (EPL). *Transporte inter-regional de carga no Brasil – panorama 2015*, [2015]. Disponível em: https://www.epl.gov.br/transporte-inter-regional-de-carga-no-brasil-panorama-2015. Acesso em: 29. dez. 2020.

FARAH, Marco Antônio. *O petróleo e seus derivados*. São Paulo: LTC, 2012.

FARIA, Luís Cláudio Furtado; FAUSTINO, Erick Mateus Santos; SOUZA, Daniel Andrade de. O afretamento de embarcações estrangeiras no Brasil – comentários sobre a resolução normativa 1/2015 da Antaq. *Pinheiro Neto Advogados*, 27 ago. 2018. Disponível em: http://www.pinheironeto.com.br/publicacoes/o-afretamento-de-embarcacoes-estrangeiras-no-brasil-comentarios-sobre-a-resolucao-normativa-1-2015-da-antaq. Acesso em: 16 fev. 2021.

FENSTERSEIFER, Tiago. *Direitos fundamentais e proteção do ambiente*: a dimensão ecológica da dignidade da pessoa humana no marco jurídico-constitucional do Estado Socioambiental de Direito. Porto Alegre: Livraria do Advogado, 2008.

FERREIRA, Iansã Ferreira; CAMPOS NETO, Carlos. Estrutura tarifaria dos principais portos nacionais. *IPEA – Desafios do Desenvolvimento*, ano 8, ed. 64, 10 fev. 2011. Disponível em: https://www.ipea.gov.br/desafios/index.php?option=com_content&view=article&id=2354:catid=28&Itemid=23. Acesso em: 5 jan. 2021.

FERREIRA FILHO, Manoel Gonçalves. Reforma do Estado: o papel das agências reguladoras e fiscalizadoras. *In:* MORAES, Alexandre de. (org.). *Agências reguladoras*. São Paulo: Atlas, 2002.

FUNDAÇÃO INSTITUTO DE ADMINISTRAÇÃO (FIA). *Acordo de Paris*: o que é, como surgiu e tratados ambientais, 31 jan. 2020. Disponível em: https://fia.com.br/blog/acordo-de-paris/. Acesso em: 16 dez. 2020.

GARNER, B. *Black's Law Dictionary*. 9. ed. Dallas: Thomson Reuters Legal, 2009.

GLASENAPP, Maikon Cristiano; CRUZ, Paulo Márcio. Sustentabilidade e a possibilidade de ambientes democráticos de governança transacional. *In:* DEMARCHI, Clovis; OLIVEIRA NETO, Francisco José Rodrigues de; ABREU, Pedro Manoel. *Direito, Estado e sustentabilidade*. São Paulo: Intelecto Editora, 2016.

GOMES, Joaquim Benedito Barbosa. Agências reguladoras: a "metamorfose" do Estado e da democracia (uma reflexão de Direito Constitucional e Comparado). *Revista de Direito da Associação dos Procuradores do Novo Estado do Rio de Janeiro*, Rio de Janeiro, v. 9, p. 1-20, jan. 2002.

GOMIDE, Alexandre de Ávila. Condicionantes institucionais à implementação de projetos de infraestrutura: uma nota de pesquisa. *Boletim de Análise Político-Institucional*, v. 1, p. 65-72, 2015.

HERNÁNDEZ. José Manuel Lavers. O fenômeno da captura e o Direito brasileiro. Direito Administrativo. *Direito Net*, 9 maio 2012. Disponível em: https://www.direitonet.com.br/artigos/exibir/6978/O-fenomeno-da-captura-e-o-Direito-Brasileiro#:~:text=O%20fen%C3%B4meno%20da%20captura%20das%20ag%C3%AAncias%20reguladoras%20ocorre%20quando%20h%C3%A1,a%20imparcialidade%20das%20ag%C3%AAncias%20reguladoras. Acesso em: 16 fev. 2021.

INTERNATIONAL MARITIME ORGANISATION (IMO). *Introduction to IMO*, [2020]. Disponível em: https://www.imo.org/en/About/Pages/Default.aspx. Acesso em: 30 dez. 2020.

INCIRILO, Lorena. O estudo da eficiência do transporte por cabotagem no Brasil. *In:* CIMA TECH, 6. 2019. São José dos Campos. *Anais* [...]. São José dos Campos: FATEC-SJC, 2019.

KEEDI, Samir. *Transportes, utilização e seguros internacionais de cargas*. São Paulo: Aduaneiras, 2002.

LEITE, Eduardo de oliveira. *A monografia jurídica*. 5. ed. São Paulo: Revista dos Tribunais, 2001.

MARINHA DO BRASIL. *"BR do Mar"*: como é o projeto do governo para aumentar o transporte entre os portos, 6 out. 2020. Disponível em https://www.marinha.mil.br/economia-azul/noticias/br-do-mar-como-e-o-projeto-do-governo-para-aumentar-o-transporte-entre-os-portos. Acesso em: 16 fev. 2021.

MARINHO, Flavia. A redução do ICMS vai fazer que o combustível de navegação (bunker) tenha, no Espírito Santo, o menor preço do Brasil, atraindo mais navios para o Estado. *CPG – Click Petróleo e Gás*, 21 ago. 2020. Disponível em: https://clickpetroleoegas.com.br/disputa-dos-portos-governo-do-es-propoe-nova-lei-do-mercado-livre-de-gas-e-reducao-de-icms-do-combustivel-bunker-para-aumentar-atividade-portuaria-no-estado/. Acesso em: 20 jan. 2121.

MARQUES, Cícero; ODA, Erico. *Atividades técnicas na operação logística*. Curitiba: IESD Brasil, 2010.

MARTINS, Eliane M. Octaviano. *Curso de Direito Marítimo*. 4. ed. Barueri: Manole, 2013. v. I: Teoria Geral.

MENDES, Guilherme. Senado aprova proposta que cria BR do Mar. *Congresso em Foco*, 25 nov. 2021. Disponível em: https://congressoemfoco.uol.com.br/projeto-bula/reportagem/senado-vota-proposta-que-cria-br-do-mar/. Acesso em: 27 fev. 2022.

MESQUITA, Álvaro Augusto Pereira. O papel e o funcionamento das agências reguladoras no contexto do Estado brasileiro. *Revista de Informação Legislativa*, Brasília, ano 42 n. 166, abr./jun. 2005.

NOVAES, Antônio Galvão. *Logística e gerenciamento da cadeia de distribuição*. Rio de Janeiro: Elsevier, 2007.

OLIVEIRA, Danilo. TCU suspende limitações ao afretamento de embarcações estrangeiras previstas em norma da Antaq. *Porto e Navios*, 1 mar.1018. Disponível em: https://www.portosenavios.com.br/noticias/navegacao-e-marinha/tcu-suspende-limitacoes-ao-afretamento-de-embarcacoes-estrangeiras-previstas-em-norma-da-antaq. Acesso em: 18 fev. 2021.

OBSTÁCULOS ao desenvolvimento da cabotagem. *Portal TCU*, [2021]. Disponível em: https://portal.tcu.gov.br/bibliotecadigital/obstaculosaodesenvolvimentodacabotagem.htm. Acesso em: 2 jan. 2021.

O QUE muda com a BR do mar, sancionada hoje e criticada por caminhoneiros. *UOL*, 10 jan. 2022. Disponível em: https://economia.uol.com.br/noticias/redacao/2022/01/10/br-do-mar-o-que-e-projeto-sancionado-bolsonaro.htm Acesso em: 27 fev. 2022.

PASOLD, Cesar Luiz. *Metodologia da pesquisa jurídica*: teoria e prática. 14. ed. rev. atual. e ampl. Florianópolis: Empório Modara, 2018.

PECI, Alketa. Modelos regulatórios na área de transportes: a experiência americana. *In:* CONGRESO INTERNACIONAL DEL CLAD SOBRE LA REFORMA DEL ESTADO Y DE LA ADMINISTRACIÓN PÚBLICA, 7. 2002. Lisboa. *Anais* [...]. Lisboa: UNPAN, 2002. p. 8-11. Disponível em: http://unpan1.un.org/intradoc/groups/public/documents/clad/clad0044309.pdf. Acesso em: 18 fev. 2021.

PINHO, José Antônio Gomes; SACRAMENTO, Ana Rita Silva. *Revista de Administração Pública*, Rio de Janeiro, v. 43, n. 6, p. 1343-1368, nov./dez. 2009.

PORTES, Antônio Alberto Grossi; CHEDEAK, José Carlos Sampaio. Poder normativo das agências reguladoras e autarquias especiais. *Âmbito Jurídico*, 1 set. 2020. Disponível em: https://ambitojuridico.com.br/cadernos/direito-administrativo/poder-normativo-das-agencias-reguladoras-e-autarquias-especiais/. Acesso em: 18 fev. 2021.

PORTOGENTE. TKU – Toneladas por Quilômetro Útil. *Portopédia*, 1 jan. 2016. Disponível em: https://portogente.com.br/portopedia/75325-tku-toneladas-por-quilometro-util. Acesso em 13. dez. 2020.

PROJETO que cria a BR do Mar enfrenta resistência para sair do papel. *Portos e Navios*, 26 out. 2020. Disponível em: https://www.portosenavios.com.br/noticias/navegacao-e-marinha/projeto-que-cria-a-br-do-mar-enfrenta-resistencia-para-sair-do-papel. Acesso em: 16 fev. 2021.

RANGEL, Inácio. *Obras reunidas*. Rio de Janeiro: Contraponto, 2005.

REJA SÁNCHEZ, Pablo. *A unificação do marco regulatório da cabotagem como instrumento de integração econômica regional*: aspectos comparados e perspectivas para o Mercosul. 2019. 306 f., il. Tese (Doutorado em Direito) – Universidade de Brasília, Brasília, 2019.

REPÚBLICA PORTUGUESA. Estratégia Nacional para o Mar 2013-2020. *Direção-Geral de Política do Mar*, [2021]. Disponível em: https://www.dgpm.mm.gov.pt/enm. Acesso em: 5 jan. 2021.

ROCHA, Regina Bernardes. Órgãos reguladores no Brasil. *In:* DI PIETRO, Maria Zanella (org.). *Direito Regulatório*: temas polêmicos. 2. ed. Rio de Janeiro: Editora Forense, 2009.

ROSANVALLÓN, Pierre. *La legitimidad democrática*. Imparcialidad, reflexividad, proximidad. Buenos Aires: Manatial, 2009.

SEAFARERS' RIGHTS INTERNATIONAL (SRI). *Our Purpose*, [2020]. Disponível em: https://seafarersrights.org/our-purpose/. Acesso em: 28 dez. 2020.

SILVEIRA, Márcio Rogério; FELIPE JÚNIOR, Nelson Fernandes. A dinâmica do transporte marítimo de cabotagem e longo curso no Brasil: circulação do capital e modernizações. *GEOSUL*, v. 28, n. 55, 2013. Disponível em: https://periodicos.ufsc.br/index.php/geosul/article/view/2177-5230.2013v28n55p7. Acesso em: 17 jan. 2021.

SENADO vai analisar BR do Mar, projeto que estimula navegação de cabotagem. *Senado Notícias*, 9 dez. 2020. Disponível em: https://www12.senado.leg.br/noticias/materias/2020/12/09/senado-vai-analisar-br-do-mar-projeto-que-estimula-navegacao-de-cabotagem. Acesso em: 22 dez. 2020.

SOARES, Jones Alexandre Barros. *Cabotagem como complemento na matriz de transportes*: uma análise dos desafios para seu crescimento no sistema de transportes brasileiro no século 21. Lisboa: Universidade de Coimbra, 2019.

SOUTO, Sabine Mara Müller; CASTRO JÚNIOR, Osvaldo Agripino de. *O papel das agências reguladoras no Brasil*. *In:* SEMINÁRIO INTERNACIONAL DEMOCRACIA E CONSTITUCIONALISMO, 13., 2020. Itajaí. *Anais* [...]. Itajaí: Universidade do Vale do Itajaí, 2020. Disponível em: https://siaiap32.univali.br/seer/index.php/acts/article/view/17145. Acesso em: 22 fev. 2021.

SOUTO, Sabine Mara Müller; MACHADO, Maycon Fagundes. A BR do Mar como incentivo à economia nacional pela navegação de cabotagem. *Conjur*, 7 jan. 2021. Disponível em: https://www.conjur.com.br/2021-jan-07/souto-machado-br-mar-navegacaocabotagem. Acesso em: 18 jan. 2021.

STOPFORD, Martin. *Economia Marítima*. 3. ed. Tradução: Ana Cristina Paixão Casaca. São Paulo: Blucher, 2017.

TCU dá seis meses para que o governo acabe com preços diferentes de combustível de navegação. *Portal da INFRA*, 19 jun. 2019. Disponível em: https://www.agenciainfra.com/blog/tcu-da-seis-meses-para-que-governo-acabe-com-precos-diferentes-de-combustivel-de-navegacao/. Acesso em: 07 jan. 2021.

TCU deve suspender regras de aluguel de embarcações. *Jornal do Comércio*, 27 fev. 2018. Disponível em: https://www.jornaldocomercio.com/_conteudo/2018/02/geral/613557-tcu-deve-suspender-regras-de-aluguel-de-embarcacoes.html. Acesso em: 19 fev. 2021.

UNIÃO EUROPEIA. Política Marítima Integrada da União Europeia. *Fichas temáticas sobre a União Europeia – Parlamento Europeu*, [2021]. Disponível em: https://www.europarl.europa.eu/factsheets/pt/sheet/121/yhdennetty-meripolitiikka. Acesso em: 5 jan. 2021.

UNIÃO EUROPEIA. Relatório de 2020 sobre a Economia Azul: setores "azuis" contribuem para a recuperação e abrem caminho para o Pacto Ecológico Europeu. *Comissão Europeia*, 11 jun. 2020. Disponível em: https://ec.europa.eu/commission/presscorner/detail/pt/ip_20_986. Acesso em: 5 jan. 2021.

UNITED STATES. *Federal Comunications Commission*. Leis Regulamentos Sec e Órgãos Reguladores, [2020a]. Disponível em: https://www.investopedia.com/terms/f/fcc.asp. Acesso em: 18 jul. 2020.

UNITED STATES. *National Labor Relations Board,* [2020b]. Disponível em: https://www.federalregister.gov/agencies/national-labor-relations-board. Acesso em: 19 jul. 2020.

UNITED STATES. *SEC – Securities and Exchange Commission,* [2020c]. Disponível em: https://maisretorno.com/blog/termos/s/sec-securities-and-exchange-commission. Acesso em: 18 jul. 2020.

ANEXOS

ANEXO 1

Quadro 1 – Países sem e com leis de cabotagem

PAÍSES SEM LEIS DE CABOTAGEM (por razões geográficas ou legais)	PAÍSES COM LEIS DE CABOTAGEM
Afeganistão, Andorra, Armênia, Áustria, Azerbaijão, Bahamas, Barbados, Bielorrússia, Bélgica, Belize, Butão, Bolívia, Bósnia e Herzegovina, Botswana, Brunei Darussalam, Burkina Faso, Burundi, Camboja, Rep. Centro-Africana, Chade, Camarões, Chipre, Rep. Tcheca, Rep. Democrática da Coreia, Dinamarca, Djibuti, Dominica, El Salvador, Eritreia, Suazilândia, Etiópia, Gâmbia, Guatemala, Guiné, Hungria, Islândia, Irã, Iraque, Irlanda, Kiribati, Quirguistão, Laos, Letônia, Lesoto, Libéria, Líbia, Liechtenstein, Luxemburgo, Malaui, Maldivas, Mali, Malta, Ilhas Marshall, Micronésia, Mônaco, Mongólia, Mianmar, Namíbia, Nauru, Nepal, Holanda, Nova Zelândia, Níger, Noruega, Omã, Paquistão, Palau, Panamá, Paraguai, Moldávia, Romênia, Ruanda, São Cristóvão e Neves, San Marino, São Tomé e Príncipe, Arábia Saudita, Senegal, Sérvia, Seychelles, Serra Leoa, Singapura, Eslováquia, Somália, África do Sul, Sudão, Suriname, Suíça, Tajiquistão, Macedônia, Timor Leste, Togo, Tonga, Trinidad e Tobago, Turcomenistão, Tuvalu, Uganda, Reino Unido, Uzbequistão, Vanuatu, Zâmbia, e Zimbábue.	Albânia, Alemanha, Argélia, Angola, Argentina, Austrália, Bahrein, Bangladesh, Benin, **Brasil**, Bulgária, Catar, Cabo Verde, Camarões, Canadá, China, Chile, Colômbia, Congo, Coreia, Costa Rica, Costa do Marfim, Croácia, Cuba, , Emirados Árabes Unidos, Equador, Egito, Eslovênia, Estados Unidos, Guiné Equatorial, Estônia, Fiji, Finlândia, França, Gabão, Geórgia, Gana, Grécia, Granada, Guiné Bissau, Guiana, Haiti, Honduras, Iêmen, Índia, Indonésia, Israel, Itália, Jamaica, Japão, Jordânia, Cazaquistão, Quênia, Kuwait, Líbano, Lituânia, Madagascar, Malásia, Mauritânia, Maurício, México, Montenegro, Marrocos, Moçambique, Nicarágua, Nigéria, Papua Nova, Guiné, Peru, Filipinas, Polônia, Portugal, Rep. Democr. do Congo, Rep. Dominicana, Rússia, Santa Lúcia, São Vicente e Granadinas, Samoa, Ilhas Salomão, Espanha, Sri Lanka, Suécia, Síria, Tailândia, Tanzânia, Tunísia, Turquia, Ucrânia, Uruguai, Venezuela, Vietnam

Fonte: SRI (2018).

Quadro 2 – Classificação de políticas de cabotagem por países

Tipo de Política	Definição	Países
Políticas de proteção integral da cabotagem	Políticas que protegem totalmente a indústria marítima de cabotagem e que não permitem armadores estrangeiros. Quando permitem, o fazem sob condições estritas e por curtos períodos de tempo.	Japão, Estados Unidos e Peru
Políticas de proteção controlada da cabotagem	Políticas que protegem a indústria de cabotagem marítima, mas que permitem a entrada de armadores estrangeiros sob condições controladas por meio de concessão de permissões ou licenças.	França, Alemanha, Itália, Grécia, Portugal, Espanha, Finlândia, Suécia, Letônia, Eslovênia, Bulgária, Romênia, Croácia, Angola, Marrocos, Líbia, Tanzânia, Quênia, Turquia, Rússia, Jordânia, Índia, Coreia do Sul, Mianmar, Tailândia, Vietnã, Taiwan, Canadá, México, Cuba, Honduras, Nicarágua, Costa Rica, Panamá, Venezuela, Colômbia, Brasil, Equador, Uruguai, Argentina, Chile, Filipinas, Nova Zelândia.
Políticas de proteção parcial da cabotagem	Políticas que protegem a indústria de cabotagem marítima, mas que adotaram medidas liberalistas em certos segmentos do mercado de cabotagem.	Moçambique, Malásia, Indonésia, China, Egito.
Políticas de liberalização controlada da cabotagem	Políticas que permitem a entrada de armadores estrangeiros na indústria de cabotagem marítima sob um sistema de licenciamento.	Austrália.
Políticas de liberalização integral da cabotagem	Políticas que permitem a entrada de armadores estrangeiros no comércio marítimo sem qualquer limitação.	Bélgica, Holanda, Dinamarca, Irlanda, Reino Unido, Noruega, Islândia, Malta, Chipre, Estônia, Lituânia, Polônia, Nigéria, África do Sul, Namíbia, Emirados Árabes, Líbano, Brunei, Camboja, Singapura.

Fonte: Casaca; Lyridis (2018).

Gráfico 1 – Carga transportada (em TKU) por modo de transporte

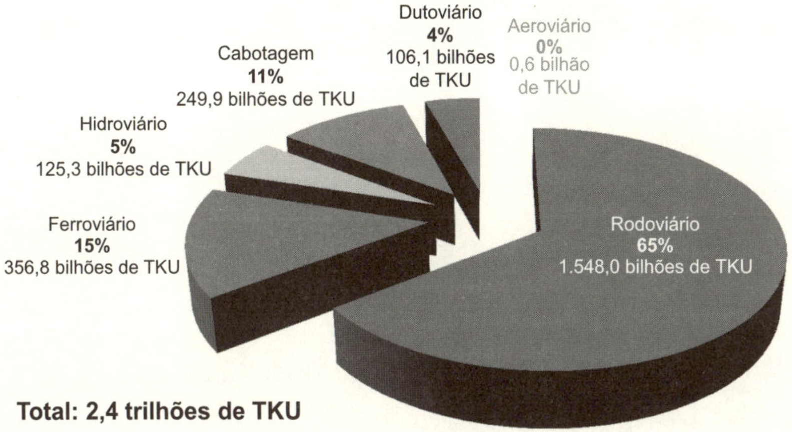

Fonte: EPL (2015).

Figura 1 – Custos logísticos – rodoviário x cabotagem – rota Manaus a São Paulo

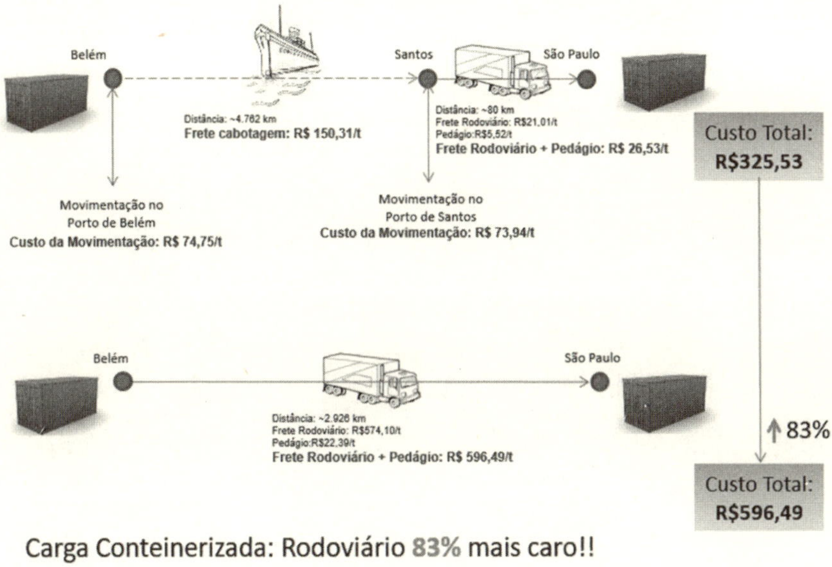

Fonte: EPL (2015).

RELATÓRIO DE AUDITORIA OPERACIONAL DO TRIBUNAL DE CONTAS DA UNIÃO – OBSTÁCULOS AO DESENVOLVIMENTO DA CABOTAGEM

GRUPO I – CLASSE V – Plenário
TC 023.297/2018-2. [Apenso: TC 003.329/2019-4]
Natureza: Relatório de Auditoria Operacional
Órgãos/Entidade: Ministério da Infraestrutura; Ministério da Economia e Agência Nacional de Transportes Aquaviários (ANTAQ).
Representação legal: Débora Goelzer Fraga, representando Agência Nacional de Transportes Terrestres; Ana Carolina Souza do Bomfim e outros, representando Ministério da Infraestrutura.

SUMÁRIO: AUDITORIA OPERACIONAL PARA AVALIAR OBSTÁCULOS AO DESENVOLVIMENTO DA NAVEGAÇÃO DE CABOTAGEM, COM O INTUITO DE INCREMENTAR A PARTICIPAÇÃO DO SETOR NA MATRIZ DE TRANSPORTES. DELIMITAÇÃO DO ESCOPO À ATUAÇÃO DO MINISTÉRIO DA INFRAESTRUTURA NAS AÇÕES DE FOMENTO AO TRANSPORTE DE CABOTAGEM DE CARGA, DA ANTAQ NAS ATIVIDADES DE REGULAÇÃO E DEFESA DA CONCORRÊNCIA E DA RECEITA FEDERAL DO

BRASIL NAS AÇÕES DE CONTROLE FISCAL E ADUANEIRO. OPORTUNIDADES DE MELHORIA IDENTIFICADAS. RECOMENDAÇÕES E DETERMINAÇÕES. CIÊNCIA.

RELATÓRIO

1. Cuidam os autos de auditoria operacional coordenada pela Secretaria de Fiscalização de Infraestrutura Portuária e Ferroviária (SeinfraPortoFerrovia), com o apoio da Secretaria de Métodos e Suporte ao Controle Externo, para avaliar obstáculos ao desenvolvimento da navegação de cabotagem de contêiner, com o intuito de incrementar a participação da cabotagem na matriz de transportes no Brasil, com relação à atuação do Ministério da Infraestrutura, da Agência Nacional de Transportes Aquaviários (ANTAQ) e da Receita Federal do Brasil (RFB).
2. Os trabalhos de campo abarcaram o período de outubro a novembro de 2018, tendo sido delimitado como escopo da fiscalização os seguintes aspectos: atuação do Ministério da Infraestrutura nas ações de fomento ao transporte de cabotagem de carga; da ANTAQ nas atividades de regulação e defesa da concorrência desta navegação; e da Receita Federal do Brasil nas ações de controle fiscal e aduaneiro sobre cargas de cabotagem.
3. Adoto como relatório, com os ajustes que considero pertinentes e destaques do original, o relatório de auditoria produzido pela equipe de fiscalização (peça 123), que contou com a anuência do corpo diretivo da secretaria especializada (peças 124-125):

"I. INTRODUÇÃO
Contextualização

1. O Brasil, com suas dimensões continentais e população superior a 200 milhões de habitantes, majoritariamente concentrada ao longo do litoral, tem como desafio interligar seus cidadãos de modo a dinamizar a economia, visando a troca e a distribuição de mercadorias entre centros consumidores e fornecedores, por meio da sua matriz de transporte.
2. Define-se matriz de transporte como sendo o conjunto dos meios que um país dispõe para a distribuição interna de mercadorias, ligando produtores, consumidores e pontos de entrada/saída do território. O

modo ideal para o transporte de determinada carga é aquele que equaciona da melhor forma a distância e a geografia das regiões envolvidas, as características dos produtos transportados, bem como as exigências sociais e econômicas, visando reduzir o custo financeiro e o impacto ambiental decorrentes do meio escolhido.

3. A matriz de transporte brasileira demonstra desequilíbrio entre os diversos modais. Apresenta um alto grau de dependência do transporte rodoviário, cujas características apontam para baixa eficiência energética, alto custo para longa distância e altos índices de acidentes e de roubo/avaria de cargas.

4. A figura 1 abaixo apresenta a participação, em tonelada por quilômetro-útil (TKU), de cada modo de transporte na matriz brasileira, onde se denota a predominância da logística rodoviarista no país e ainda a baixa utilização do modo aquaviário para transporte de carga.

(...)

5. A existência de uma cultura rodoviarista no Brasil tem sido apontada como importante fator para a baixa participação do modo aquaviário na logística de transportes de cargas nacional, o que decorre do grande favorecimento, desde a década de 50, à construção de rodovias, em detrimento das hidrovias, da navegação de cabotagem e das ferrovias (ANA, 2005).

6. No que tange à competitividade da produção nacional, um dos efeitos da presença marcante do transporte rodoviário em nossa matriz é o aumento do custo logístico brasileiro, significativamente superior ao de países desenvolvidos. A Figura 2 a seguir ilustra a comparação dos custos logísticos brasileiros com os norte-americanos. Observa-se que os custos logísticos englobam os custos de transporte, estoque, armazenagem e administrativos.

(...)

7. Nesse cenário, é importante destacar que o Brasil é caracterizado por possuir um território de dimensões continentais, apresentar 7.400 quilômetros de costa marítima, além de aproximadamente 1.600 km de via navegável pelo Rio Amazonas até Manaus. Além disso, sua ocupação demográfica caracteriza-se por ter a maior parte de sua população (70%) concentrada no litoral, em uma faixa de cerca de 200 km ao longo da costa.

8. Dessa maneira, a navegação de cabotagem revela-se como uma opção consistente de transporte, em função de suas características logísticas, que demonstram alto potencial estratégico como meio de transporte de

cargas em distâncias superiores a 1.500 km, que é comparativamente mais barato que os fretes rodoviários e ferroviários (Banco Mundial, 2011). Na tabela 1 abaixo consta quadro indicativo da eficiência de cada modo de transporte em função das distâncias transportadas, segundo estudos internacionais.

Tabela 1 – Modo mais eficiente de transporte em função da distância Origem-Destino (em km)

Modal	Distância eficiente
Rodoviário	Até 400 km
Ferroviário	De 400 a 1500km
Cabotagem	Acima de 1500km

Fonte: Banco Mundial (2011); elaboração própria

9. Com efeito, a cabotagem possui alta eficiência energética, maior capacidade de transportar diferentes tipos de cargas, alta capacidade de movimentação de grandes quantidades de cargas por longas distâncias, menor número de acidentes e maior segurança da carga transportada, menor emissão de poluentes, e ainda menor congestionamento de tráfego, menor custo de infraestrutura, menor nível de avarias, menor custo operacional e menor impacto ambiental (DURÃES FILHO *et al.*, 2011).

10. Assim, o maior uso da cabotagem no transporte de cargas pode contribuir com a redução de custos logísticos da produção industrial brasileira, bem como contribuir para o equilíbrio da matriz de transportes do país, hoje fortemente dominada pelo transporte rodoviário, inclusive em transporte por longas distâncias. O potencial de redução de custos com o uso da cabotagem pode ser visualizado na figura 3.

(...)

11. Nesse sentido, verificou-se que o Governo Federal possui objetivos declarados em seus diversos instrumentos de planejamento para o setor de transportes, a saber: Plano Nacional de Logística e Transportes (PNLT) 2007; Programa de Investimentos em Logística (PIL) 2011; Plano Nacional de Logística Integrada (PNLI) 2016; Plano Nacional de Logística (PNL) 2018; e Política Nacional de Transportes (PNT) - Livro de Estado 2018, no sentido de reduzir custos logísticos, melhorar

o nível de serviço para os usuários, buscar o equilíbrio da matriz de transportes, aumentar a eficiência dos modos utilizados para a movimentação das cargas e diminuir a emissão de poluentes. Dessa forma, a cabotagem há mais de dez anos vem sendo apontada pelo governo federal como modal indicado para transporte de grandes quantidades de carga a longas distâncias, em razão de seu baixo custo de operação, de implantação e de seu alto potencial de redução de dano ambiental.

12. Cabe destacar que a diretriz de reduzir o custo logístico brasileiro por meio do incentivo de modais de menor custo, tais como o aquaviário e o ferroviário, sem descuidar do modal rodoviário, vem sendo replicada em todos os instrumentos de planejamento lançados pela pasta federal de transportes, a partir do PNLT, de 2007.

13. Lembra-se ainda que no contexto atual de déficit orçamentário e escassez de recursos públicos para financiamento de obras públicas, o incentivo à cabotagem também se mostra alinhado com a estratégia do governo de reduzir investimentos públicos. Cabe ressaltar que os recursos empregados para prestação de serviços de navegação de cabotagem são, majoritariamente, de origem privada, pois dizem respeito à compra e manutenção de navios apropriados, por parte dos armadores, e à instalação e manutenção de terminais portuários. Uso de recursos públicos pode ser percebido no financiamento para construção e reparos de navios, por meio do Fundo da Marinha Mercante, e nas obras de dragagem em portos organizados, realizadas principalmente para permitir tráfego e atracação de navios de longo curso (geralmente de maior porte que os navios de cabotagem), mas que beneficiam a navegação costeira.

14. No entanto, há problemas que comprometem a ampliação da participação da navegação de cabotagem na matriz de transporte brasileira e conduzem ao baixo uso do modo aquaviário no Brasil para escoamento de carga, principalmente aquela originada pelo agronegócio. Segundo a Pesquisa do Transporte Aquaviário, da Confederação Nacional do Transporte (CNT), problemas como preços praticados no setor (tarifas portuárias, praticagem e rebocadores), fragilidades na institucionalização de uma política pública de cabotagem, elevados custos operacionais, falta de melhores condições de fomento à aquisição de frota e burocracia são apontados como fatores que restringem a utilização desse modo de transporte em nosso país (CNT, 2013).

15. O peso fiscal sobre a cabotagem é elevado e desfavorável frente a outros modais de transporte: os navios brasileiros pagam um preço

superior pelo combustível *bunker* em relação ao que é cobrado dos navios estrangeiros operando na navegação de longo curso. Ademais, o combustível para as embarcações é cotado em moeda internacional, enquanto o combustível para transporte rodoviário pode receber subvenções. Com a recente paralisação dos transportadores rodoviários (greve dos caminhoneiros) em maio de 2018, a diferença de tratamento sobre o combustível ficou ainda mais agravada, pois os aumentos nos preços do óleo diesel não são repassados de imediato aos distribuidores, seguindo regras definidas pelo governo federal e estabelecidas em resolução da Agência Nacional de Transportes Terrestres (ANTT). Tal situação é oposta ao que ocorre no modal aquaviário, em que as variações cambiais e as flutuações na cotação do petróleo são imediatamente repassadas aos consumidores finais.

16. Existem também tributos federais e estaduais no serviço (PIS/COFINS e ICMS) que não são cobrados sobre a navegação de longo curso (SEP, 2015). Além disso, pode-se apontar o preço do frete de cabotagem como um inibidor ao aumento da demanda por tal meio de transporte de cargas. Segundo levantamento da CNA (2017), é mais barato o frete de longo curso entre a China e o porto de Santos do que o frete de cabotagem entre Suape e Santos ou entre Santos e os portos do Chile (cujo transporte é realizado por meio de acordo bilateral).

Metodologia

17. A presente auditoria operacional sobre a navegação de cabotagem é decorrência de rigoroso estudo e análise de situações-problemas que afetam o transporte aquaviário no país, elaborado pela Secretaria de Fiscalização de Infraestrutura Portuária e Ferroviária do TCU. Este processo de planejamento operacional foi desenvolvido em 2016 e, ao final, elencou como prioritárias 14 ações de controle a serem desenvolvidas nos anos seguintes. O Exmo. Ministro Bruno Dantas, por meio de Despacho à peça 6 do TC 012.799/2018-1, de 14/6/2018, autorizou a realização da auditoria.

18. Os trabalhos foram realizados em conformidade com as Normas de Auditoria do Tribunal de Contas da União e com observância ao Manual de Auditoria Operacional. A equipe foi composta por integrantes da Secretaria de Fiscalização de Infraestrutura Portuária e Ferroviária e o desenvolvimento dos trabalhos contou com o apoio da Secretaria de Métodos e Suporte ao Controle Externo (SEMEC) deste Tribunal.

19. Na fase de planejamento foram realizadas, primeiramente, pesquisas na legislação, na jurisprudência, na bibliografia relativa ao setor e

em artigos e trabalhos técnicos publicados na imprensa, por órgãos públicos federais ou disponíveis na internet. Em sequência, foram realizadas entrevistas com gestores da Secretaria de Política e Integração do então Ministério dos Transportes, Portos e Aviação Civil, da Secretaria da Receita Federal do Brasil, da ANTAQ, com representantes de associações de armadores (Syndarma e ABAC), de usuários de portos (Usuport-RJ e Usuport-SC), da Confederação Nacional do Transporte e do Conselho Nacional de Praticagem (CONAPRA). Além disso, foi realizada visita piloto ao Porto Paranaguá/PR para entrevista com a Administração dos Portos de Paranaguá e Antonina (APPA), com a praticagem daquele porto, com o Sindicato das Agências de Navegação Marítima do Estado do Paraná (SINDAPAR) e com o Terminal de Contêiner de Paranaguá (TCP).

20. A partir das informações prestadas nas entrevistas, foram elaborados dois instrumentos de diagnóstico, análise de *stakeholders* e árvore de problemas, com o apoio da Secretaria de Métodos e Suporte ao Controle Externo (SEMEC). A tutoria teve o objetivo de otimizar os recursos empregados na execução da auditoria operacional, bem como de mitigar riscos de detecção em auditoria.

21. A partir de então foi elaborada a matriz de planejamento contendo três questões de auditoria, as quais procuram avaliar ineficiências que impedem e/ou dificultam o incremento da participação da navegação de cabotagem na matriz de transporte.

22. Para validação da matriz de planejamento, a equipe de auditoria realizou painel de referência interno, com representantes da unidade técnica do TCU patrocinadora do trabalho, incluindo também representante do gabinete do Ministro-Relator, e ainda painel de referência externo, em 27/9/2018, com especialistas e gestores envolvidos no modal de transporte marítimo. Participaram desse painel diversos órgãos e entidades representativas do setor, como o Ministério da Infraestrutura (MInfra, antigo Ministério dos Transportes, Portos e Aviação Civil - MTPA), Agência Nacional de Transportes Aquaviários (ANTAQ), Empresa de Planejamento e Logística (EPL), Sindicato Nacional das Empresas de Navegação Marítima (Syndarma), Associação Brasileira dos Armadores de Cabotagem (ABAC), Conselho Nacional de Praticagem (CONAPRA), Associação dos Usuários dos Portos do Rio de Janeiro (Usuport-RJ), Associação de Usuários dos Portos da Região Sul (Usuport-SC), Administração dos Portos de Paranaguá e Antonina (APPA), Confederação da Agricultura e Pecuária do Brasil

(CNA), Confederação Nacional do Transporte (CNT) e Instituto de Pesquisa Econômica Aplicada (IPEA).

23. Ainda no planejamento, a equipe elaborou a matriz de critérios para avaliação dos objetos selecionados, a partir de dispositivos legais e normativos, análise de bibliografia especializada, bem como de boas práticas de formulação de políticas públicas.

24. Na fase de execução da auditoria foram enviados ofícios de requisição aos órgãos e entidades envolvidos, bem como realizadas reuniões estruturadas com os gestores. Foram ouvidos os seguintes órgãos e entidades: Ministério da Infraestrutura, ANTAQ, ANTT, RFB, Petróleo Brasileiro S.A. (Petrobras), Banco Nacional de Desenvolvimento Econômico e Social (BNDES) e Ministério das Relações Exteriores (MRE) e Secretaria Especial do Programa de Parcerias e Investimentos da Presidência da República (SPPI).

25. A partir de análise das respostas recebidas e de entrevistas realizadas nos portos, a equipe elaborou a matriz de achados e realizou painel de referência externo, em 12/12/2018, a fim de obter a validação do trabalho realizado. Participaram desse painel diversos órgãos e entidades atuantes no setor, como o Ministério da Infraestrutura, ANTAQ, Departamento de Portos e Costas da Marinha do Brasil, Associação Brasileira da Indústria do Arroz (ABIARROZ), ABAC, Syndarma, Usuport-RJ, representantes de empresas de navegação, CNA, CNT, Federação Nacional dos Trabalhadores em Transportes Aquaviários e Afins (FNTTAA) e Organização das Cooperativas do Paraná (OCEPAR).

Legislação aplicável à cabotagem

26. Aplica-se à navegação de cabotagem o art. 21, inciso XII, alínea 'd', da Constituição Federal, que trata da competência da União para, dentre outras, explorar serviços de transporte aquaviário entre portos brasileiros, do qual se extrai a natureza de serviço público aplicado a tal modalidade de navegação:

Art. 21. Compete à União: (...)

XII - explorar, diretamente ou mediante autorização, concessão ou permissão: (...)

d) os serviços de transporte ferroviário e aquaviário entre portos brasileiros e fronteiras nacionais, ou que transponham os limites de Estado ou Território;

27. Com base no citado dispositivo constitucional, o Ministro Bruno Dantas, no âmbito do TC 003.667/2018-9, entendeu que a navegação de cabotagem se insere no âmbito do poder de fiscalização do TCU. Destaque-se abaixo:

De início, para que não pairem dúvidas acerca da competência deste Tribunal para apreciar a questão posta nos autos, cabe ressaltar que, conforme enfatizado pelo ilustre Ministro Benjamin Zymler em sua declaração de voto, a natureza jurídica de serviço público atribuída ao transporte aquaviário, bem como o caráter de ato administrativo da outorga de autorizações de afretamento, 'além de atrair a incidência do Direito Administrativo, coloca as questões tratadas nestes autos no âmbito da competência do TCU'.

28. Aplica-se também à cabotagem o art. 178, parágrafo único, também da Carta Magna, alterado pela Emenda Constitucional 7/1995, que outorgou ao legislador infraconstitucional poderes para permitir a participação de navios de bandeiras estrangeiras na navegação de cabotagem no Brasil.

29. A Lei promulgada para atender a esse comando constitucional foi a Lei 9.432/1997, que dispôs sobre a ordenação do transporte aquaviário, criando condicionantes, em seu art. 9º, para a participação de embarcações estrangeiras, afretadas por empresas brasileiras de navegação (EBNs), na navegação de cabotagem.

30. Também se aplicam à cabotagem a Lei 10.233/2001, que cria e dispõe sobre as competências da ANTAQ; a Lei 10.893/2004, que dispõe sobre o Adicional ao Frete para a Renovação da Marinha Mercante (AFRMM) e o Fundo da Marinha Mercante (FMM); e a Lei 7.652/1998, que dispõe sobre o registro da propriedade marítima.

31. No nível infralegal, destacam-se o Decreto 1.265/1994, que aprova a Política Marítima Nacional (PMN), e o Decreto 2.256/1997, que regulamenta o Registro Especial Brasileiro (REB); a Resolução-ANTAQ 1.811/2010, que trata de critério regulatório para a operação comercial de embarcações, bem como a Resolução Normativa-ANTAQ 1/2015, que dispõe sobre afretamento de embarcações; a Resolução Normativa-ANTAQ 5/2016, que trata sobre outorga para pessoa jurídica operar no transporte aquaviário, como EBN; e ainda a Resolução Normativa-ANTAQ 18/2017, que dispõe sobre os direitos e deveres dos usuários, dos agentes intermediários e das empresas que operam nas navegações de apoio marítimo, apoio portuário, cabotagem e longo curso; bem como a Portaria-MTPA 235/2018, que institui a Política Nacional de Transportes (PNT) e estabelece princípios, objetivos, diretrizes e instrumentos para o setor de transportes.

32. Aplica-se ainda regulamentação infralegal sobre o AFRMM, constituída pela Resolução-RFB 1.471/2014 e Resolução-RFB 1.717/2017, ambas da Secretaria da Receita Federal do Brasil.

33. Foram verificadas como aplicáveis também ao setor a Lei de transporte multimodal de cargas e Operador de Transporte Multimodal, Lei 9.611/1998, seu regulamento, Decreto 3.411/2000, e a Resolução ANTT 794/2004, editada pela Agência Nacional de Transportes Terrestres, por ser de competência da ANTT a regulamentação desta particularidade de transporte de carga.
34. Cabe realçar que, consoante o §2º do art. 2º da Lei 9.074/1995, com redação dada pela Lei 9.432/1997, o transporte de cargas pelo meio aquaviário independe de concessão, permissão ou autorização.
35. Por fim, destaca-se que os procedimentos de controle e fiscalização dos processos de liberação de carga em recintos alfandegados são normatizados pelo Decreto-Lei 37/1966, bem como pelo Regulamento Aduaneiro (Decreto 6.759/2006) e ainda pela Instrução Normativa RFB 800/2007.
Questões de auditoria
36. Em 2016, a SeinfraPortoFerrovia, por meio de seu processo de planejamento operacional, que envolveu a identificação de situações-problemas nos setores fiscalizados, definiu catorze ações relevantes de fiscalização, entre as quais se encontra esta auditoria operacional para avaliar os obstáculos ao desenvolvimento da cabotagem no Brasil.
37. Para conhecimento dos principais problemas que afligem a navegação de cabotagem, foram realizadas entrevistas abertas com gestores de diversos órgãos públicos e entidades privadas. Assim, foram colhidas opiniões de técnicos do anterior MTPA (atual Ministério da Infraestrutura), ANTAQ, ANTT, EPL, Receita Federal do Brasil (RFB), CNT, CNA, IPEA, Syndarma, ABAC, armadores de cabotagem, Usuport-BA, Usuport-RJ, CONAPRA e CNI. Em paralelo à realização de entrevistas com atores do setor, a equipe de fiscalização também procedeu com a leitura de bibliografia sobre o assunto, incluindo textos acadêmicos e estudos diagnósticos patrocinados por órgãos federais.
38. Após a obtenção das impressões iniciais dos agentes, públicos e privados, envolvidos com o setor de navegação, e considerando as dimensões sociogeográficas do Brasil, verificou-se que a cabotagem de contêiner tem grande possibilidade de realizar o transporte de cargas em longas distâncias, retirando cargas das rodovias, incentivando o equilíbrio da matriz de transportes, sendo complementado pelo transporte rodoviário apenas nas entregas em distâncias de até 500 km, nas quais a capilaridade do caminhão e a facilidade em entregar mercadoria na porta do destino final supera os demais modos de transporte.

39. Ao longo da realização de entrevistas com atores do setor e leitura de extensa bibliografia, percebeu-se que muitos problemas apontados diziam respeito a: altos custos operacionais, notadamente quanto ao combustível (óleo bunker) e encargos sociais dos tripulantes de navios do REB; elevados custos portuários incidentes sobre o valor do frete; dificuldades de ampliação de frota a partir de contratação de construção de navios no país, em função de dificuldades de obtenção de recursos do FMM junto aos bancos financiadores; elevada tributação de operações de transporte na cabotagem (assimetrias com o longo curso); e excesso de burocracia no despacho de cargas.

40. Ante o exposto, e considerando a intenção do governo de equilibrar a matriz de transporte brasileira, por meio do incremento da cabotagem, declarada na PNT e no PNL; e considerando ainda a falha de mercado existente no setor de navegação de cabotagem de contêiner, relacionada à concentração de mercado, a qual pode vir a impedir que as reduções de custos operacionais apontadas nos estudos sejam repassadas aos preços de frete, em prejuízo aos embarcadores, a presente auditoria tem por objetivo avaliar os obstáculos ao desenvolvimento da navegação de cabotagem de contêiner, com o intuito de incrementar a participação da cabotagem na matriz de transportes no Brasil, com relação à atuação do Ministério da Infraestrutura, da Agência Reguladora de Transporte Aquaviário (ANTAQ) e da Receita Federal do Brasil (RFB), e que envolvam os seguintes macro temas: i) atuação do MTPA (atual Ministério da Infraestrutura) no que diz respeito à política pública para o fomento da cabotagem no Brasil; ii) a atuação da ANTAQ na regulação e fiscalização dos serviços de transporte mercadoria por meio da navegação de cabotagem; e iii) atuação da RFB no que tange aos procedimentos de controle e fiscalização da carga de contêiner de cabotagem em recintos alfandegados. Para tanto, foram formuladas as seguintes questões de auditoria.

Objetivo: Avaliar obstáculos ao desenvolvimento da navegação de cabotagem de contêiner, com o intuito de incrementar a participação da cabotagem na matriz de transportes no Brasil, com relação à atuação do Ministério da Infraestrutura, da Agência Nacional de Transportes Aquaviários (ANTAQ) e da Receita Federal do Brasil (RFB).

Questão 1: As ações de planejamento e de fomento à cabotagem de contêineres atualmente conduzidas pelo Ministério da Infraestrutura estimulam o aumento da participação desta navegação na matriz de transportes?

Questão 2: A atual regulação da ANTAQ incentiva a concorrência e/ou aumento da oferta de serviço de transporte de contêiner por cabotagem?
Questão 3: Os procedimentos de controle atualmente aplicáveis à movimentação de cargas nos terminais portuários obstaculizam o desenvolvimento da cabotagem de contêiner?

Escopo do trabalho

41. Após as entrevistas com os diversos atores do setor, tanto públicos como privados, verificou-se que, grosso modo, o transporte de cargas utilizando a navegação de cabotagem tem a possibilidade de aumentar a sua participação na matriz de transportes, por meio da atração de cargas atualmente transportadas por rodovias, especialmente no segmento de carga geral e contêiner.

42. Os graneis derivados de petróleo, perfil de carga que lidera a participação na navegação de cabotagem, já utiliza da cabotagem primariamente em função das plataformas de extração encontrarem-se em alto-mar e também devido às estratégias logísticas e comerciais das empresas petrolíferas, portanto entende-se que esse perfil de carga não será fomentado por políticas públicas aplicáveis ao setor de transporte.

43. Quanto aos granéis sólidos, minerais e não minerais, estes terão o viés de utilizar primariamente as ferrovias para seu escoamento. Com a entrega de novos trechos ferroviários, a exemplo da duplicação da ferrovia Carajás, em 2018, com potencial de transporte de 230 milhões de toneladas por ano, a concessão da Ferrovia Norte-Sul, bem como a projeção de novas ferrovias, tais como a Ferrogrão, vislumbra-se um cenário em que as ferrovias irão se apropriar de parte das cargas de granel sólido atualmente transportadas por rodovias. Essa atração se deve ao fato de serem cargas de baixo valor agregado, retiradas em grandes volumes de regiões produtoras no interior do país, voltadas primariamente à exportação, o que naturalmente induz à procura por modais mais baratos para seu transporte. Inclusive, com a entrega dos novos trechos ferroviários, espera-se que a matriz de transporte apresente algum nível de alteração já a partir de 2019, com aumento da participação ferroviária e redução da rodoviária, como pode ser visto na projeção do PNL para o ano de 2025.

44. A partir do exposto e por exclusão, prevê-se que as cargas de perfil geral, incluindo-se as conteinerizadas, permanecerão majoritariamente transportadas por rodovias, caso não sejam objeto de política para serem atraídas para a cabotagem.

45. Embora em contêineres se transportem cargas de maior valor agregado, no qual o custo do transporte mais caro (por rodovia) impacta percentualmente menos o valor final do bem, a maior utilização da cabotagem tem o condão de reduzir os preços finais de venda dos produtos, por meio da diminuição dos custos logísticos, em benefício à toda a sociedade.
46. Lembra-se, por fim, que fomentar a cabotagem para o transporte de carga geral, inclusive contêiner, não irá acabar com o segmento de transporte rodoviário, apenas direcioná-lo para onde ele é indispensável, como as pontas inicial e final do transporte de cargas porta a porta, no segmento urbano ou entre cidades próximas, de até 300 km de distância, uma vez que navios de cabotagem sempre irão entregar a carga em portos ou instalações portuárias próximas ao destino. A partir do desembarque, o transporte irá depender de caminhão para finalizar a entrega ao destinatário. Tal esquema logístico, derivado do fomento à cabotagem, pode ainda trazer benefícios sociais aos caminhoneiros, que atuariam em distâncias próximas aos seus domicílios. Em virtude de todo o exposto, o escopo do presente trabalho foi direcionado para o transporte de contêiner.
Processo conexo
47. Tramita no Tribunal o TC 003.667/2018-9, sob a relatoria do Ministro Bruno Dantas, que trata de representação desta SeinfraPortoFerrovia a respeito de possíveis irregularidades relacionadas à Resolução Normativa ANTAQ 1/2015. O referido normativo estabeleceu restrições ao afretamento de embarcações estrangeiras que supostamente não encontram guarida na Lei 9.432/1997, que dispõe sobre a ordenação do transporte aquaviário nacional.
48. No bojo da citada representação, oriunda de denúncia encaminhada ao TCU, são analisadas possíveis irregularidades na alínea 'a' do inciso III do art. 5º da Resolução Normativa ANTAQ 1/2015. Tal regramento impõe limitação ao afretamento de embarcações estrangeiras por EBN na navegação de cabotagem.
49. O Plenário do TCU, após prévia oitiva da Agência, deferiu o pedido de medida acautelatória, suspendendo a eficácia do citado dispositivo, por meio do Acórdão 380/2018-TCU-Plenário, de relatoria do Min. Bruno Dantas, determinando à ANTAQ que, de forma cautelar, se abstivesse de exigir as limitações previstas no art. 5º, inciso III, alínea 'a', da Resolução Normativa ANTAQ 1/2015, ao examinar pedido de autorização de afretamento de embarcação estrangeira, até decisão do

Tribunal quanto ao mérito das questões suscitadas. Essa medida foi confirmada pelo Acórdão 775/2018-TCU-Plenário, que negou provimento ao agravo interposto pela ANTAQ.

50. Cabe registrar que, embora a Unidade Técnica já tenha emitido pronunciamento de mérito nos referidos autos, até a data de conclusão da presente auditoria ainda não se verifica a decisão do Tribunal sobre o processo.

II. VISÃO GERAL

Conceito legal de cabotagem

51. De acordo com a Lei 9.432/1997, em seu art. 2º, inciso IX, navegação de cabotagem é aquela realizada entre portos ou pontos do território brasileiro, utilizando a via marítima ou esta e as vias navegáveis interiores.

52. Nos termos da Constituição Federal de 1988, art. 178, parágrafo único c/c com a Lei 9.432/1997, o transporte de mercadorias na cabotagem é prioritariamente realizado por embarcações brasileiras, sendo permitido o uso de embarcações estrangeiras somente por meio de afretamentos autorizados pela ANTAQ, para Empresa Brasileira de Navegação (EBN). Tal medida se constitui em verdadeira reserva de mercado, de modo a incrementar a marinha mercante brasileira e a indústria naval. Segundo estudo da agência da ONU Unctad (2018), esta não é característica somente do mercado nacional, uma vez que 91 países, totalizando 80% das linhas costeiras mundiais, têm regras de proteção às embarcações de suas bandeiras nacionais.

53. Quando se estuda o setor de cabotagem, outros tipos de navegação são analisados, por estarem relacionados e não possuírem precisão em seus conceitos nos atos normativos em vigor. No jargão do setor, encontra-se: a) o transporte ao longo da costa brasileira entre dois portos brasileiros de produtos estrangeiros ainda não nacionalizados (ou seja, ainda sob controle aduaneiro), oriundos de navios de longo curso e que foram transbordados para navios menores de cabotagem (transporte '*feeder*'); b) o transporte de produtos nacionais em navios estrangeiros, entre dois portos brasileiros, aproveitando-se de escalas já programadas e de espaço disponível em navios de longo curso navegando na costa brasileira e que deve receber autorização da ANTAQ para ser realizado (transporte '*waiver*'); e, ainda, c) o transporte realizado entre portos de países vizinhos com acordo de isenção de tarifas, a exemplo dos integrantes do Mercosul ('grande cabotagem' ou 'cabotagem internacional').

54. Nas estatísticas divulgadas pela ANTAQ, a carga do tipo *feeder* é considerada como sendo carga de cabotagem, assim como a carga transportada por meio do *waiver*. A carga transportada por meio de acordos internacionais (a de grande cabotagem) é considerada longo curso.

Transporte *feeder*

55. O serviço *feeder* é caracterizado sempre que há baldeação em portos nacionais ou transbordo em águas brasileiras da carga oriunda de navegação de longo curso para complementação do seu transporte até o porto de destino. Geralmente consiste na movimentação de contêineres, ainda sob controle aduaneiro, entre os portos principais, denominados portos *hub* ou concentradores de carga, e nos demais portos de um país ou região.

56. O transporte *feeder* surgiu no mercado como forma de agilizar distribuição das cargas estrangeiras, reduzir custos dos grandes navios e reduzir o número de escalas em portos brasileiros. Assim, navios de grande capacidade, superiores a 10.000 TEUs, em rotas marítimas internacionais, descarregam as cargas destinadas ao Brasil nos portos principais, a partir de onde serão distribuídas por meio de navios de cabotagem aos demais portos, nos quais serão nacionalizadas.

57. Como vantagens, o navio de longo curso reduz ao número de paradas em portos brasileiros, reduzindo o tempo de viagem, os custos com praticagem, o tempo despendido com manobras, e o tempo de navio parado, reduzindo ao final o custo da viagem. O transporte *feeder* atualmente realizado no Brasil apresenta tendência de verticalização com os armadores de longo curso, e tem relação estreita com a configuração dessas empresas, consoante apresentado adiante neste relatório.

Grande cabotagem

58. A cabotagem estendida, também denominada como grande cabotagem ou *short sea shipping*, foi desenvolvida no Mercosul e na América do Sul com base em acordos bilaterais de transporte marítimo, que preveem prescrição de carga para os armadores dos países anuentes. Atualmente o Brasil possui acordos bilaterais de transporte marítimo nestes moldes com a Argentina, Uruguai e Chile. As principais empresas brasileiras de navegação, que atuam no transporte marítimo de contêineres, na navegação de cabotagem e grande cabotagem, são as empresas Aliança Navegação, Login Navegação e Mercosul Line.

59. Segundo estudo do IPEA (2016), que investigou a estrutura competitiva e a formação de preços no setor de transporte marítimo (ou seja, de longo curso, incluindo navegação nos termos de acordos bilaterais),

com ênfase na rota entre Brasil e Chile, as conclusões foram que, de forma geral, as empresas deste setor possuem determinado poder de mercado que lhes permitem estabelecer um nível de preços superior aos respectivos custos marginais. Porém, ao se investigar o mercado de rotas entre Brasil e Chile, observou-se que as barreiras de entrada nessa rota comercial implicam em um preço final das mercadorias transportadas, em média, 4,92% superior ao do que seria na ausência delas.

Acordos bilaterais

60. No Brasil, a competência legal para liderar as discussões e obter subsídios juntos às pastas ministeriais afetas aos temas objetos dos acordos é do Ministério das Relações Exteriores (MRE), segundo Ofício 26/SG/DNS/MSUL EU, de 19/11/2018 (peça 67) em resposta a ofício de requisição da equipe de auditoria.

61. Informações obtidas junto ao Ministério da Infraestrutura e à ANTAQ mostram que vigoram treze acordos bilaterais que, em alguma medida, tratam da navegação marítima (http://ANTAQ.gov.br/Portal/IntInter_Acordos.asp). Tais acordos foram firmados nas décadas de 1970 (em sua maioria) e 1980. São, grosso modo, acordos com cláusulas de preferências de bandeiras nacionais dos países signatários, constituindo reservas de mercado para embarcações dos países envolvidos quando em comércio marítimo entre os Estados e no transporte de cargas estipuladas. Neste sentido, destacam-se os acordos com Uruguai, Chile e Argentina.

62. Segundo a Nota Técnica ANTAQ 22/2016/GRM/SRG, de 22/9/2016, que tratou da análise do acordo bilateral entre Brasil e Chile, o comércio entre Brasil e Peru (que não é objeto de acordo bilateral) possui mais empresas e mais rotas do que o comércio com o Chile (na carga geral, no contêiner e no granel - neste último caso, ao menos em um sentido).

63. Além disso, a mesma nota pontua que a estrutura de mercado é concentrada na rota Brasil-Chile, enquanto a rota entre Brasil e Peru também o é, mas em grau menor de concentração das empresas de navegação (menor índice Herfindahl-Hirschman - IHH).

64. Na análise empreendida, a ANTAQ não examinou custos dos armadores que operam nos acordos - compararam-se preços de fretes com mercados vizinhos (rota Brasil-Peru). Na carga solta, o frete para o Chile é menor do que o frete para o Peru.

65. Quanto ao Mercado Relevante, a mesma nota aponta que Chile, Peru e Equador são considerados como mesmo mercado, o que pode levar a haver subsídio cruzado entre rotas, por parte dos operadores.

66. Principal problema na rota Brasil-Chile promovido pelos embarcadores é o preço dos fretes praticados nas cargas conteinerizadas. Também são problemas os preços de fretes de granel mais caros (até 53% maior) do que os da rota Brasil-Peru. Dado curioso é que, na mesma nota, relativamente à rota Brasil-Chile, EBNs brasileiras não usam embarcação brasileira, ou seja, nos termos do acordo, usariam embarcação chilena.
67. Outro problema do acordo diz respeito a frequência de escalas: há menos escalas por mês na rota do Chile do que na rota do Peru. Por outro lado, pela distância, a rota do Peru leva mais tempo no *transit time*, ou seja, no tempo da carga em transporte.
68. Como conclusão, a agência aponta que abrir o mercado pode levar à redução de frete (baseando-se nos dados do Peru), em razão da entrada das maiores empresas de navegação do mundo - tais quais MSC, CMA CGM, Hamburg Süd - na oferta de serviços de transporte e aumento da frequência de escalas (peça 67, p. 28-29). Por outro lado, o fim do acordo bilateral poderia levar a aumento do *transit time*, decorrente do fim das rotas diretas, em razão de supostos novos pontos de escala, visando otimizar ocupação dos navios. Além disso, há potenciais entrantes (peça 67, p. 30) no caso de denúncia do acordo.
69. Sobre as discussões atuais para eventual celebração de novo acordo bilateral com a União Europeia, do qual um dos itens seria a abertura do mercado de navegação de cabotagem às empresas europeias, as informações obtidas na auditoria apontam para divergência de opiniões entre pastas ministeriais.
70. Por outro lado, foram percebidas melhorias nos procedimentos de consulta às pastas setoriais envolvidas nas discussões relacionadas a acordos, vigentes ou futuros, uma vez que o Ministério da Infraestrutura passou a fazer parte da Câmara de Comércio Exterior (Camex) a partir da edição do Decreto 8.997/2017, em 3/3/2017, que alterou o Decreto 4.732/2003, que dispõe sobre a referida Câmara.
71. Nos acordos bilaterais em cujas discussões a ANTAQ participou, especialmente entre Brasil e Chile, embora haja, por um lado, críticas sobre a baixa oferta de rotas regulares no citado comércio e, por outro, críticas quanto aos longos *transit time* (tempo de percurso da carga) e preços elevados de frete, as empresas que operam nas rotas defendem a manutenção dos acordos, por permitir rotas diretas entre os países signatários e a manutenção de frota brasileira por parte das empresas envoltas ao acordo.

Reserva de mercado na cabotagem

72. Como já apontado, a Constituição Federal de 1988, em seu art. 178, parágrafo único, c/c Lei 9.432/1997, art. 9º, prevê que o transporte de mercadorias na cabotagem deve ser feito prioritariamente por meio de embarcação brasileira, podendo ser feito em embarcação estrangeira quando esta estiver afretada por empresa brasileira de navegação (EBN), após autorização da ANTAQ. O artigo constitucional assim trata o tema:

Art. 178. A lei disporá sobre a ordenação dos transportes aéreo, aquático e terrestre, devendo, quanto à ordenação do transporte internacional, observar os acordos firmados pela União, atendido o princípio da reciprocidade. (Redação dada pela Emenda Constitucional 7, de 1995)

Parágrafo único. Na ordenação do transporte aquático, a lei estabelecerá as condições em que o transporte de mercadorias na cabotagem e a navegação interior poderão ser feitos por embarcações estrangeiras. (Incluído pela Emenda Constitucional 7, de 1995)

73. O art. 9º da Lei 9.432/1997 definiu as condições nas quais a ANTAQ poderá autorizar o afretamento de embarcações estrangeiras para transporte de mercadorias na cabotagem. São elas:

Art. 9º O afretamento de embarcação estrangeira por viagem ou por tempo, para operar na navegação interior de percurso nacional ou no transporte de mercadorias na navegação de cabotagem ou nas navegações de apoio portuário e marítimo, bem como a casco nu na navegação de apoio portuário, depende de autorização do órgão competente e só poderá ocorrer nos seguintes casos:

I - quando verificada inexistência ou indisponibilidade de embarcação de bandeira brasileira do tipo e porte adequados para o transporte ou apoio pretendido;

II - quando verificado interesse público, devidamente justificado;

III - quando em substituição a embarcações em construção no País, em estaleiro brasileiro, com contrato em eficácia, enquanto durar a construção, por período máximo de trinta e seis meses, até o limite:

a) da tonelagem de porte bruto contratada, para embarcações de carga;

b) da arqueação bruta contratada, para embarcações destinadas ao apoio.

Parágrafo único. A autorização de que trata este artigo também se aplica ao caso de afretamento de embarcação estrangeira para a navegação de longo curso ou interior de percurso internacional, quando o mesmo se realizar em virtude da aplicação do art. 5º, §3º.

74. Pode-se perceber que tais medidas constituem espécie de reserva de mercado às embarcações brasileiras com vistas a desenvolver a frota nacional. Neste sentido, a ANTAQ, conforme consta do voto do Exmo. Ministro Relator Bruno Dantas (peça 23, p. 4), que resume

a NT-ANTAQ 8/2018/GRM/SRG, encaminhada ao TCU por meio do Ofício 63/2018/DG-ANTAQ no bojo do TC 003.667/2018-9, informa que o conjunto normativo se constitui da proteção do transporte de cabotagem da competição internacional, por meio de subsídios ou da reserva de mercado [para embarcações brasileiras], com o intuito de preservar a frota própria, o controle e a regulação sobre o mercado doméstico da navegação. Essa prática, inclusive, seria normal em outros países, segundo a Agência.

75. Segundo a coletividade de atores ouvidos nesta auditoria, tal reserva de mercado explicaria em parte os preços de frete mais elevados cobrados na cabotagem, uma vez que o mandamento constitucional é o de restringir a concorrência no transporte de mercadorias ao longo da costa brasileira para somente empresas brasileiras de navegação, uma vez que apenas estas podem afretar embarcações estrangeiras. O objetivo da política seria desenvolver a frota nacional, por meio do crescimento da frota das empresas de navegação nacionais.

76. Apesar disso, cabe destacar que, na legislação legal e infralegal, especialmente a Resolução Normativa-ANTAQ 5/2016, que trata da outorga de autorização para pessoa jurídica atuar como Empresa Brasileira de Navegação (EBN), não consta nenhuma exigência sobre a constituição do capital da empresa brasileira, podendo este ser estrangeiro. Para obter o enquadramento em EBN basta apenas que a empresa seja constituída nos termos da legislação brasileira, com sede e administração no país, que tenha por objeto social operar nas navegações de apoio marítimo, apoio portuário, cabotagem ou longo curso e comprove operação comercial periodicamente.

Características da cabotagem no Brasil

77. Com relação às cargas transportadas no Brasil pela navegação de cabotagem, o perfil de carga mais transportado é o de granel líquido e gasoso (petróleo e derivados), seguido do granel sólido, e por fim de carga geral, que está dividida entre contêiner e carga não-conteinerizada, conforme figura 4 abaixo.

(...)

78. Segundo dados da ANTAQ (2018), em 2017 foram transportadas na cabotagem 156,6 milhões de toneladas, conforme se observa na figura 5 abaixo.

(...)

79. O petróleo transportado é principalmente oriundo das plataformas de exploração da Petrobrás para portos brasileiros com terminais de

graneis líquidos, para movimentação, armazenagem e beneficiamento. A necessidade de transporte depende em grande parte da política de extração de petróleo por parte da Petrobrás, não respondendo à política de transporte para incrementar a participação na matriz de transporte.
80. Já com relação aos granéis sólidos, as cargas são particularmente relacionadas à bauxita afeta à produção de alumínio. As rotas consolidadas são entre terminais de uso privado (TUPs) localizados no estado do Pará, o Porto de Vila do Conde-PA e terminal privado no estado do Maranhão. No curso da auditoria, percebeu-se que o transporte de bauxita ocorre pela cabotagem em razão das características da região Norte e, portanto, entende-se que não responde à política pública do setor de transporte, no sentido de incrementar as cargas transportadas neste modal.
81. Cabe destacar aqui que os granéis sólidos de origem vegetal, tais como soja, milho e açúcar, fazem uso majoritariamente do modal aquaviário, mas no segmento hidroviário (navegação interior), estando, portanto, fora do escopo desta auditoria. Além disso, tais cargas têm como destino principal portos estrangeiros, deslocando-se aos portos por meio de hidrovias, para posterior exportação, por meio da navegação de longo curso.
82. Por outro lado, verificou-se que os contêineres apresentam grande potencial de crescimento e de resposta à política pública de transporte que tenha por objetivo transferir carga do modal rodoviário para o modal aquaviário de cabotagem, uma vez que se constituem em mercadoria de maior valor agregado, majoritariamente transportada por rodovias. Além disso, já existem rotas consolidadas de produtos em contêineres oriundas da Zona Franca de Manaus, entre TUPs no estado do Amazonas e o Porto de Santos. A ANTAQ (2018) informa que o contêiner, juntamente com o carvão de coque, foram as cargas cujos transportes mais cresceram em 2017. Por estas razões, o escopo desta auditoria se limitou às cargas conteinerizadas.
83. As dez principais relações origem-destino das cargas conteneirizadas concentram quase 45% da tonelagem total movimentada tanto em portos organizados como em TUPs. A maior parte dos estados com atividade tem um ou dois portos/TUPs encarregados de mais de 90 % das operações (exceto Santa Catarina, que tem 3 portos relevantes).
84. Segundo dados da SEP (2015), as rotas para Manaus (de sul a norte) costumam operar cheias enquanto as de baixada (de norte a sul)

apresentam menor taxa de aproveitamento (em média 70% de contêineres cheios e 30% de contêineres vazios).
85. As principais instalações na movimentação de contêineres são: (i) em portos públicos: Santos, Suape, Itaguaí, Rio de Janeiro, Fortaleza, Rio Grande e Salvador; (ii) em TUPs: Chibatão, Porto Itapoá, Portonave, Pecém, Embraport e Superterminais.
(...)
86. Observa-se pela figura 6 acima que, em 2019, 64% da frota brasileira é composta de embarcações de apoio portuário, a exemplo de empurradores e rebocadores que atuam no ambiente dos portos e dos TUPs, em auxílio a outros navios e não dedicadas a transporte propriamente dito. Outros 25% correspondem a embarcações de apoio marítimo, que dizem respeito, em sua grande parte, a atividades de apoio a plataformas marítimas. Somente 11% dos navios de bandeira brasileira são de embarcações efetivas de transporte de cargas (cabotagem e longo curso).
Dados da frota de cabotagem e movimentação de contêiner
87. De acordo com ANTAQ (2018), a frota brasileira de cabotagem correspondia a 202 embarcações, distribuídas entre 39 empresas brasileiras de navegação, com tonelagem total bruta de 4.172.810 TPB (Tonelagem de Porte Bruto). A idade média da frota era de 17,7 anos. Nos últimos 10 anos o crescimento da frota de cabotagem foi de 39,3% no período.
(...)
88. Segundo dados da ANTAQ (2018), a cabotagem brasileira de contêineres em 2017 teve 70,7% das cargas transportadas por meio de portos públicos, ao passo que 29,3% foram transportadas por meio de Terminais de Uso Privado (TUPs), de um total de 107.591.069 toneladas.
Mercado de empresas de cabotagem
89. A compreensão da situação atual do mercado de navegação de cabotagem necessita do entendimento da evolução econômica e política do setor desde o século XX. De forma breve, a década de 70 foi marcada pelo forte protecionismo e intervencionismo estatal na atividade marítima, e a frota mercante brasileira apresentou um crescimento significativo até meados da década de 80. Todavia, novos modelos de intervenção estatal, escândalos financeiros e de casos de corrupção, como o caso da extinta Superintendência Nacional da Marinha Mercante (SUNAMAN), surgiram ao longo da década de 80, resultando na desmobilização da indústria naval, afetando o setor de navegação marítima como um todo.
90. A década de 90 foi marcada pela ampla política de privatizações e abertura econômica ao mercado internacional em diversos setores

da economia. Na indústria naval, observou-se um processo de declínio da produção de novas embarcações nacionais. A Lei 9.432/1997 foi editada para trazer proteção à marinha mercante brasileira, permitindo, dentre outras coisas, que empresas brasileiras realizassem afretamento de embarcações estrangeiras para o serviço de cabotagem em troca da contratação de construção de navios em estaleiros no país. Observou-se ainda na década de 1990 uma decadência de empresas de navegação e de estaleiros brasileiros. Muitas pediram falência e outras foram adquiridas por empresas de capital estrangeiro.

91. Hoje, aproximadamente 40 empresas possuem autorização da ANTAQ para operarem na navegação de cabotagem brasileira com uma frota de 202 embarcações. Considerando a capacidade total de Tonelagem de Porte Bruto (TPB), apenas as seis maiores companhias possuem capacidade de TPB acima de 100 mil toneladas: Petrobras, Norsul, Elcano, Aliança, Log-in, e Mercosul Line. Em 2013, segundo dados da ANTAQ, Petrobras, Elcano, Norsul, Aliança e Log-In detinham aproximadamente 83,4% da tonelagem da frota nacional. Constam do Apêndice 1 mais informações a respeito dessas empresas.

Análise do Conselho Administrativo de Defesa Econômica (CADE)

92. Consoante Nota Técnica CADE 9/2018/DEE/CADE, de 6/2/2018 (peça 125), do Departamento de Estudos Econômicos do Conselho Administrativo de Defesa Econômica (CADE), ao analisar efeitos concorrenciais da edição da Resolução Normativa-ANTAQ 1/2015, o DEE/CADE concluiu existir concentração no mercado de transporte de cargas por navegação de cabotagem de contêineres. Tal situação deriva do fato de que somente três grandes empresas dominariam mais de 99% do segmento de transporte de contêiner na cabotagem, conforme figura 8.

93. A Aliança, que possui fatia próxima a 50% do mercado, é de propriedade da empresa Hamburg Süd, atualmente sob o controle da maior empresa de navegação do mundo, a Maersk. A Mercosul-line, com 26% do mercado, é subsidiária da empresa CMA CGM, uma das maiores empresas de navegação de longo curso do mundo. A Login, atualmente de capital aberto em bolsa de valores, possui 24% do mercado de cabotagem de contêiner.

94. As duas primeiras empresas nacionais citadas acima, segundo informações colhidas junto ao Syndarma e ABAC, trabalham alinhadas com suas controladoras, principalmente na distribuição de cargas *feeder* oriundas de seus parceiros comerciais. À terceira empresa compete a distribuição de cargas *feeder* de outros armadores de longo curso.

Segundo as entidades entrevistadas, tal estratégia permite garantir receitas mínimas às EBNs, reduzindo o risco de demanda à operação. Por outro lado, a competição na cabotagem por carga doméstica fica restrita aos espaços disponíveis após ocupação dos navios por carga *feeder* e a oferta de rotas de cabotagem depende, mesmo que em menor grau, dos fluxos de carga *feeder*.

(...)

95. Por fim, o CADE, por meio de publicação dedicada ao mercado de serviços portuários, de 2012, destacou a importância das economias de escala e a tendência de integração vertical e concentração na cadeira de transportes marítimos, em nível mundial. No documento, o órgão afirma que atividades econômicas com elevados custos fixos, como portos e transporte marítimo, apresentam economias de escala na medida em que, com a elevação da quantidade transportada/movimentada, conseguem diluir seus custos fixos, reduzindo o custo médio de produção.

96. Tais características levam a algumas tendências já identificadas: aumento da capacidade de carga dos navios; concentração de mercado por meio de fusões e aquisições; formação de alianças globais entre as grandes companhias do transporte marítimos; fusões e aquisições entre armadores e o aumento de capacidade dos navios porta-contêineres que provocaram, no Brasil, nesta década, uma redução do número de escalas semanais de navios de longo curso.

Política Nacional de Transportes (PNT)

97. A Portaria MTPA 235/2018 instituiu a Política Nacional de Transportes (PNT) e estabeleceu princípios, objetivos, diretrizes e instrumentos para o setor de transportes. Segundo o então Ministério dos Transportes, Portos e Aviação Civil, no Livro de Estado da PNT (peças 6 e 7), o estabelecimento de uma política institucionalizada visa induzir o desenvolvimento socioeconômico sustentável e promover a integração nacional e internacional a partir da oferta de infraestrutura e serviços de transportes, propiciando o aumento da competitividade e a redução das desigualdades do país.

98. A formulação de novas bases para a Política Nacional de Transportes teve como premissa a participação dos setores governamentais e da sociedade, e buscou alcançar outras políticas nacionais, nos segmentos de planejamento, desenvolvimento social, econômico, ambiental, integração e defesa.

99. A Política Nacional de Transportes está dividida em dois documentos, apresentando, em seu Livro de Estado, princípios, objetivos

e diretrizes fundamentais orientados pela Constituição Federal, e, no Caderno das Estratégias Governamentais (peça 8), as ações estratégicas para implementação da política em consonância com as orientações governamentais e a política externa do país.

100. As estratégias governamentais apresentam-se como o principal produto do Caderno de Estratégias, tendo sido definidas a partir dos resultados das contribuições dos interlocutores e dos estados federados, por um lado, e dos resultados do *benchmarking* de políticas, por outro.

101. Dentre as estratégias contempladas para o modo aquaviário (que engloba hidrovias, navegação de cabotagem e longo curso), as seguintes são voltadas para a cabotagem:

(i) realizar a articulação institucional com os órgãos competentes para o aprimoramento dos mecanismos de desenvolvimento da indústria de construção e reparação naval brasileira;

(ii) incentivar o desenvolvimento da frota mercante brasileira de longo curso, de cabotagem, de navegação interior e de apoio portuário e marítimo, bem como a indústria naval nacional a partir de instrumentos de financiamento; promover estudos técnicos e econômicos voltados ao fomento da marinha mercante e da indústria naval nacional;

(iii) apoiar o desenvolvimento da navegação e da indústria naval brasileiras considerando a priorização de afretamento de embarcações de bandeira nacional;

(iv) reduzir os custos operacionais do transporte por cabotagem a fim de incentivar maior participação deste modo de transporte na movimentação de bens e insumos;

(v) incentivar a utilização de contêineres no transporte por cabotagem, minimizando a movimentação de contêineres vazios;

(vi) avaliar e implementar ações voltadas ao aumento da participação dos operadores multimodais no mercado de cabotagem;

(vii) realizar tratativas junto aos governos dos países sul-americanos a fim de considerar as navegações entre os portos da América do Sul como cabotagem;

(viii) fomentar o transporte de carga geral por meio da cabotagem, contribuindo para a integração e o desenvolvimento regional, sobretudo no âmbito de regiões mais carentes; e

(ix) articular com os órgãos competentes a simplificação das exigências legais para as operações de cabotagem.

Plano Nacional de Logística (PNL), horizonte 2025

102. O PNL é fruto da retomada do processo de planejamento do setor de transportes, que, segundo o próprio estudo, ocorreu recentemente por meio da elaboração em 2007 do Plano Nacional de Logística e Transportes (PNLT), que apontou à época as necessidades de infraestrutura e orientou intervenções dos agentes públicos e privados envolvidos no setor.
103. A Empresa de Planejamento e Logística S.A. (EPL), atualmente vinculada ao MInfra, lançou em junho de 2018, o Plano Nacional de Logística. O Plano indica quais são os empreendimentos e investimentos necessários para otimizar a infraestrutura até o ano de 2025, a partir da projeção de cenários, considerando uma carteira de intervenções em infraestrutura de transportes.
104. Dentre os objetivos declarados no plano, destacam-se a redução dos custos, a melhoria do nível de serviço para os usuários, a busca do equilíbrio da matriz de transportes, o aumento da eficiência dos modos utilizados para a movimentação das cargas e diminuição da emissão de poluentes.
105. A intenção declarada no relatório executivo do PNL é de servir como ferramenta para os formuladores de políticas públicas em todas as esferas de governo e também como instrumento para o balizamento de tomadas de decisão de investidores, aumentando a previsibilidade dos investimentos em infraestrutura de transportes.
106. Para o desenvolvimento do PNL, a EPL levou em consideração o PNLT, o Plano Nacional de Integração Hidroviária (PNIH), o Plano Nacional de Logística Portuária (PNLP), o Plano Hidroviário Estratégico (PHE) e os Planos Estaduais de Logística e Transporte (PELT's), além das informações apuradas no Plano Nacional de Logística Integrada (PNLI).
107. Foram simulados dois cenários, visando atender a demanda projetada para a movimentação de cargas no ano de 2025: o primeiro, denominado 'Cenário Rede Básica', que considerou a rede atual multimodal; o segundo, designado 'Cenário PNL 2025', acrescentou as obras e empreendimentos qualificados no PPI, componentes do Programa Avançar (conjunto governamental de obras de infraestrutura logística, energética, defesa, social e urbana), obrigações de concessões vigentes e ampliações de capacidade em concessões prorrogáveis.
108. Para alcançar o Cenário PNL 2025, no que tange a intervenções para a cabotagem marítima e hidrovias interiores, a EPL considerou melhorias na infraestrutura de acesso terrestres, rodovias e ferrovias, potencializando a utilização dos portos e terminais e também o programa Avançar.

109. Em ambos os cenários considerados, a cabotagem permanece com o percentual de participação de transportes de 10% no transporte de cargas.

Figura 9 – PNL – Cenário Rede Básica

Figura 10 – PNL – Cenário PNL 2025

Fonte: EPL, 2018 - PNL

Obstáculos ao desenvolvimento da cabotagem apontados em estudos

110. O Caderno de Estratégias Governamentais (2018, p. 64-65), que compõe um dos seis instrumentos da PNT, elenca, na fase de diagnóstico dos problemas a serem enfrentados na busca pelo incentivo à cabotagem, o seguinte:

Tendo em vista a necessidade de se promover a redução dos custos logísticos no Brasil, foi ainda ressaltado que as exigências legais para a cabotagem devem ser avaliadas em relação às exigências para a navegação de longo curso - inclusive no que tange à simplificação dos aspectos documentais e à incidência de impostos na determinação do preço dos combustíveis. Neste sentido, há de se registrar a possibilidade de serem realizadas tratativas junto aos estados federativos a fim de unificar e simplificar as exigências documentais no que tange à cabotagem, de modo a desburocratizar e alavancar esse tipo de transporte no âmbito interestadual.

É relevante frisar a importância que foi dada às políticas de incentivo à cabotagem com carga geral como medida de fomentar a integração e o desenvolvimento regional, sobretudo no âmbito das regiões mais carentes e vulneráveis socioeconomicamente. Tais políticas devem ser capazes de ensejar planejamentos logísticos integrados aos projetos específicos do setor de produção e de consumo envolvidos, considerando desde a transformação dos bens (setor industrial) até o destino final (setor portuário e/ou mercado consumidor propriamente dito). Ademais, também se salientou a necessidade de estímulo à participação dos operadores multimodais no mercado de cabotagem, sendo necessário, para tanto, avaliar a possibilidade de realizar articulação interinstitucional em prol da concessão de vantagens tributárias a estes operadores.

Por fim, também foi suscitada a ideia de que os governos dos países sul-americanos envidem esforços para realizar tratativas e proceder a acordos a fim de considerar as navegações realizadas entre os portos da América do Sul como navegação de cabotagem, de modo a ampliar os acordos bilaterais, alavancar o desenvolvimento desse tipo de transporte e auferir as vantagens econômicas inerentes à cabotagem.

111. Vislumbra-se que, dos desafios apontados, a burocracia no recebimento da carga nos terminais portuários (equivalente aos de carga importada) e a questão da incidência de impostos no combustível usado nas embarcações de cabotagem, fazendo com que fique mais caro que o combustível empregado em navios de longo curso, são premissas que já norteiam a recente política de transportes.

112. Segundo a CNI (2016), a simplificação e a desburocratização são vitais para reduzir o tempo e os custos nas operações de comércio exterior. Tal situação impacta na navegação de cabotagem quando esta é feita por portos enquadrados no conceito de recintos alfandegados, pois um grande número de documentos e procedimentos são exigidos para liberação das embarcações e das cargas em trânsito nos portos, o que pode fazer com que a carga de cabotagem perca sua competitividade frente ao transporte por rodovias.

113. Quanto às políticas, percebe-se também que o foco destas é destinado à cabotagem de carga geral, na qual se inclui o contêiner, identificada como aquela apropriada para fomentar a integração nacional.

Óleo Combustível Bunker

114. O combustível é um dos principais insumos da cabotagem. Segundo os armadores de cabotagem, o gasto em combustível bunker corresponde a mais de 30% das despesas operacionais de um navio, podendo chegar até a 50%, tornando-o o item mais relevante do custo operacional da embarcação. A expressividade de tal participação frente aos custos é ainda maior, uma vez que o custo do combustível é ainda majorado, aproximadamente em 12 a 17%, devido à incidência do tributo ICMS sobre o bunker para cabotagem, o que não ocorre sobre o combustível utilizado pela navegação de longo curso (internacional). Como cada estado da federação tem competência para estabelecer suas alíquotas para o ICMS, existem diferenças nas alíquotas, que tornam desvantajoso o abastecimento em determinados portos.

115. Existem prazos de fornecimento de combustível às embarcações de cabotagem, bem como a necessidade de se realizar o pedido de combustível com quinze dias de antecedência.

116. Segundo o art. 12 da Lei 9.432/1997, 'são extensivos às embarcações que operam na navegação de cabotagem e nas navegações de apoio portuário e marítimo os preços de combustível cobrados às embarcações

de longo curso'. Entretanto, os preços praticados no mercado são diferentes, a favor dos navios estrangeiros.

117. O Brasil é signatário da resolução da Organização Marítima Internacional (*International Maritime Organisation*, ou simplesmente IMO), parte do corpo da Organizações das Nações Unidas responsável pelo transporte marítimo mundial, que trata da redução do enxofre no óleo combustível *bunker* de 3,5% para 0,5%, até 2020. Segundos a ABAC, isto trará aumento significativo no custo de aquisição do combustível a partir da implantação do acordo.

118. Por haver estratégia declarada na PNT para redução dos custos operacionais; por ser o custo operacional mais relevante dos armadores; e por haver determinação legal de se equalizar os preços dos combustíveis entre longo curso e cabotagem, esta questão de falta de isonomia nos preços do combustível foi incluída nas questões de auditoria, conforme apresentado no Achado 3.

119. Informações mais aprofundadas acerca do setor, tais como competências do Ministério da Infraestrutura, da ANTAQ e da Secretaria Especial da Receita Federal, sistemas envolvidos na gestão da cabotagem e afretamentos, dentre outras, encontram-se no Apêndice 1 ao final deste relatório.

III. ACHADOS DE AUDITORIA

1. Não existe política pública específica de fomento à navegação de cabotagem

120. As ações do governo federal para o setor de navegação são orientadas por normas legais e infralegais que não têm por finalidade específica fomentar o desenvolvimento da cabotagem no Brasil. Além disso, os instrumentos de planejamento governamental vigentes não orientam adequadamente, do ponto de vista da governança, as ações públicas necessárias à solução de entraves da navegação de cabotagem em nosso país.

121. A atuação governamental encontra como principal pilar normativo as disposições veiculadas pela Lei 9.432/1997, que dispõe sobre a ordenação do transporte aquaviário e contempla normas acerca da proteção à frota mercante nacional, do afretamento de embarcações estrangeiras e do apoio ao desenvolvimento da marinha mercante. Todavia, o mencionado diploma legal não prevê mecanismos de incentivo à cabotagem e tampouco diretrizes específicas para atacar entraves da navegação entre portos brasileiros.

122. O documento que institui a Política Nacional de Transportes (PNT) e encontra-se em vigor é a Portaria MTPA 235/2018, de 28/3/2018, instrumento normativo passível de ser revogado ou alterado a critério do Ministro de Infraestrutura. A norma apresenta estratégias para todos os modos de transporte, dentre eles o modal aquaviário. Algumas destas estratégias são aplicáveis à navegação de cabotagem, a nível de orientação geral (peças 5-7).

123. No entanto, não se verificam ações ou iniciativas em um nível tático e operacional institucionalizadas formalmente em normativos do MTPA, não sendo possível observar como os órgãos e entidades públicas envolvidas com a navegação de cabotagem deverão se comportar para resolver os problemas do setor, elencados na própria PNT.

124. A PNT também não apresenta detalhes quanto a linhas-bases (marco zero), metas a serem alcançadas ou cronograma para alcance das mesmas, objetivos para cada uma das estratégias elencadas ou mesmo divisão de responsabilidades quanto aos atores responsáveis por desenvolver as estratégias.

125. Os demais instrumentos de planejamento do governo federal aplicáveis ao sistema de transportes, dentre eles o PPA, o PNLP 2 e o PNL, não contemplam ações estratégicas para o fomento da navegação de cabotagem.

126. Com efeito, consoante previsão do art. 1º, incisos I, III e VI do Anexo I do Decreto 9.676/2019, constitui área de competência do Ministério da Infraestrutura a política nacional de transporte aquaviário, a marinha mercante e as vias navegáveis, bem como a participação no planejamento estratégico, no estabelecimento de diretrizes para sua implementação e na definição das prioridades dos programas de investimentos em transportes. Segundo o parágrafo único do art. 1º da norma em questão, as competências atribuídas ao Ministério da Infraestrutura compreendem a formulação, a coordenação e a supervisão das políticas nacionais relacionadas ao transporte.

127. Já segundo o art. 5º, inciso II do Decreto 9.203/2017, a estratégia é listada como um mecanismo para o exercício da governança pública, que compreende a definição de diretrizes, objetivos, planos e ações, além de critérios de priorização e alinhamento entre organizações e partes interessadas, para que os serviços e produtos de responsabilidade da organização alcancem o resultado pretendido.

128. O Guia Prático de análise *ex ante* de políticas públicas (CASA CIVIL, 2018) preconiza que a definição de objetivos da política formulada

deve conter a previsão ou estimativa do tempo de sua implantação e de duração dos seus efeitos ou impactos. Isso repercute nos resultados, metas e objetivos parciais (curto e médio prazos) e finais (longo prazo), que serão, também, fontes de avaliação *ex post*. Ademais, o referido documento constitui em ferramenta de elaboração de políticas públicas, servindo de guia para o diagnóstico do problema que se pretende solucionar, o desenho ou forma da política pública em si e as estratégias de implementação, monitoramento e mensuração de retorno econômico e social.

129. O Referencial para Avaliação de Governança em Políticas Públicas (TCU, 2014) prevê que é uma boa prática de governança que as políticas sejam institucionalizadas por meio de normas jurídicas adequadas, percebidas como legítimas, e que sejam orientadas por planos que permitam operacionalizar as ações necessárias.

130. Na visão de Calmon (2013 *apud* TCU, 2014), é uma boa prática a institucionalização formal da política pública por meio de norma legal apropriada, emitida por órgão dotado de legitimidade e competência para fazê-lo e na qual normatize-se a atuação dos diversos órgãos, instituições e esferas de governo envolvidos.

131. Já segundo Moura (2013 *apud* TCU, 2014), é uma boa prática de governança de política pública a explicitação do estágio de referência inicial, ou seja, da linha de base (ou 'marco zero') que servirá de subsídio para a avaliação do resultado da intervenção pública.

132. Configura ainda uma boa prática enfatizada pelo TCU (2014) a definição de objetivos precisos o suficiente para permitir uma delimitação nítida do campo de atuação da política, traduzindo-os em metas precisas e objetivamente caracterizadas. Tais metas, por sua vez, devem concorrer para a consecução dos propósitos mais gerais da intervenção pública, de modo a orientar as ações governamentais e assegurar a transparência sobre metas e resultados.

133. Na presente auditoria, verificou-se que à navegação de cabotagem aplicam-se diversos instrumentos legais e regulamentares, a exemplo da Lei 9.432/1997, que dispõe sobre a ordenação do transporte aquaviário, e da Lei 10.233/2001, que dispõe, dentre outras coisas, sobre as competências da ANTAQ para o transporte aquaviário. Mencione-se também o Decreto 1.265/1994, que aprova a Política Marítima Nacional (PMN), o Decreto 2.256/1997, que regulamenta o Registro Especial Brasileiro (REB), além da já citada Portaria MTPA 235/2018.

134. Como mencionado acima, um dos principais pilares normativos que orienta a atuação tanto do Ministério da Infraestrutura quanto da ANTAQ no setor de navegação é a Lei 9.432/1997, que dispõe sobre a ordenação do transporte aquaviário, mas que não trata de uma norma cujo objetivo seja o fomento à cabotagem, mas sim o de proteção à frota mercante brasileira. Da leitura do referido diploma legal, verifica-se que sua finalidade é dar cumprimento ao art. 178, *caput* e parágrafo único da Constituição Federal, que determina que a lei estabelecerá as condições em que o transporte de mercadorias na cabotagem e a navegação interior poderão ser realizados por embarcações estrangeiras.
135. Nota-se, dessa maneira, que a Lei 9.432/1997 regulamenta, como exceção, a abertura do mercado nacional de cabotagem, permitindo a utilização de embarcações estrangeiras, desde que afretadas por Empresa Brasileira de Navegação (EBN), diante de situações de inexistência ou indisponibilidade de embarcações de bandeira brasileira. A norma ainda aborda critérios para que uma embarcação arvore bandeira brasileira e para que haja o afretamento de embarcações estrangeiras.
136. No entanto, consoante observado em diagnóstico (peça 128), elaborado pelo Ministério da Infraestrutura no âmbito de Grupo de Trabalho (GT-Cabotagem), esta navegação é afetada por altos custos operacionais a exemplo do combustível e mão de obra, praticagem, burocracia elevada e dificuldades de obtenção de recursos junto às instituições financeiras para aquisição de frota, multiplicidade de atores governamentais envolvidos, carência de infraestrutura portuária adequada, dentre outros. Desses temas, a Lei 9.432/1997 apenas trata, em seu art. 12, sobre os preços de combustível cobrados de embarcações de longo curso que devem ser extensíveis às embarcações de cabotagem. Assim, verifica-se que a Lei 9.432/1997, que prescreve uma política nacional de proteção à marinha mercante brasileira, é insuficiente para fomentar o setor. Verifica-se, ainda, que as disposições dessa lei também conferem diretrizes meramente estratégicas que podem ser aplicáveis à cabotagem, mas que não orientam a atuação governamental, seja da ANTAQ ou de outros entes públicos intervenientes, em um nível tático ou operacional.
137. Outra norma legal aplicável à cabotagem é a Lei 10.233/2001, que cria a ANTAQ e dispõe sobre as competências da Agência e diretrizes para o transporte aquaviário. Alguns dos princípios gerais dispostos na Lei em comento regem a operação de tal modo de transporte. São eles: a preservação do interesse nacional, a proteção dos interesses dos

usuários e consumidores finais quanto à incidência dos fretes nos preços dos produtos transportados e que os usuários, sempre que possível, paguem pelos custos dos serviços em regime de eficiência, bem como a compatibilização dos transportes com a preservação do meio ambiente.

138. Em relação aos instrumentos de planejamento governamentais, verificou-se que o PPA 2016 - 2019, objeto da Lei 13.249/2016, prevê objetivos para o Programa 2086 - Transporte Aquaviário. Nota-se, no entanto, que no PPA vigente o objetivo 0757 visa 'modernizar, renovar e ampliar a frota mercante brasileira de longo curso, de cabotagem e navegação interior'. A meta 0444 preconiza fomentar a construção de 10 embarcações destinadas à cabotagem. Outras questões não são diretamente tratadas no PPA com relação à cabotagem.

139. Outro instrumento de planejamento das ações do governo para a logística, o Plano Nacional de Logística (PNL), elaborado pela EPL e aprovado pelo Conselho do Programa de Parcerias e Investimentos (CPPI) em 2/7/2018, não apresenta previsão de ações ou intervenções governamentais especificamente voltadas para o incremento da navegação de cabotagem. Da análise do relatório executivo do PNL, verifica-se que a cabotagem, que hoje representa aproximadamente 11% da carga transportada em nossa matriz de transportes, manteria a mesma participação no cenário do ano de 2025. O enfoque dado pelo governo federal no nível de planejamento estratégico previsto no PNL se consubstancia no desenvolvimento do setor ferroviário.

140. Indagada por meio de ofício de requisição (peça 20) sobre esse ponto, a EPL apresentou sua resposta mediante o Ofício 428/2018/PRE/EPL, de 24/10/2018 (peça 22). Informou que o processo de elaboração do PNL envolveu a identificação e proposição de soluções capazes de incentivar a redução dos custos, incrementar o nível de serviço para os usuários, melhorar o equilíbrio da matriz, aumentar a eficiência dos modos utilizados para a movimentação das cargas e diminuir a emissão de poluentes. Na resposta, a EPL não informou os motivos pelos quais o cenário 2025 apresenta os mesmos dados de participação da cabotagem. Todavia, em reunião entre a equipe de auditoria e técnicos da EPL, foi esclarecido que a empresa teve dificuldades em realizar projeções de demanda considerando a cabotagem.

141. Já o Ministério da Infraestrutura (anterior MTPA) informou por meio do Ofício 202/2018/AECI (peça 44), que está em vigor a Portaria MTPA 235/2018, que institui a Política Nacional de Transportes, com vistas a induzir o desenvolvimento socioeconômico sustentável, ampliar

e melhorar a infraestrutura nacional de transportes e promover a integração nacional e internacional, de modo a propiciar o aumento da competitividade e a redução das desigualdades do país. A PNT apresenta estratégias em geral para o transporte aquaviário, mas não apresenta um plano no nível tático e operacional para a navegação de cabotagem.

142. Dentre as 28 estratégias contempladas na PNT para o modo aquaviário como um todo, as nove seguintes são voltadas para navegação de cabotagem:

(i) realizar a articulação institucional com os órgãos competentes para o aprimoramento dos mecanismos de desenvolvimento da indústria de construção e reparação naval brasileira;

(ii) incentivar o desenvolvimento da frota mercante brasileira de longo curso, de cabotagem, de navegação interior e de apoio portuário e marítimo, bem como a indústria naval nacional a partir de instrumentos de financiamento; promover estudos técnicos e econômicos voltados ao fomento da marinha mercante e da indústria naval nacional;

(iii) apoiar o desenvolvimento da navegação e da indústria naval brasileiras considerando a priorização de afretamento de embarcações de bandeira nacional;

(iv) reduzir os custos operacionais do transporte por cabotagem a fim de incentivar maior participação deste modo de transporte na movimentação de bens e insumos;

(v) incentivar a utilização de contêineres no transporte por cabotagem, minimizando a movimentação de contêineres vazios;

(vi) avaliar e implementar ações voltadas ao aumento da participação dos operadores multimodais no mercado de cabotagem;

(vii) realizar tratativas junto aos governos dos países sul-americanos a fim de considerar as navegações entre os portos da América do Sul como cabotagem;

(viii) fomentar o transporte de carga geral por meio da cabotagem, contribuindo para a integração e o desenvolvimento regional, sobretudo no âmbito de regiões mais carentes; e

(ix) articular com os órgãos competentes a simplificação das exigências legais para as operações de cabotagem.

143. Verifica-se que embora a PNT apresente estratégias, não foram previstos objetivos, planos e ações mais detalhadas, assim como também não há indicação de prioridades, tampouco como as organizações e partes interessadas poderão se alinhar para dar cumprimento às estratégias. Assim, verificou-se que a PNT, em relação à cabotagem, necessita

de detalhamento de ações, metas, objetivos nos níveis táticos e operacionais. É preciso, portanto, que o governo indique não apenas o que deseja melhorar, mas também como irá fazer isso e quais atores executarão cada tarefa. É necessário ainda saber a partir de onde quer partir e em que prazo deseja alcançar os objetivos, conforme apontam as melhores práticas na governança de políticas públicas e o preconizado pelo art. 5º, inciso II do Decreto 9.203/2017.

144. Cite-se como exemplo a estratégia 'v' prevista na PNT de 'incentivar a utilização de contêineres no transporte por cabotagem, minimizando a movimentação de contêineres vazios'. É necessário que haja a identificação de patamares dos quais partirá e também um objetivo, bem como a definição de diretrizes sobre a maneira com que se pretende promover a redução da movimentação de contêineres vazios e a indicação de quais atores estarão envolvidos com o processo.

145. Acerca da estratégia 'iv' que trata de redução de custos operacionais, observa-se que não é possível afirmar que eventual redução dos custos operacionais, apontados nos estudos da extinta SEP e do MTPA, objeto de ações elencadas na PNT, seria diretamente revertida em redução do frete, haja vista o poder de mercado das empresas hoje incumbentes, conforme apresentado no achado quatro deste relatório.

146. Acrescente-se também que uma eventual redução de frete perpassa tanto pela redução de concentração no mercado, reduzindo o poder de barganha das grandes empresas de navegação, com consequente aumento da oferta dos serviços de transporte; como também por um aumento de demanda por tais serviços. Observa-se, entretanto, que a política instituída não contempla nenhuma estratégia para aumentar a demanda por cabotagem, retirando carga do modal rodoviário, em desalinhamento com os objetivos e diretrizes da PNT.

147. A indução da demanda por meio da política pública poderia beneficiar o setor regulado, por meio da melhoria das perspectivas do transporte de cargas pela cabotagem, incentivando investimentos em navios e terminais e melhorando o ambiente de negócios como um todo.

148. A estratégia de aumento de demanda, com as ações de nível tático e operacional associadas por meio de política pública, desencadearia ações privadas no sentido de desenvolver a cabotagem, uma vez que o próprio setor regulado se movimenta no sentido de atrair cargas para migrar para o modal aquaviário. Como exemplo, cita-se que terminais de contêineres têm, entre outros, o objetivo comercial de captar cargas para seus terminais, visando tornar-se mais atrativo para navios

comerciais de transporte de cargas e de rotas regulares. Aliás, não só os terminais como também as próprias autoridades portuárias fazem o papel de atração de cargas, visando se beneficiar com os aumentos de movimentação de carga por meio, mas não somente, do excedente de arrecadação da tarifa variável decorrente.

149. Como exemplo de fomento à demanda, cita-se a ação que vem sendo aventada na Europa em conceder crédito de carbono a empresas que optarem por migrar o transporte de suas cargas do modal rodoviário para o modal aquaviário, na proporção da migração. Tal política poderia trazer incentivo econômico à decisão do embarcador de carga, que poderia influenciar a cadeia logística como um todo, no sentido de fortalecer o transporte aquaviário (ÁVILA, 2016).

150. Sendo assim, caberia à política pública estabelecida na PNT, em alinhamento com suas diretrizes e objetivos, fomentar a demanda visando mudar a cultura rodoviarista e levando cargas a migrarem para o modal mais adequado à distância de transporte.

151. Ainda na resposta encaminhada, o então MTPA informou que vem buscando implementar as estratégias da Portaria 235/2018 por meio de reuniões, citando como exemplo reunião ocorrida em 16 de outubro de 2018 junto a entes privados ('ouvindo o mercado') para colher informações sobre a atualidade do diagnóstico que embasou a elaboração da PNT. Informou ainda que vem realizando estudos sobre temas considerados mais importantes como o FMM/AFRMM, custo do combustível, racionalização de sistemas de informação, custo da praticagem e programação e coordenação de operações portuárias. Relatou ainda que as estratégias envolvem uma multiplicidade de instâncias públicas e privadas e que, dentro do Ministério, o tema envolve competências de diversos órgãos internos como a Secretaria de Política e Integração (SPI), a Secretaria de Fomento e Parcerias (SFP) e a Secretaria Nacional de Transportes Terrestres e Aquaviários (SNTTA). O órgão ministerial afirmou que não há indicadores disponíveis para a medição da efetividade e eficácia do desenvolvimento da PNT.

152. A principal causa deste achado de auditoria reside na inexistência de mecanismos de controles de avaliação de políticas públicas no atual MInfra, para fins de avaliar a Portaria da PNT, instrumento de certa maneira precário, que pode ser revogado a qualquer tempo a critério do titular do Ministério. Embora o então MTPA tenha elaborado a Política Nacional de Transportes contemplando estratégias para fomentar o modal aquaviário, ainda não avançou na elaboração de planejamento

tático e operacional voltados especificamente para a navegação de cabotagem. Some-se a isso o fato de que a legislação aplicável ao setor de navegação não prevê mecanismos de incentivo à solução de entraves operacionais e burocráticos da cabotagem.

153. Dentre os efeitos resultantes da falta de política pública voltada especificamente para atacar de maneira planejada e institucionalizada os problemas da navegação de cabotagem em nosso país, destaca-se a manutenção de uma situação de inexistência de ações estruturadas de fomento à cabotagem, o que eleva o risco de que a PNT não alcance seus objetivos declarados. A provável consequência caso as estratégias contidas na PNT não venham a ter efetividade é a de que a matriz de transportes não atinja o equilíbrio esperado no futuro.

154. Isso demonstra que não existe no Brasil uma política pública voltada especificamente para atacar de maneira estruturada os problemas da navegação de cabotagem, o que vai de encontro às boas práticas de governança governamental defendida em manuais de avaliação de políticas públicas e previsões normativas que orientam a elaboração, avaliação e monitoramento dessas políticas.

155. Visando direcionar os esforços às causas dos problemas identificados neste relatório, notadamente a falta de elaboração de planejamento tático e operacional voltados especificamente para atacar os principais problemas da navegação de cabotagem no Brasil, e considerando ainda as recentes alterações nas competências da pasta de Transporte, propõe-se **recomendar ao Ministério da Infraestrutura que desenvolva o planejamento tático e operacional das ações estratégicas de transporte de cabotagem elencadas na Política Nacional de Transporte (PNT), especificando metas, objetivos específicos, critérios de priorização, marcos iniciais, estimativa do tempo de sua implantação e de duração dos seus efeitos ou impactos, consoante art. 5º, inciso II e art. 6º, § único, inciso I do Decreto 9.203/2017 e o disposto no Guia Prático de análise *ex ante* de políticas públicas, da Casa Civil da Presidência da República.** Além disso, deve ser **dada ciência ao Ministério da Infraestrutura que a falta de institucionalização de políticas públicas por meio de normas jurídicas adequadas, percebidas como legítimas, e que sejam orientadas por planos que permitam operacionalizar as ações necessárias, não atende às boas práticas de governança elencadas no Referencial para Avaliação de Governança em Políticas Públicas do TCU e no Guia Prático de análise *ex ante* de políticas públicas da Casa Civil da Presidência da República.**

156. Considerando a incorporação da EPL, autora do PNL, na estrutura organizacional do Ministério da Infraestrutura, por força do Decreto 9.676/2019, Anexo I, art. 2º, inciso IV, propõe-se ainda **recomendar ao Ministério da Infraestrutura que incorpore no Plano Nacional de Logística (PNL) as capacidades e as rotas de transporte de carga na cabotagem, de modo a considerá-las no planejamento das ações de desenvolvimento do setor de transporte e atender as diretrizes e os objetivos descritos no próprio plano.**

157. Importante registrar que a elaboração de uma política pública voltada especificamente para tratar de maneira planejada e institucionalizada os problemas da navegação de cabotagem em nosso país, com a definição de diretrizes, metas, objetivos, critérios de priorização, bem como matriz de responsabilidades e o delineamento das ações governamentais a serem praticadas em um nível tático e operacional pode trazer benefícios para o alcance dos objetivos propostos na PNT e para elevar a percepção da política a um nível de Estado e não apenas de governo.

158. Por fim, ressalte-se que uma boa prática identificada pela equipe de auditoria e que merece destaque consiste no fato de que o antigo MTPA elaborou a PNT seguindo algumas das recomendações mais relevantes feitas pelo TCU no processo do PIL Ferrovias (TC 019.059/2014-0). O Ministério da Infraestrutura registrou atas de reunião, formalizou consultas e registros de entrevistas em processo administrativo, elaborou notas técnicas para formalizar as constatações obtidas durante o processo de elaboração da política, bem como promoveu a participação dos principais atores envolvidos no setor de transportes. Isso representa grande avanço, em relação à situação da governança, no tratamento conferido pela pasta ministerial ao processo de elaboração de políticas públicas.

2. Os sistemas de informação governamentais não proveem informações suficientes que permitam o monitoramento das ações de fomento à navegação de cabotagem de contêiner

159. O acompanhamento do transporte de cabotagem no Brasil é feito a partir da compilação de dados de vários sistemas informatizados sob gestão de órgãos diferentes, como o Sistema Mercante, da RFB; o Sistema de Desempenho Portuário (SDP) e o Sistema de Afretamento da Navegação Marítima e de Apoio (SAMA), da ANTAQ; e o Porto Sem Papel, do Ministério da Infraestrutura, cujos dados, embora abundantes, requerem refinamentos para serem integrados, não permitem o monitoramento das ações estratégicas relativas à cabotagem por parte do

Ministério da Infraestrutura. Além disso, as informações do sistema da Receita têm classificação sigilosa, o que dificulta sua utilização, ainda que para levantamento estatístico.
160. Os dados constantes do Mercante são sigilosos, por imposição legal, e as estatísticas geradas com uso destas informações não podem ser publicamente divulgadas pela ANTAQ, assim como os dados individualizados de frete, origens e destinos de cargas, manifesto e conhecimento de transporte, também sob o manto do sigilo fiscal.
161. Verificou-se também que a integração dos dados oriundos dos diferentes sistemas, em especial os do Mercante e os da ANTAQ, não ocorre de maneira simples, pois as informações são coletadas em momentos e em métricas diferentes, o que dificulta a consolidação imediata, requerendo manipulações sobre os dados coletados.
162. Em terceiro lugar, informações relevantes ao monitoramento da cabotagem, tais como origens e destinos finais das mercadorias, motivos para eventuais atrasos nas atracações e desatracações, e problemas como omissões e supressões de escalas em portos, não se encontram registradas nos sistemas e requerem atuação caso a caso para sua elucidação.
163. Por fim e como resultado do exposto acima, os dados disponíveis sobre cabotagem de contêiner, embora sejam usados em sistemas que atendem individualmente a finalidade para a qual foram coletados, internamente às esferas de seus órgãos/entidades gestores, não permitem o monitoramento da política pública pelo órgão formulador, no caso o Ministério da Infraestrutura, senão após uma complexa via de mineração de dados pela agência reguladora.
164. Nos termos do art. 198 do Código Tributário Nacional (Lei 5.172/1966), *caput*, com a redação dada pela Lei Complementar 104/2001, é vedada a divulgação, por parte da Fazenda Pública ou de seus servidores, de informação obtida em razão do ofício sobre a situação econômica ou financeira do sujeito passivo ou de terceiros e sobre a natureza e o estado de seus negócios ou atividades. No âmbito infralegal, a RFB, por meio das Portarias-RFB 2.344/2011 e 361/2016, disciplinou o acesso a informações protegidas por sigilo fiscal constantes de seus sistemas informatizados, bem como dispôs sobre a divulgação de dados estatísticos aduaneiros.
165. Consoante o Decreto 8.777/2016, que instituiu a Política de Dados Abertos do Poder Executivo Federal, nos termos do art. 1º, inciso IV, é objetivo da política facilitar o intercâmbio de dados entre órgãos e entidades da administração pública federal e as diferentes esferas da

federação. Além disso, o mesmo Decreto, em seu art. 3º, incisos I e II, define como princípios e diretrizes da política a observância da publicidade das bases de dados como preceito geral e do sigilo como exceção, e a garantia de acesso irrestrito às bases, as quais devem ser legíveis por máquina e estarem disponíveis em formato aberto.

166. Nos termos do art. 20 do Decreto 8.257/2014, que regulamenta a Lei 10.893/2004, que dispõe sobre o AFRMM e o FMM, as informações necessárias ao controle aduaneiro de embarcações, cargas e unidades de carga no transporte aquaviário, na importação e na exportação, e ao controle da arrecadação do AFRMM serão prestadas pelas empresas de navegação, agências marítimas e agentes de carga à Secretaria da Receita Federal do Brasil e ao Departamento da Marinha Mercante, por intermédio do Sistema Mercante.

167. Segundo o componente de 'monitoramento e avaliação' do Referencial do TCU para avaliação de governança em políticas públicas (TCU, 2014), a avaliação de uma política pública é um processo de julgamento da ação pública, verificando os sucessos e as falhas que foram colocadas em prática. Ademais, segundo ANAO (2006 *apud* TCU, 2014), uma boa prática é a disponibilidade suficiente de dados confiáveis e relevantes para dar suporte aos relatórios de desempenho da política. Importante destacar que não basta ter dados, mas estes devem ser confiáveis e relevantes para permitir o monitoramento da política.

168. Por fim, pode-se ainda elencar como critérios os princípios da eficiência, insculpido na Constituição Federal de 1988, art, 37, *caput*, e do acesso à informação, definido no inciso XXXIII do art. 5º e no inciso II do §3º do art. 37 da Constituição Federal.

169. Sobre o ponto acerca da confidencialidade dos dados oriundos da RFB, por meio do Ofício 28/2018/DG-ANTAQ, de 31/1/2018 (peça 124), o Diretor-Geral da ANTAQ informou ter formalizado consulta ao Ministério da Infraestrutura sobre a possibilidade de uso de informações do Mercante (informações operacionais e comerciais sobre o transporte marítimo, a exemplo de dados sobre os armadores, as embarcações, as cargas, as origens e destinos das mercadorias, as escalas, os fretes sobre os quais incidem o AFRMM, os consignatários, as atracações e desatracações e outros) para subsidiar as atividades desenvolvidas pela Agência em face do sigilo dos dados.

170. No ofício, o Diretor-Geral relata ter acesso aos dados do sistema Mercante por estes serem compartilhados, por meio do Serpro, com o sistema Concentrador de Dados Portuários (também conhecido como

Porto Sem Papel) e poderem ser compartilhados com o Departamento de Marinha Mercante (DMM), por força do Decreto 8.257/2014, art. 20, *caput* e §2º. Tais dados são utilizados pela ANTAQ para gerar três painéis de informações gerenciais, cujo escopo está voltado à análise regulatória mediante conhecimento dos valores de frete, de frota, de linhas regulares da navegação, movimentação de mercadorias e origens e destino relacionados às cargas. Entretanto, tais painéis são apenas de consulta interna da Agência, em virtude da limitação na divulgação dos dados, a seguir apresentada.

171. Segundo a ANTAQ (peça 122, p. 12), o Mercante possui dados capazes de indicar operações futuras de transporte de carga da navegação, com base nas previsões de escala das embarcações. Em conjunção com outros sistemas da ANTAQ, o potencial de uso do sistema é muito grande, pois permite, dentre outras combinações, a obtenção dos pares origem e destino, tonelada por quilometro útil (TKU), valores de frete por pares origem-destino e mercadorias, conhecimento das cargas inseridas em contêineres, concentração de armadores (*market share*), movimento de baldeações de cargas nacionais e estrangeiras, cargas de passagem, etc.

172. Todavia, a RFB trata as informações do Mercante como sigilosas com base no art. 198 do Código Tributário Nacional (peça 80), que assim estabelece:

Art. 198. Sem prejuízo do disposto na legislação criminal, é vedada a divulgação, por parte da Fazenda Pública ou de seus servidores, de informação obtida em razão do ofício sobre a situação econômica ou financeira do sujeito passivo ou de terceiros e sobre a natureza e o estado de seus negócios ou atividades. (Redação dada pela Lei Complementar 104, de 10 de janeiro de 2001)

173. Além disso, por meio das Portarias-RFB 2.344/2011 e 361/2016, a RFB considera sob sigilo fiscal as informações aduaneiras, bem como informações estatísticas de operações econômicas promovidas por menos de quatro operadores no período considerado. Cabe lembrar que o segmento de cabotagem de contêiner possui apenas três grandes armadores, incorrendo, portanto, na vedação da divulgação dos dados consolidados conforme a limitação estipulada pela Portaria-RFB 361/2016, em seu art. 1º, parágrafo 2º.

174. Nos termos do citado Ofício da ANTAQ ao atual Ministério da Infraestrutura (peça 124), bem como com base na resposta da ANTAQ a ofício de requisição (peça 122), a não divulgação de dados e estatísticas

decorrentes destes dados prejudica as atividades de fiscalização, regulação, estudos e estatísticas da Agência.

175. Acerca do segundo ponto, enquanto o Sistema Mercante tem por finalidade a arrecadação do AFRMM, por meio do controle dos manifestos de carga, conhecimento de transporte e itens de carga embarcados, o Sistema de Desempenho Portuário (SDP) controla as movimentações de carga e descarga nos terminais portuários (públicos ou arrendados), tendo como base as informações originadas pelos próprios terminais. Já o Sistema de Afretamento na Navegação Marítima e de Apoio (SAMA), gerido pela ANTAQ, fica responsável por verificar disponibilidades de embarcações brasileiras, controlar frotas e limites de tonelagem e autorizar o afretamento de embarcações estrangeiras, nos termos da Lei 9.432/1997; ao passo que o Porto Sem Papel é responsável pelo controle de entrada e saída de embarcações das áreas dos portos organizados, consolidando-se como recebedor de informações, por meio do Documento Único Virtual (DUV), necessárias por diversos órgãos anuentes para consentirem com as permissões de trânsito de embarcações nas áreas dos portos.

176. Cada sistema listado acima surgiu para atender a necessidades de seu gestor de forma compartimentalizada. As informações do Anuário Estatístico (oriundas do SDP) não permitem consultas individualizadas por operação de transporte ou embarcação e o sistema Mercante não permite a geração de relatórios gerenciais úteis ao transporte (pois tem foco no controle aduaneiro). Para monitoramento da política pública associada ao desenvolvimento da cabotagem de contêiner, é necessário que dados de todos os sistemas sejam integrados de forma a permitir macroanálises e acompanhamento gerencial do setor.

177. Entretanto, para consolidar informações, algumas nuances dificultam a plena integração. Enquanto os dados inseridos no Mercante são declaratórios e antecipados ao efetivo transporte de mercadorias, os dados de movimentação de cargas do SDP são efetivos e só informados após a desatracação do navio. Outro exemplo de descompasso diz respeito à movimentação de contêineres vazios, uma vez que tais informações não constam do Mercante por serem irrelevantes para a arrecadação do AFRMM e, por outro lado, compõem as estatísticas informadas no SDP, da ANTAQ. Como reflexo, as informações dos sistemas não permitem integração direta, mas demandam o emprego de técnicas sofisticadas de *data mining* pela agência reguladora.

178. Além disso, cita-se que os dados de frete e conhecimentos de transporte, que são informados no Mercante podem não ser diretamente associados às movimentações de cargas ocorridas nos terminais constantes das escalas previstas, uma vez que podem ocorrer mudanças nas rotas de navegação, ocasionando omissões e supressões de portos.
179. Outra questão diz respeito à consolidação dos dados, uma vez que cargas transportadas informadas no Mercante em determinado período podem eventualmente sensibilizar o SDP no período seguinte, em razão de o momento de registro da informação nos dois sistemas serem diferentes, gerando incongruências. Além disso, pode ser difícil rastrear alguns movimentos de carga, pois registros feitos no SDP, pelos terminais portuários, podem não ser facilmente relacionadas à embarcação da qual a carga foi retirada/embarcada, uma vez que os dados das embarcações são lançados no sistema Porto Sem Papel pela Autoridade Portuária e armadores. Entretanto, a vinculação da carga movimentada e embarcação relacionada é de interesse para a política pública.
180. Cabe destacar, por fim, que a equipe de auditoria acessou os referidos sistemas e teve dificuldade em acompanhar a geração de dados em linhas regulares sobre movimentação de cargas, a partir de navios escolhidos. Escolhidos os navios a acompanhar, a equipe não conseguiu verificar causas de atrasos no cumprimento das escalas, cargas efetivamente desembarcadas e embarcadas relacionadas ao navio, frete médio, origem e destino das cargas. A equipe também teve dificuldade em acessar dados baixados a partir do anuário estatístico da ANTAQ. Apesar de ser possível fazer o *download* de arquivos em planilha excel, os dados baixados são brutos e a equipe teve dificuldade em trabalhá-los.
181. Consultadas, a RFB informou haver restrições de acesso às informações do Mercante, e a ANTAQ informou que as informações consolidadas têm mais caráter gerencial, ao invés de permitir acesso detalhado, no caso específico. Este último caso significa dizer que os sistemas têm como foco a consolidação de dados (ex: movimentação de carga por mês por terminal) e não o acesso a informações individuais por embarcação (ex: todos movimentos de carga de um navio nas escalas ao longo de sua rota regular).
182. Tais incompatibilidades podem distorcer cálculos de fretes médios; ocultar causas recorrentes de alteração de rotas, omissão e supressão de portos (importantes para a política pública); impedir a constatação de problemas frequentes para acessos aos portos e dificultar identificação

e monitoramento de linhas regulares com maiores cargas transportadas, a título de exemplo.

183. Questionada, a ANTAQ informou que conhece as diferenças na coleta dos dados de cada sistema e procura contorná-las, de modo a permitir integrar dados do setor aquaviário, com respeito às limitações de sigilo encontradas. Nem todas as estatísticas de interesse ao setor são possíveis de ser geradas com os dados disponíveis, mas todas as estatísticas apresentadas pela Agência seriam fidedignas e poderiam ser utilizadas para o acompanhamento do setor.

184. No tocante ao terceiro ponto, nos sistemas Mercante e SDP não constam informações sobre omissões e supressões de portos, bem como as causas de atrasos não são registradas nos sistemas, requerendo atuação da ANTAQ caso a caso. Tampouco são registradas as motivações de mudanças de rotas e/ou razões de impossibilidades de cumprimento de escalas. Portanto, nem o Ministério da Infraestrutura, que é o órgão responsável pelo monitoramento das políticas, e nem os usuários dos serviços têm como saber se eventual alteração nas previsões de atracação decorreu de condições meteorológicas adversas, problemas mecânicos na embarcação, entraves operacionais nos terminais, ou ainda por decisão arbitrária da própria empresa transportadora.

185. Consoante informação obtida junto à Superintendência de Regulação da Agência, a atuação da ANTAQ sobre omissões e supressões de portos se dá caso a caso e é iniciada a partir de demanda do usuário prejudicado, não havendo fiscalização motivada por iniciativa das unidades da Superintendência de Fiscalização. Tal informação é decorrente do fato de que tais informações não constam dos sistemas acompanhados pela ANTAQ, impedindo a atuação previamente à denúncia de usuários que se sentiram lesados.

186. Em relação ao quarto ponto, e de forma consolidada pelo exposto, percebe-se que, embora existam dados disponíveis sobre cabotagem de contêiner, estes não permitem o acompanhamento da política pública por parte do Ministério da Infraestrutura, em razão de haver dados oriundos de vários sistemas, que são coletados em momentos e de forma diferentes; por não haver plena integração das inúmeras etapas de movimentação e transporte das cargas, dificultando a visão gerencial por parte do Ministério da Infraestrutura; e por não poder haver divulgação de estatísticas geradas no segmento de cabotagem de contêiner que permitam a individualização das empresas envolvidas, por

razões de sigilo fiscal, consoante previsão legislativa e o entendimento expresso pela RFB.

187. Por fim, cabe destacar que, segundo a ANTAQ (peça 122, p. 13-14), o acesso atualmente vigente aos dados aduaneiros por parte da Agência é limitado aos do sistema Mercante. Existe o risco de que, com a iminente entrada em operação do Programa Portal Único do Comércio Exterior (Pucomex), que poderá a vir a substituir o Mercante e o Siscomex Carga, os dados aduaneiros de interesse à cabotagem não mais sejam acessados pela ANTAQ, requerendo nova negociação com a RFB.

188. Como causas para os problemas relatados acima, cabe apontar que normativos da RFB não permitem à ANTAQ a divulgação de estatísticas, nem tampouco dos dados primários oriundos do sistema Mercante, o que inclui informações tais como contêineres embarcados e desembarcados em cada porto, escalas dos navios, número de contêineres vazios e carga nacional e internacional movimentada.

189. Além disso, os sistemas foram desenvolvidos com objetivo de atender finalidade de atuação do órgão gestor, o que levou a estruturar e coletar os dados em formatos e momentos diferentes, criando atualmente dificuldades na integração dos sistemas, em especial Mercante, PSP e SDP.

190. Outra causa diz respeito ao fato de que as informações úteis ao monitoramento da cabotagem de contêiner não serem registradas nos sistemas, tais como motivos de atrasos no cumprimento de escalas, atracações e desatracações previstas, causas de omissões e supressões de portos, razões para alterações de rotas regulares, impedindo assim o acompanhamento da política pública. Além disso, os sistemas SAMA e SDP não geram relatórios gerenciais úteis ao transporte.

191. Dentre os efeitos ligados às falhas na integração dos sistemas, cabe destacar que há dificuldades de monitoramento das estratégias da PNT, a exemplo das de redução do número de contêineres vazios, dos custos operacionais, e do aumento da participação da cabotagem na matriz de transporte; há dificuldade de monitoramento do transporte de cabotagem como um todo, em razão de dificuldade de acesso às informações do Mercante e de consolidação dos dados dos três sistemas; percebe-se restrições ao se vincular as operações portuárias individualizadas realizadas nos terminais e cadastradas no SDP com as informações do navio e rota/escala, constantes do Mercante; além de não se encontrarem nos sistemas as razões de atrasos em operações de atracação e desatracação de navios, mudanças de rotas previstas e alterações de trajeto.

192. Visando direcionar os esforços às causas dos problemas identificados neste relatório, propõe-se **determinar ao Ministério da Infraestrutura e ao Ministério da Economia, que no prazo de 90 dias, definam nível de confidencialidade das informações oriundas do Sistema Mercante, da Receita Federal do Brasil, bem como do Pucomex, ainda a ser implantado, necessárias à Pasta de transporte, de modo a permitir o compartilhamento e o uso seguro dos dados e estatísticas decorrentes para as atividades de formulação e monitoramento de ações estratégicas de navegação de cabotagem, sem descuidar das questões relativas ao sigilo fiscal, com vistas ao atendimento do Decreto 8.777/2016.**

193. Cabe ainda **determinar à. ANTAQ que, no prazo de 180 dias, sistematize e passe a coletar os dados referentes às omissões e supressões de escala e suas respectivas causas, as razões dos atrasos para as atracações e desatracações de navios e de mudanças de rotas/escalas previstas, de forma a subsidiar o monitoramento da política de cabotagem, nos termos do Decreto 9.203/2017.**

194. Considerando ainda que, para tornar a matriz de transportes mais eficiente e equilibrada, nos termos do PNT e do PNL, é necessário o deslocamento do transporte de cargas do modal rodoviário para a cabotagem, especialmente aquelas de maior valor agregado, como as que são transportadas no contêiner, o que irá requerer melhor acompanhamento do desenvolvimento da cabotagem doméstica, entende-se pertinente **recomendar à ANTAQ que divulgue as informações relativas à carga transportada na navegação de cabotagem divididas entre carga doméstica, carga *feeder* e grande cabotagem, visando ao melhor acompanhamento dos resultados das ações estratégicas sobre o setor de cabotagem objeto das diretrizes e objetivos da Política Nacional de Transportes (PNT) e do Plano Nacional de Logística (PNL).**

195. Espera-se, com o implemento das recomendações propostas, que se possibilite o monitoramento das ações do governo e dos entes intervenientes sobre a navegação de cabotagem, além de redução de custos, racionalização de procedimentos e melhoria da qualidade das informações disponíveis por meio dos sistemas Mercante, SDP e Porto Sem Papel. Ademais, vislumbra-se que sejam geradas estatísticas mais acuradas, que possam subsidiar a formulação de políticas públicas para o setor de navegação e melhorar regulação setorial por parte da ANTAQ, além de haver redução de assimetrias de informação entre setor privado e a Agência; e melhoria da transparência dos dados de cabotagem de contêiner entre órgãos e entes federais.

196. Como boa prática, cabe destacar que a ANTAQ, por meio da sua Superintendência de Desempenho, Desenvolvimento e Sustentabilidade (SDS), se esforça para integrar alguns dados dos sistemas Mercante e Porto sem Papel, obtidos após acesso às bases em poder da RFB e do Ministério da Infraestrutura, respectivamente, com os dados do SDP e SAMA, de gestão da própria ANTAQ. Verificou-se que, contornando as incompatibilidades existentes entre os dados, a Agência procede à construção de painéis gerenciais próprios de informação (de acesso restrito à ANTAQ), que são usados para subsidiar fiscalizações e regulações da Agência, com respeito à restrição de divulgação dos dados classificados como sigilosos.

3. As estratégias previstas na PNT e a atuação dos órgãos setoriais não solucionam a falta de isonomia dos preços de combustível entre a navegação de cabotagem e a de longo curso

197. A política de preços de óleo combustível praticada no Brasil não cumpre a determinação legal de estender os preços mais baratos de venda a embarcações estrangeiras para embarcações brasileiras, levando a maiores custos operacionais às empresas brasileiras de navegação.

198. A Lei 9.432/1997 determina a equiparação do preço do combustível cobrado das empresas de navegação de longo curso às empresas de navegação de cabotagem, nos seguintes termos:

Art. 12. São extensivos às embarcações que operam na navegação de cabotagem e nas navegações de apoio portuário e marítimo os preços de combustível cobrados às embarcações de longo curso.

199. Embora o ordenamento jurídico brasileiro imponha que seja praticado o mesmo preço de combustível, isso não ocorre na prática, o que faz com que os navios de longo curso estrangeiros que abastecem no nosso país sejam beneficiados com preços menores. Dificulta-se dessa maneira a concorrência entre empresas brasileiras de navegação e empresas estrangeiras que eventualmente operam no transporte de cargas em nossa costa. Sobre a comercialização do óleo *bunker* que abastece os navios brasileiros incidem onerosos tributos, como o ICMS, com diferentes alíquotas nos Estados.

200. Além disso, a inexistência de uma política pública para os preços do óleo *bunker* na cadeia de distribuição faz com que o combustível tenha preços bastante heterogêneos, sendo mais elevados nos portos do Norte do país. Acrescente-se que a cabotagem concorre diretamente com o transporte rodoviário de longa distância, que tem o diesel subsidiado.

201. Os instrumentos de planejamento estratégico do setor de transporte recomendam que sejam dados incentivos aos meios de transporte de carga mais eficientes do ponto de vista econômico e ambiental. Nesse contexto, seria de se esperar que houvesse ações institucionalizadas por parte do governo para enfrentar esse aspecto econômico dos entraves à navegação de cabotagem.

202. No entanto, o planejamento governamental não orienta como propiciar um ambiente de favorecimento à navegação de cabotagem e nem o problema do elevado custo do combustível utilizado pelas empresas brasileiras de navegação. Também não se verifica uma articulação entre pastas ministeriais para a criação de políticas do setor de combustíveis em prol da cabotagem no Brasil, modo de transporte mais eficiente do que o transporte rodoviário.

203. Lembra-se que os objetivos declarados pelo PNL, bem como pela PNT, buscam o incentivo aos modos de transporte mais eficientes, a melhoria do nível de serviço para os usuários e a busca do equilíbrio da matriz de transportes, o que deveria levar a cabotagem a ser alvo preferencial das ações de fomento em face de suas características de eficiência e economia relatadas.

204. Ressalte-se, novamente, que configura boa prática de governança de políticas públicas a definição de objetivos precisos o suficiente para permitir uma delimitação nítida do campo de atuação da política, traduzindo-os, por sua vez, em metas. Também deve ser ressaltado que, segundo Moura (2013, *apud* TCU 2014), é uma boa prática de governança de política pública a explicitação do estágio de referência inicial, ou seja, da linha de base (ou 'marco zero') que servirá de subsídio para a avaliação do resultado da intervenção pública.

205. Mais uma vez se deve destacar que as normas sobre governança de políticas públicas preconizam que devem ser definidas diretrizes, objetivos, planos e ações, além de critérios de priorização e alinhamento entre organizações e partes interessadas, para que os serviços e produtos de responsabilidade da organização alcancem o resultado pretendido (art. 5º, inciso II, do Decreto 9.203/2017).

206. Na mesma linha dos critérios elencados no Achado 1, convém salientar que a definição de objetivos de uma política pública deve envolver a previsão ou estimativa do tempo de sua implantação e de duração dos seus efeitos ou impactos. Isso repercute nos resultados, metas e objetivos parciais (curto e médio prazos) e finais (longo prazo), que serão fontes de avaliação *ex post* (CASA CIVIL, 2018).

207. O gasto com óleo combustível utilizado nas embarcações de cabotagem representa um dos principais custos operacionais das empresas nacionais que navegam entre portos brasileiros. O item é apontado como responsável por cerca de 30% a 50% do custo de operação dos navios de cabotagem. Além disso, o preço do óleo *bunker*, utilizado na propulsão das embarcações, está atrelado aos preços do petróleo no mercado internacional e às variações no câmbio, mesmo sendo produzido e vendido em território nacional.

208. Segundo Farah (2012), os navios utilizam combustíveis com as finalidades de propulsão, utilizado no motor de combustão principal (MCP), geração de energia elétrica, utilizado nos motores de combustão auxiliar (MCA) e ainda para aquecimento e produção de vapor. O MCP normalmente consome óleo combustível residual, conhecido como *bunker*, mas também denominado de *Intermediate Fuel Oil* (IFO) e *Medium Fuel Oil* (MFO).

209. A venda do óleo combustível marítimo para embarcações de longo curso, ainda que em trânsito entre portos brasileiros, é considerada exportação pela Petrobras, enquanto a venda do combustível para embarcações de cabotagem é considerada venda interna.

210. Segundo dados fornecidos pela Associação Brasileira de Armadores de Cabotagem (ABAC), acerca de abastecimentos realizados no período Janeiro e Setembro/2018, pelas embarcações que operam no transporte de cargas na navegação de cabotagem, próprias ou afretadas a casco nu ou por tempo, há diferenças significativas nos preços de abastecimento nos diferentes portos brasileiros. O levantamento não inclui as embarcações afretadas por viagem ou por espaço, em que a responsabilidade pelo abastecimento do combustível é da empresa estrangeira afretadora, que tem acesso ao preço de longo curso da Petrobras, sem incidência de impostos.

211. A Figura 11 abaixo demonstra que os portos do Rio Grande do Sul, Paraná e São Paulo apresentam o combustível mais barato e os portos do Pará, Ceará e Rio de Janeiro são normalmente os que têm combustível mais caros.

(...)

212. Também segundo a ABAC, mais de 50% dos abastecimentos no estado do Pará correspondem a navios que operam no tráfego entre terminais no rio Amazonas e o terminal da Alumar, no Maranhão, que desviam da rota para abastecer próximo a Belém, devido à alíquota de

ICMS no Maranhão (25% para óleo combustível = 33,33% 'por dentro') e aos custos logísticos para atracação no porto de Itaqui.

213. A tabela 2 demonstra a evolução dos preços em dólar do óleo *bunker* (IFO 380) detalhados por portos nos períodos de novembro de 2017 e novembro de 2018.

Tabela 2 – Comparação entre os preços do combustível em dólares cobrados para a cabotagem nos principais portos operados por empresas filiadas à ABAC

Portos	Novembro 2017 (US$)	Novembro 2018 (US$)
Belém e Vila do Conde (PA)	444,00 - 445,00	552,00 - 553,00
Fortaleza (CE)	426,00 - 427,00	509,00 - 510,00
Niterói e Rio de Janeiro (RJ)	385,00 - 386,00	498,00 - 499,00
Paranaguá (PR)	403,00 - 404,00	508,00 - 509,00
Tubarão, Praia Mole e Vitória (ES)	410,00 - 411,00	518,00 - 519,00
Rio Grande (RS)	403,00 - 404,00	508,00 - 509,00
Salvador (BA)	418,00 - 419,00	531,00 - 532,00

Fonte: ABAC, elaboração própria

214. A tabela acima apresenta a diferença entre os preços de diversos portos e demonstra o aumento de preços nos últimos 12 meses. Evidencia-se, dessa maneira, que ao invés de incentivar o transporte de carga na navegação de cabotagem, as políticas de preço de combustível de um modo geral incentivam o modal rodoviário, que vem recebendo incentivos na forma de descontos sobre o óleo diesel. Enquanto o combustível bunker para navegação subiu aproximadamente 25%, o óleo diesel recebeu subsídios governamentais em 2018.

215. Ao analisar o relatório dos resultados do terceiro trimestre de 2018 da empresa Log In, uma das maiores na navegação de cabotagem brasileira e de capital aberto na bolsa de valores, verifica-se uma estrutura de custos fixos nos serviços de transporte na navegação costeira em que o combustível representa mais de um terço dos custos fixos da empresa. Vejamos:

Tabela 3 – Custos fixos dos serviços prestados
Navegação Costeira - 3T17 e 3T18

Custo	3T17 (em milhões de reais)	3T18 (em milhões de reais)
Running costs*	15,7	17,9
Combustíveis	12,8	21
Custos portuários	8,2	8,4
Afretamento de navios	6,7	7,2
Outros custos fixos	4,2	4,8
Total	47,7	59,4

Fonte: Log-In

*a empresa informa que os running costs são compostos pelos custos com pessoal (marítimos), manutenção, suprimentos e seguros dos navios.

216. A Figura 11 - Preços e alíquotas do ICMS incidente sobre a venda do óleo bunker nos principais portos operados pelas empresas na navegação de cabotagem brasileira, demonstra que o art. 12 da Lei 9.432/1997, que determina que os preços cobrados às embarcações longo curso são extensivos às embarcações que operam na navegação de cabotagem, não vem sendo aplicado na prática.
217. A Petrobras informou, por meio de resposta encaminhada no Ofício GAPRE 321/2018 (peça 70) que a empresa pratica isonomia nos preços do combustível da navegação de longo curso e de cabotagem. Informou a empresa, todavia, que os encargos tributários aplicados sobre o combustível de cabotagem fazem com que o preço do óleo bunker seja mais elevado para armadores nacionais do que para empresas internacionais de navegação de longo curso.
218. Devido à cobrança pela Petrobras dos impostos e contribuições federais sobre o custo do bunker, apenas para abastecimento dos navios de cabotagem, o combustível utilizado na navegação de cabotagem é mais caro do que o óleo consumido pelos navios de longo curso, deixando em desvantagem concorrencial as empresas brasileiras de navegação em relação às empresas estrangeiras de longo curso, no transporte de cargas.
219. Quanto aos tributos estaduais, entende-se que o foro adequado para as discussões acerca da cobrança de diferentes alíquotas de ICMS sobre o combustível é o Conselho de Nacional de Política Fazendária (Confaz), colegiado formado pelos secretários da fazenda estaduais e

presidido pelo Ministro de Estado da Economia. O Conselho foi instituído pelo art. 2º da Lei Complementar 24, de 7/1/1975 para celebrar convênios relacionados a isenções de ICMS, entre outras atribuições.

220. Diante da situação, seria de se esperar que os instrumentos de planejamento e a política pública de transporte previssem ações institucionalizadas por parte do governo para enfrentar o descumprimento do citado dispositivo da Lei 9.432/1997, bem como para articular o diálogo entre as pastas ministeriais do setor energético, fazendário e de transportes. Contudo, inexiste tal previsão na política pública.

221. Em relação às estratégias do governo para o fomento da cabotagem, verificou-se que uma das estratégias elencadas na PNT para o modo aquaviário é a de buscar a redução dos custos operacionais do transporte de cabotagem. No entanto, a PNT não elenca quais custos operacionais deverão ser enfrentados. Também não há uma indicação clara sobre se a questão do combustível entrará na agenda governamental. Nenhum dos dois instrumentos de planejamento estratégico do governo (PNT e PNL) propõe ações táticas ou operacionais voltadas para redução do custo do combustível, que é hoje um dos mais relevantes para a navegação de cabotagem.

222. Em direção contrária ao que preconiza a boa doutrina sobre governança e também contra o art. 5º, inciso II, do Decreto 9.203/2017, acima descritos, a PNT não previu objetivos, planos e ações mais detalhadas e partes interessadas que poderão se alinhar para enfrentar a questão do custo do combustível.

223. Na resposta encaminhada por meio do Ofício 78/2019/AECI (peça 139), o Ministério da Infraestrutura informou que vem realizando estudos sobre temas considerados mais importantes como o custo do combustível. No entanto, ainda não há nenhuma definição formal sobre se o dito custo de fato entrará no conjunto de ações governamentais no futuro.

224. A causa identificada reside no fato de que o Ministério da Infraestrutura elaborou a Política Nacional de Transportes, contemplando estratégias para fomentar o modal aquaviário, mas ainda não avançou com a elaboração de um planejamento tático e operacional voltados especificamente para a navegação de cabotagem.

225. Dentre os efeitos resultantes da falta de uma política pública para equalizar a questão do combustível da cabotagem de maneira planejada e institucionalizada, destaca-se a manutenção de uma situação em que a cabotagem não atinge o seu pleno potencial de economia logística e eficiência energética e ambiental, assim como a existência de riscos de

que a PNT não alcance seus objetivos declarados de redução de custos operacionais. Destaca-se ainda a possibilidade de que as estratégias contidas na PNT não venham a ter efetividade e, ao final, que a matriz de transportes não atinja o equilíbrio esperado no futuro.

226. Também se ressalta como efeito real o desequilíbrio concorrencial entre navios brasileiros e estrangeiros, na oferta de serviço de transporte marítimo entre os portos atendidos pelas rotas internacionais, diante de um custo operacional de combustível para EBN superior aos das embarcações estrangeiras.

227. Visando direcionar os esforços às causas dos problemas identificados neste relatório, notadamente a falta de elaboração de planejamento tático e operacional voltados especificamente para atacar a questão da falta de isonomia entre o preço do combustível da cabotagem e do longo curso, propõe-se **determinar ao Ministério da Infraestrutura que, no prazo de 180 dias, após interlocução com o Ministério de Minas e Energia e o Ministério da Economia, apresente plano de ação contemplando estratégias e ações para solucionar a questão relacionada à cobrança de preços diferentes na venda de combustível marítimo para empresas de cabotagem e de longo curso, à luz do art. 12 da Lei 9.432/1997, abrangendo matriz de responsabilidades com a segregação de tarefas a serem executadas, bem como o respectivo cronograma.**

228. Importante registrar que a elaboração de uma política pública voltada especificamente para atacar de maneira planejada e institucionalizada o problema do elevado custo do combustível para as empresas brasileiras de navegação pode trazer benefícios para a cabotagem brasileira, possibilitando uma redução real dos custos operacionais, em alinhamento com as estratégias elencadas na PNT, e ainda incrementando os instrumentos de planejamento do governo federal.

229. Cabe ainda apontar que, nos termos do próximo achado, que trata da ausência de fomento à competição no segmento da cabotagem de contêiner por parte da ANTAQ, tais reduções de custos operacionais, especialmente os de combustível, podem não representar redução dos preços praticados de frete, em razão da falha de mercado observada no setor. Se a medida de redução de custos operacionais das empresas de navegação de cabotagem for implementada de forma autônoma às medidas de fomento à concorrência por parte da ANTAQ, os resultados econômicos podem ser pífios. Os ganhos seriam apropriados, em grande parte, pelos operadores da navegação, não beneficiando os preços finais dos produtos nem a redução do custo logístico observado

no Brasil, em oposição aos objetivos e diretrizes declarados nos instrumentos de planejamento do setor.

4. Não há fomento à competição entre armadores na navegação de cabotagem de contêiner

230. A regulamentação da ANTAQ não fomenta a competição entre armadores de transporte no segmento da navegação de cabotagem de contêiner. A inércia da Agência infringe sua legislação de regência e propicia a acomodação do setor de cabotagem em patamares de baixa utilização do modal de transporte, distante do regime de eficiência previsto na Lei e na política setorial.

231. Pelo lado da oferta do serviço de transporte de contêineres na cabotagem, embora tenha conhecimento de que o mercado seja dominado por três empresas, a ANTAQ não produz regulamentações no sentido de fomentar a competição entre armadores, nem tampouco cria restrições regulamentares para que as empresas incumbentes exerçam seu poder de mercado - basicamente relacionado à cobrança de preços de fretes em níveis mais elevados do que os de longo curso.

232. Na esteira da política pública estabelecida (PNL, PNT e Lei 9.432/1997), que, conforme explicitado neste trabalho, não aponta medidas para o crescimento do transporte na cabotagem, a ANTAQ, no seu papel de implementadora da política pública constituída (cf. peça 11, p.1), também não estimula o aumento da demanda por tal serviço de transporte.

233. No tocante aos critérios, com base na Lei 10.233/2001, art. 11, inciso III, é princípio geral da operação do transporte aquaviário proteger interesse dos usuários, quanto à oferta dos serviços, e dos consumidores, quanto à incidência dos fretes nos preços dos produtos.

234. Também com base na Lei 10.233/2001, art. 11, inciso IV, é assegurado, como princípio geral na operação do transporte aquaviário, que os usuários paguem pelos custos dos serviços prestados em regime de eficiência. Tal dispositivo, juntamente com a necessidade de perquirir a modicidade de preços, fretes e tarifas, estabelecidas na Resolução Normativa-ANTAQ 18/2017, obriga a ANTAQ a atuar para que os preços cobrados nos fretes sejam módicos.

235. Havendo práticas abusivas dos transportadores, assegura a Lei 10.233/2001, em seu art. 12, inciso VII, competência à ANTAQ para reprimir fatos e ações que possam configurar competição imperfeita ou infrações à ordem econômica.

236. Por meio da Lei 10.233, art. 20, inciso II, alínea b), foi definido que dentre os objetivos da ANTAQ se encontra o de harmonizar, preservado o interesse público, os objetivos dos usuários e das empresas autorizadas, arbitrando conflitos de interesses e impedindo situações que configurem competição imperfeita ou infração da ordem econômica. A mesma Lei, em seu art. 27, inciso IV, delegou competência à ANTAQ para editar regulamentos, assegurando os direitos dos usuários e fomentando a competição entre os operadores.

237. No *caput* do art. 43 da Lei 10.233/2001 foi estabelecido, como regra, o regime de liberdade de preços dos serviços, tarifas e fretes, em ambiente de livre e aberta competição para o serviço de transporte aquaviário. Por outro lado, a mesma Lei, em seu art. 45, estabeleceu obrigatoriedade de a Agência reprimir toda prática prejudicial à competição, bem como abuso do poder econômico, devendo comunicar ao Conselho Administrativo de Defesa Econômica (CADE) quando tomar conhecimento de tal situação.

238. Como pode ser verificado, é competência legal claramente atribuída à ANTAQ o fomento da competição entre armadores do serviço aquaviário, bem como a repressão a fatos e ações que possam configurar competição imperfeita.

239. Por fim, com relação aos critérios, tem-se que, nos termos da Lei 9.432/1997, que dispõe sobre a ordenação do transporte aquaviário, em atendimento ao parágrafo único do art. 178 da Constituição Federal, particularmente em seu art. 9º c/c Lei 10.233/2001, art. 27, inciso XXIV, a definição da política de afretamento de embarcações estrangeiras no transporte de cabotagem, a qual estabelece a necessidade de autorização da ANTAQ caso a caso, após consulta de disponibilidade de embarcações brasileiras por meio do Sistema SAMA.

240. Prevê-se que o aumento da participação da cabotagem de contêiner na matriz de transportes corresponderá principalmente a uma migração de cargas do modal rodoviário para o modal marítimo, por meio da adoção prioritária de tal meio de transporte para longas distâncias.

241. Para que ocorra o incremento do transporte de contêiner na cabotagem, é necessário que se aumente a oferta dos serviços, bem como a demanda por tais serviços. Para que ocorra o desejado aumento da oferta em níveis competitivos, entende-se que a atuação da ANTAQ é primordial; já quanto ao aumento da demanda, entende-se que a atuação do Ministério da Infraestrutura, por meio do desenvolvimento de políticas públicas adequadas, seria o encaminhamento apropriado

para se alcançar tal fim, podendo inclusive apontar espaços de atuação da agência neste sentido. As questões referentes às falhas na política do Ministério foram abordadas no primeiro achado deste relatório.

242. Na fase de planejamento da presente auditoria, após a oitiva de diversos atores do setor de navegação e aplicação de técnicas de identificação de causas, foram identificados fatores que levaram à formulação da segunda questão de auditoria, relacionada com a atuação da ANTAQ no sentido de fomentar a concorrência no setor de cabotagem de contêiner. Os fatores diziam respeito à concentração no mercado de cabotagem de contêiner, haja vista a presença de três grandes empresas que prestam o serviço por meio de linhas regulares, responsáveis por mais de 99% do transporte de contêiner na cabotagem; à cobrança de fretes (R$/T/km) em patamares superiores ao transporte de cargas na navegação de longo curso; à característica do mercado de transporte de carga na navegação, no qual são exigidos grandes investimentos iniciais para a prestação do serviço; e à concorrência limitada à cabotagem doméstica, uma vez que no segmento *feeder* não haveria concorrência entre os *players*.

243. Cabe ressaltar, quanto ao último ponto, que não existe competição no serviço *feeder* de contêiner, uma vez que duas das três empresas brasileiras de cabotagem de contêiner têm tais cargas direcionadas de seus controladores de longo curso e, quanto à terceira, esta obtém suas cargas tipo *feeder* dos demais armadores de longo curso, não rivalizando com as outras duas EBNs pelas mercadorias. Assim, o mercado de navegação de cabotagem apresenta características que dificultam a prática de maiores níveis concorrenciais. Sobre este ponto, entende a ANTAQ (peça 142, p. 15) que tal comportamento (integração vertical) é natural em mercado de rede e possibilita o aproveitamento de economias de escopo e de escala.

244. Além disso, em razão de a atividade de transporte de carga na navegação apresentar características de monopólio natural, por estarem presentes economias de escala, existe estímulo à substituição de navios menores por maiores, o que leva a exigência de maiores capitais para financiar estas novas aquisições. Tal particularidade faz com que empresas menores, com menor capacidade de acesso a recursos, tenham dificuldades em entrar no setor. Há também tendência a consolidação da prestação dos serviços em empresas grandes, uma vez que as pequenas têm custos médios maiores e menor capacidade de investimento, em relação às grandes empresas, novamente em prejuízo à competição.

245. Cabe ressaltar ainda que também há barreiras à entrada de novos concorrentes referentes aos requisitos técnicos e econômicos da Resolução Normativa ANTAQ 5/2016 (RN05), a serem cumpridos pelas postulantes, de modo a receberem e manterem a outorga de EBN: serem proprietários de ao menos uma embarcação (ou terem contrato de construção em vigor), e não interromperem a operação comercial por mais de 90 dias sem justificativa devidamente comprovada (cf. art. 16, §1º c/c art 17 da RN05). Além destas, há barreiras presentes nas especificidades dos ativos (navios) utilizados na prestação do serviço, não podendo ser facilmente transferido para outras atividades (não têm uso alternativo para o capital); e percebe-se ausência de poder de barganha dos consumidores. Tal conjunto de características leva os armadores a usufruírem de poder de mercado num ambiente de competição imperfeita (oligopólio).

246. Considerando ainda que assimetria da informação, segundo Moraes (2017), é uma falha de mercado em que, diante de níveis diferentes de acesso e conhecimento das informações, um dos agentes pode iniciar comportamentos oportunistas que o levarão a obter vantagens, geralmente de ordem econômica, sobre o outro agente, verifica-se ainda haver indícios da existência da desta falha de mercado no segmento de cabotagem de contêiner, em razão de o embarcador ter menos conhecimento sobre o bem negociado (frete) do que o armador, levando o dono da carga a pagar fretes em patamares mais elevados, quando em comparação com os valores praticados na navegação de longo curso, em tonelada-quilômetro-útil (TKU).

247. Por outro lado, com relação à ameaça de serviços substitutos, lembra-se que a cabotagem, especialmente de contêiner, tem concorrência com o modal rodoviário para distâncias intermediárias, em razão da cultura rodoviarista no Brasil, o que limita, parcialmente o poder de mercado dos armadores. Porém, cabe destacar que o citado limite ao poder de mercado é parcial, pois (i) para grandes distâncias, o modal aquaviário é preferível, por ter custo inferior aos outros modais (como apresentado na figura 3); (ii) o transporte oriundo da Zona Franca de Manaus é dependente do modal aquaviário, pela própria característica da região; e (iii) não há, em tese, comprometimento de longo prazo das margens de lucro dos armadores de cabotagem, no caso de eventuais reduções dos preços de seus fretes decorrentes de maiores níveis concorrenciais advindos do transporte terrestre, a exemplo de queda

dos valores do frete rodoviário, em razão de o setor de navegação ter estrutura menos competitiva.

248. Diante do exposto, entende-se que existem falhas de mercado no setor de navegação de cabotagem de contêiner, decorrentes das economias de escala na prestação do serviço de transporte de contêiner e da concentração da prestação do serviço em âmbito nacional por três empresas, o que requer a regulação por parte da ANTAQ de modo a impedir exercício do poder de mercado. Sem regulação, o custo social relacionado a esta falha pode ser considerável, impactando os níveis de preços e as quantidades produzidas (contêineres transportados), ao ponto de inviabilizar a diretriz e objetivo declarados na PNT e no PNL de aumentar a participação da cabotagem na matriz brasileira de transporte.

249. Assim, era de se esperar que, face a mercados concentrados, e tendo em vista suas competências legais de fomento à concorrência, houvesse atuação da agência no sentido de estimular competição entre os armadores de cabotagem de contêiner. Cabe relembrar que as agências reguladoras foram instituídas para combater falhas de mercado, assegurando a competitividade de setores da economia, diminuindo custos de transação inerentes à provisão de bens públicos, reduzindo assimetrias de informação entre agentes econômicos, combatendo externalidades negativas advindas das interações econômicas, universalizando serviços e promovendo interesses dos consumidores (Nunes *et al.*, 2007 apud MORAES, 2017).

250. Questionada sobre suas ações no segmento nacional de contêiner, a ANTAQ informou que a concentração verificada deriva desta característica verificada também no comércio marítimo mundial; que os armadores enfrentam concorrência com o modal rodoviário; e que as regulações, especialmente a RN18, preocupam-se com a prestação do serviço adequado, especialmente o *transit time*, em benefício do usuário.

251. Segundo a Agência, o mercado mundial de navegação de longo curso é concentrado, haja vista as participações das quatro maiores empresas no mercado (Maersk Line, MSC, CMA CGM e COSCOCS, nessa ordem) representarem mais de 52% das cargas transportadas, e tal configuração é reproduzida na navegação de cabotagem, por meio de seus parceiros comerciais, constituindo-se em 'oligopólio natural' (peça 142, p. 3).

252. Neste sentido e consoante tópico deste relatório sobre o mercado de cabotagem de contêiner, no Brasil existem três empresas com linhas

regulares para transporte de contêiner na navegação costeira, que perfazem praticamente 100% dos contêineres transportados (na cabotagem doméstica e *feeder*), sendo a Aliança Navegação e Logística a primeira, controlada pela multinacional Maersk; a Mercosul Line ocupando a segunda posição e fazendo parte do grupo da CMA CGM; e a Log-In, que tem a terceira maior participação, não competindo com as demais operadoras pela carga das respectivas controladoras.

253. De acordo com a Agência, tal concentração não incorre em infração econômica à luz da Lei do CADE (Lei 12.529/2011), art. 36, §1º, que estabelece que a conquista de mercado resultando de processo natural fundado na maior eficiência de agente econômico não caracteriza o ilícito relativo a 'dominar mercado relevante de bens ou serviços'.

254. Embora o segmento de transporte de cargas na navegação, no mundo e no Brasil, tenha economias de escalas, que levem à concentração de mercado em poucas empresas ofertantes do serviço, tal característica não permite concluir que a ANTAQ pode se abster de cumprir com sua competência legal de fomentar a competição na navegação. Embora tal prática não leve as empresas incumbentes à infração econômica, nos termos da Lei do CADE, deve a ANTAQ atuar no sentido de reduzir os danos à concorrência decorrentes da concentração verificada na cabotagem de contêiner, nos termos da Lei 10.233/2001.

255. A Agência afirma ainda que cabotagem sofre concorrência com o modal rodoviário. Tal informação é de amplo conhecimento e já faz parte inclusive da política pública de transporte, a qual visa fomentar a cabotagem para retirar carga do modal rodoviário para o setor aquaviário. Entende-se que o que tal informação impõe, na verdade, é um teto ao exercício do poder de mercado, por parte dos operadores de cabotagem, como já apresentado, e não a existência de níveis elevados de concorrência, que levem à superação da falha relativa à competição imperfeita decorrente do oligopólio na cabotagem. Sendo assim, subsiste a necessidade de se fomentar a competição no segmento, frente aos termos da Lei 10.233/2001.

256. Ainda no tocante ao fomento à concorrência, apontou a ANTAQ (peça 142) existirem instrumentos internos e externos à Agência com este efeito, como o são o atesto de embarcação para o Registro Especial Brasileiro (REB), visando reduzir o custo da bandeira brasileira; afretamento de embarcações; licitações de novos terminais e prorrogação antecipada de contratos. Citou ainda contratos privados entre armadores, conhecidos por *Vessel Sharing Agreement* (VSA), de modo a otimizar

ocupação de espaços nos navios, sendo homologados pela ANTAQ, nos termos da Resolução 194/2004. Transcreveu trecho de relatório da Unctad (2018) que afirma que tal prática ocasiona pressões para redução de frete. Contestou ainda a premissa de que para haver redução de frete precisa haver desconcentração de mercado, trazendo conclusões do CADE em atos de concentração analisados em 2017 sobre preços, frequências e concorrência. Além disso, a ANTAQ editou a Resolução Normativa ANTAQ 1/2015 (RN01) de forma a regulamentar as condições de afretamento de embarcações estrangeiras, de forma a dar cumprimento ao art. 9º da Lei 9.432/1997.

257. Percebe-se que, dentre as atividades citadas como exemplo do fomento à concorrência, algumas derivam de lei (atesto do REB e homologação do afretamento) e outras são decisões do Ministério da Infraestrutura (licitações e prorrogações contratuais). No que compete à ANTAQ, o exemplo trazido de homologar VSA deriva de solução de mercado para aumentar taxas de ocupações dos navios, não propriamente desenvolvida para fomentar a competição, e a RN01 está sendo questionada, inclusive no TCU, no que toca às limitações para afretamento de embarcações estrangeiras.

258. Embora seja importante para os ofertantes de transporte de cargas na cabotagem, a solução da ANTAQ de homologar VSA não pode ser usada como exemplo de cumprimento da competência legal de fomentar à competição. Muito pelo contrário, uma vez que, com o estabelecimento de parcerias, pode haver menor nível concorrência em rotas e frequências.

259. Em relação à Resolução Normativa ANTAQ 1/2015, lembra-se que o CADE, por meio da Nota Técnica 9/2018/DEE/CADE, que analisou a referida regulamentação, concluiu no sentido de que a RN01 trouxe efeitos negativos à competição no segmento da navegação de cabotagem como um todo:

Portanto, pode-se apontar como possíveis efeitos da RN 01/2015 uma limitação à expansão das pequenas empresas de transporte de cabotagem, elevação de barreiras à entrada, aumento da concentração de mercado e uma redução da oferta de embarcações de grande porte por empresas não atuantes no país que, sob o ponto de vista concorrencial, constituem efeitos negativos para o mercado (peça 125, p. 6).

260. Considerando o mercado de cabotagem de todas as cargas (isto é, não restrito ao contêiner), foi verificado pela equipe de auditoria que existe algum nível concorrencial apenas na cabotagem doméstica (e

não no serviço *feeder* e nem sobre as cargas para transporte nos termos dos acordos bilaterais), que representa aproximadamente apenas um terço do total movimentado na cabotagem, de acordo com o divulgado nas estatísticas da ANTAQ. Os outros dois terços estariam divididos entre transporte *feeder* e grande cabotagem, em tonelada-quilômetro útil (TKU) transportado. Além disso, tal característica é vista pelo setor, e até mesmo pela ANTAQ (peça 142, p. 15), como fator de redução do risco ao negócio, uma vez que o transporte *feeder* poderia garantir viabilidade operacional às empresas, garantindo, ao menos, o mínimo de carga para justificar a operação do navio.

261. Nos transportes *feeder*, no qual as empresas brasileiras transportam cargas de empresas controladoras ou parceiros comerciais estrangeiros, não existe, como regra geral, competição entre os operadores brasileiros. Cada empresa tem seu nicho de atuação, baseado em contratos privados, que, por um lado, garantem carga às EBNs de cabotagem para prestar o serviço até o porto de destino e, por outro, limitam o preço praticado nos fretes na costa brasileira, em razão do volume de cargas envolvido.

262. Alegou também a Agência que a relação entre concentração de mercado e preço de frete não seria simplesmente direta. Argumentou que, embora em níveis de elevada concentração de mercado, os preços de frete praticados sejam mais elevados, em níveis intermediários de concentração, os preços seriam pouco inferiores aos verificados no mercado onde há pouca concentração (peça 80). Informou ainda a Agência que realiza o acompanhamento do Índice de concentração de mercado (Herfindahl) do setor de cabotagem de contêiner, e apontou possíveis causas para os problemas de concentração de mercado e de níveis de frete verificados.

263. Embora possa não haver relação direta entre concentração de mercado e preços de frete, a própria agência aponta que em níveis elevados de concentração de mercado (dados pela teoria econômica), os fretes são mais caros do que em níveis com menores concentrações. Sendo assim, mesmo sendo supostamente natural a concentração do transporte de cargas na navegação, deve a agência acompanhar os níveis de concentração e os preços de frete de modo a intervir quando há danos ao mercado. Entretanto, a equipe de auditoria verificou que tal acompanhamento não realimenta as regulamentações e fiscalizações da ANTAQ no fomento à competição entre operadores. Por meio

das respostas aos ofícios de requisição, a Agência explicou que não há atuação neste sentido (peças 11 e 80).

264. No que tange à falta de modicidade dos preços dos fretes na cabotagem de contêiner, alegou a ANTAQ que vários fatores influenciam a composição do frete marítimo, não se limitando ao ambiente de competição do mercado, como por exemplo valor das mercadorias, cargas de retorno, custos diretos e indiretos, espécie de carga, etc.

265. Sobre a falta de modicidade, percebe-se que embora importante elencar condições que impactem o frete pago ao final pelo dono da carga que o tornam mais caro que fretes de longo curso, a Agência não apontou ações concretas no sentido de induzir redução dos níveis de frete verificados na cabotagem de contêiner. Fretes elevados seriam, portanto, consequência do mercado de cargas transportadas atualmente pela navegação costeira.

266. Por fim, acerca da agenda da Autarquia, no que concerne à cabotagem, a ANTAQ informou, por meio de respostas a ofício de requisição, que sua atuação foca a fiscalização sobre 'empresas de papel' em eventual serviço de 'venda de bandeira', que contrariaria a Lei 9.432/1997. Tal prática, segundo a Agência, remeteria a situações nas quais empresas, sem embarcações disponíveis para navegação comercial, e com outorgas de EBNs, seriam contratadas por empresas estrangeiras de navegação (EENs) de forma a prestar o transporte de cabotagem, nas embarcações estrangeiras da EEN, como se afretadas fossem.

267. Segundo a ANTAQ, a 'venda de bandeira' iria contra o objetivo da Lei, não incentivando o incremento da frota mercante nacional, uma vez que a EBN, ao invés de investir em embarcação nacional, usaria sua outorga como EBN como mera intermediária, para facilitar o transporte na cabotagem por embarcações estrangeiras de empresas estrangeiras, já contratadas para tal fim.

268. Embora seja salutar e aderente aos objetivos de proteção à EBN a coibição à 'venda de bandeira', não pode a Agência olvidar de promover as políticas públicas e as suas prerrogativas estabelecidas em Lei. Como já exposto, é competência legal incentivar a competição entre armadores na navegação, reprimindo atos de competição imperfeita.

269. Dentre as causas do presente achado de auditoria, foi identificado que não consta da agenda da ANTAQ o fomento da competição e o combate à falha de mercado relacionada com a concorrência imperfeita no segmento de navegação de cabotagem de contêiner, em oposição à competência de fomento à competição entre operadores (Lei 10.233,

art. 27, inciso IV, *in fine*), e de reprimir fato que configure competição imperfeita (Lei 10.233, art. 12, inciso VII). Atualmente, um dos itens prioritários da agenda da Agência, no tocante à navegação de cabotagem, é a coibição da prática de venda de bandeiras.

270. Uma segunda causa está relacionada ao fato de que a concentração de mercado verificada no segmento de cabotagem de contêiner é entendida, por parte da Agência, como decorrente da política pública de afretamento, estabelecida na Lei 9.432/1997, e das características do mercado internacional de navegação. Como consequência, o acompanhamento do índice de concentração de mercado não realimenta a regulamentação da ANTAQ no sentido de estimular competição entre armadores de cabotagem.

271. Como informado pela Agência, em resposta a ofício de requisição, a agenda da Autarquia, no que concerne ao tema em discussão, se refere à fiscalização e coibição de 'empresas de papel' sobre eventual serviço de 'venda de bandeira', que contrariaria a Lei 9.432/1997.

272. Sobre os efeitos da situação encontrada no setor regulado, em decorrência da ausência de regulamentações por parte da ANTAQ no estímulo à competição entre armadores no setor de navegação de cabotagem de contêineres, pode-se perceber que há manutenção do índice de concentração de mercado. Além disso, outros efeitos estão relacionados ao baixo número de empresas prestadoras de serviço de transporte de cabotagem de contêiner (atualmente três) por meio de linhas regulares; empresas entrantes no setor não prestam o serviço por meio de linhas regulares (tendem a prestá-lo por tempo, por viagem ou por espaço embarcado); os preços de frete no serviço de cabotagem de contêiner decorrem de ambiente de competição imperfeita (sendo superiores ao preço na navegação de longo curso); e não há incentivo regulatório para ampliação da oferta de 'cabotagem doméstica'.

273. Cabe relembrar que o mercado no qual as empresas atuantes concorrem se resume ao serviço de cabotagem doméstica (aquele entendido como navegação de carga brasileira entre portos brasileiros), uma vez que o serviço de transporte *feeder* não apresenta níveis concorrenciais, por ser prestado pelas empresas do mesmo grupo econômico dos armadores de longo curso.

274. Em decorrência do exposto, entende-se pertinente **determinar à ANTAQ que apresente, no prazo de 180 dias, estudos sobre o mercado de navegação de cabotagem de contêiner com o objetivo de encontrar**

opção regulatória para o fomento à competição no setor, nos termos do art. 27, inciso IV, da Lei 10.233/2001, preservado o interesse público.
275. Espera-se, com o atendimento da proposta aqui listada, a criação de regulamentação pela agência visando fomentar a competição no segmento de cabotagem de contêiner, que possa dar incentivos para a entrada de novas empresas prestadoras do serviço de cabotagem, de forma regular; o aumento da oferta do serviço na cabotagem doméstica; e o aumento da demanda por mais serviços de cabotagem de contêiner, por parte dos usuários embarcadores de carga. Como resultado último, espera-se redução do nível de frete no serviço prestado, reduzindo o custo logístico brasileiro, bem como o preço dos produtos vendidos internamente ao consumidor final, e o aumento da participação da cabotagem na matriz de transporte.
276. Destaca-se que no âmbito do TC 003.667/2018-9, também da lavra do Ministro Relator Bruno Dantas, que trata de representação da Unidade Técnica contra a Resolução Normativa ANTAQ 1/2015, existe proposta de determinação à Agência, no âmbito da instrução de peça 67, ainda não apreciada, no sentido de elaborar estudos para a regulação do afretamento de embarcações estrangeiras. Tal medida é de espectro mais restrito do que a proposta ora formulada nesta instrução, mas pode subsidiá-la com informações visando permitir a ANTAQ encontrar a opção regulatória para o fomento à concorrência na cabotagem de contêiner.
277. Por fim, como boa prática, cabe destacar que a edição da Resolução Normativa-ANTAQ 18/2017, embora ainda carente de metas e indicadores para a prestação dos serviços de transporte, permitiu regulamentar práticas para prestação de serviço adequado na cabotagem, em benefício aos usuários, e para o exercício da fiscalização por parte da agência (cf. peça 122, p. 8).
278. Nos termos da citada Resolução, a ANTAQ dispôs sobre os direitos e deveres dos usuários, dos agentes marítimos e das empresas que operam nas navegações de apoio (marítimo e portuário), de cabotagem e de longo curso, e ainda estabeleceu infrações administrativas, tendente a assegurar aos usuários a prestação do serviço adequado na área de navegação (cf. peça 11, p. 6). Tal medida tende a beneficiar os usuários dos serviços de cabotagem, especialmente embarcadores de carga, podendo indiretamente beneficiar o setor por meio do aumento da demanda por tais serviços, indo ao encontro dos objetivos e diretrizes da PNT de estimular modais de transporte mais eficientes, a exemplo da cabotagem.

279. Tal medida atende ao disposto na Lei 10.233/2001, art. 28, inciso I, que estabelece que a ANTAQ deve adotar procedimentos visando que a prestação de serviços de transporte satisfaça as condições de regularidade, eficiência, segurança, atualidade, generalidade, cortesia na prestação do serviço e modicidade nas tarifas. Lembra-se novamente que, embora a citada resolução careça de evolução no sentido de estabelecimento de metas e indicadores para acompanhamento dos serviços de navegação, sua edição constitui-se em melhoramento da atividade de regulação, fiscalização, estudos e estatísticas da agência.

5. A atuação dos órgãos e entes públicos não promove a operacionalização do transporte multimodal de cargas na cabotagem

280. A multimodalidade não é fomentada por nenhum órgão na esfera federal, o documento de conhecimento multimodal de carga não é reconhecido nos sistemas de controle da navegação e nem há previsão para a contorno dos entraves tributários e burocráticos à sua utilização, mesmo após mais de vinte anos da promulgação da Lei da multimodalidade. Tal situação limita o desenvolvimento da cabotagem e a redução dos custos logísticos associados à burocracia.

281. A Lei 9.611/1998, art. 2º, define Transporte Multimodal de Cargas como sendo aquele que, regido por um único contrato, utiliza duas ou mais modalidades de transporte, desde a origem até o destino, e é executado sob a responsabilidade única de um Operador de Transporte Multimodal. Já em seus arts. 8º e 9º, a Lei define o Conhecimento de Transporte Multimodal como sendo o documento que evidencia o contrato de transporte multimodal e rege toda a operação de transporte desde o recebimento da carga até a sua entrega no destino.

282. A auditoria verificou que há problemas que dificultam a evolução do uso multimodalidade no Brasil, afetando indiretamente a cabotagem. É o caso da existência de entraves tributários e burocráticos, o que demanda a elaboração de políticas públicas, com ações institucionalizadas, para fomentar o uso do transporte multimodal e induzir a diminuição da prevalência rodoviarista no transporte de carga brasileiro.

283. Um desses entraves consiste no fato de que a Política Nacional de Transportes (PNT) do atual Ministério da Infraestrutura (anterior MTPA), apesar de apresentar uma estratégia declarada de aumentar o número de operadores multimodais, não contempla ações no nível tático e operacional, tampouco metas, objetivos, indicadores previstos para orientar e monitorar adequadamente o fomento da multimodalidade, como já exposto no presente relatório (achado 1).

284. Outro entrave reside no processo burocrático dos sistemas de despacho aduaneiro, que dificulta o desenvolvimento da multimodalidade e do transporte por cabotagem. Isso porque os sistemas da Receita Federal do Brasil não reconhecem o Conhecimento de Transporte Multimodal de Cargas (CTMC), apesar de haver esforços para agilizar e reduzir os custos burocráticos na liberação de cargas por parte do órgão fiscalizador.
285. Outra constatação foi a de que o ordenamento jurídico, vigente à época da auditoria, previa que a multimodalidade deveria ser estimulada por meio de ações e planejamentos a serem elaborados pelo CONIT, órgão que foi extinto e cujas competências foram absorvidas pelo Conselho do Programa de Parcerias de Investimentos da Presidência da República (CPPI), que por sua vez, não fomentava a multimodalidade. Recentemente a competência foi transferida ao Ministério da Infraestrutura. Já a ANTT possui competências que incluem a implementação de ações envolvendo a multimodalidade, mas não atua como órgão fomentador do transporte multimodal de cargas.
286. A Lei 10.233/2001, em seu art. 6º, inciso II, em vigência à época da auditoria, previa que competia ao Conselho Nacional de Integração de Políticas de Transporte (CONIT) definir elementos de logística de transporte multimodal a serem implementados pelos órgãos reguladores de transportes. Desde a edição da Lei 13.334/2016, que criou o Programa de Parcerias de Investimentos (PPI), por força do art. 7º, inciso V, alínea 'b' da mesma Lei, as funções atribuídas ao CONIT haviam sido atribuídas ao Conselho do Programa de Parcerias de Investimentos da Presidência da República (CPPI).
287. Entretanto, em razão da publicação da Medida Provisória 870/2019, em 1º/1/2019, houve revogação dos artigos da Lei 10.233/2001 que atribuíam ao CONIT competências para definir os elementos da logística multimodal, por meio do art. 85, inciso II, e atribuição das competências do transporte intermodal e multimodal ao Ministério da Infraestrutura, por força do art. 35, parágrafo único, inciso IV. O novel Decreto 9.676/2019, que aprovou nova estrutura regimental do MInfra, também detalha estas novas competências. Desta feita, constitui atualmente esfera do Ministério da Infraestrutura a elaboração de estudos e projeções relativos à multimodalidade.
288. O inciso VI do art. 22 da Lei 10.233/2001 prevê que o transporte multimodal constitui esfera de atuação da ANTT. É atribuição da ANTT habilitar o OTM, consoante previsão do art. 24, inciso XII da Lei

10.233/2001. Os procedimentos para habilitação estão regulamentados na Resolução ANTT 794/2004.

289. O transporte, cujo objetivo principal é movimentar produtos de um local de origem até um determinado destino, está dentro da perspectiva logística e continua sendo fundamental para que seja atingido o objetivo logístico, que é o produto certo, na quantidade certa, na hora certa, no lugar certo e ao menor custo possível. O desempenho do serviço de transporte envolve tempo de entrega, variabilidade do prazo e nível de perdas e danos nas suas operações, com o intuito de minimizar os custos globais do sistema e atingir o nível de serviço desejado (VAZ E LOTTA, 2011).

290. Cruz (2007) identificou que a deficiência do planejamento e do controle do transporte de carga no Brasil é função, dentre outros fatores, do baixo número de terminais multimodais no país.

291. Na multimodalidade, existe a emissão de apenas um documento de transporte cobrindo o trajeto total da carga, do seu ponto inicial (origem do embarque) ao seu ponto de destino (desembarque), ficando o operador multimodal responsável por todo o transporte (MENDONÇA; KEEDI, 1997; KEEDI, 2001; DEMARIA 2004).

292. Já segundo Demaria (2004), a multimodalidade tem um antigo relacionamento com o contêiner, que é um apropriado instrumento para esse tipo de transporte em face da facilidade no seu manuseio na troca de veículos transportadores.

293. Para Ballou (2015), como a carga em contêineres evita remanejamentos custosos de pequenas unidades de carga nos pontos de transferência intermodal e oferece serviço porta a porta quando combinado com caminhões, empresas de navegação que possuam navios porta-contêiner podem oferecer serviços integrados navio-caminhão, favorecendo a atratividade do transporte por cabotagem, o que demonstra a necessidade de políticas públicas no setor de transporte para fomentar a multimodalidade.

294. O desenvolvimento da multimodalidade tem o potencial de estimular a navegação de cabotagem. A integração entre os modais é fundamental para otimização da cadeia logística como um todo, tornando a cabotagem um elo fundamental da movimentação de carga, facilitando a retirada da produção nacional das rodovias e diminuindo, consequentemente, os custos logísticos da produção brasileira.

295. A alavancagem do transporte multimodal beneficia as empresas brasileiras de navegação (EBN), que, no caso do transporte de carga

geral conteinerizada, têm se voltado para transportar carga por meio de serviços de logística porta a porta, e não somente porto a porto, permitindo-lhes assim competir com o modal rodoviário. Em um cenário ideal, o transporte rodoviário se restringiria a distâncias curtas, levando cargas do produtor até o porto de embarque e do porto de destino até o consumidor.

296. Conforme foi ressaltado no achado 1, a Política Nacional de Transportes do Ministério da Infraestrutura apresenta estratégia declarada de aumentar o número de operadores multimodais, mas não contempla ações no nível tático e operacional, tampouco metas, objetivos, indicadores previstos para orientar adequadamente o fomento da multimodalidade em nosso país.

297. O próprio Decreto 9.203/2017 preconiza que a existência de estratégia compreende a definição de diretrizes, objetivos, planos e ações, além de critérios de priorização e alinhamento entre organizações e partes interessadas. Como a estratégia declarada é desenvolver a multimodalidade, impõe-se planejar como esse fomento deverá ser desenvolvido, quais entidades governamentais estarão envolvidas, quais os pontos de partida e de chegada, bem como em que prazo isso deverá ocorrer.

298. Diante de tal constatação, o então MTPA foi indagado sobre o assunto. Em resposta, por meio do Ofício 202/2018/AECI (peça 44), a pasta ministerial informou que a multimodalidade é pressuposto de toda a política, não havendo razão para cogitar de exceção quando se trata da navegação de cabotagem, mas que a definição de como o transporte multimodal se manifestará de modo mais concreto somente será viável em projetos específicos e não de forma abstrata.

299. Apesar da importância de se verificar maneiras de implementar a multimodalidade, observando peculiaridades de projetos específicos, é fato que a PNT elencou como uma de suas estratégias o fomento da multimodalidade através do aumento do número de operadores multimodais. Diante disso, faz-se necessário desenvolver esse planejamento governamental no que toca à multimodalidade. Do contrário, dita estratégia se torna algo vazio. Tal questão remete ao achado 1, reforçando as falhas de governança da Política Nacional de Transportes.

300. Em relação aos trâmites burocráticos envolvidos com a cabotagem e com a multimodalidade no país, ressalta-se que em reuniões havidas com a Receita Federal do Brasil, os técnicos do órgão informaram que importantes avanços foram feitos em relação à burocracia para a liberação de cargas em terminais portuários alfandegados, especificamente

em relação a bloqueios de carga em virtude de descumprimento de regras veiculadas pela Instrução Normativa RFB 800/2007. As entidades representativas do setor privado ouvidas pela equipe de auditoria ratificaram que tais problemas foram de fato superados.

301. De modo a reduzir a burocracia aplicável à carga de cabotagem (doméstica), a RFB conferiu maior agilidade à liberação de cargas de cabotagem, por meio de alterações na IN-RFB 800/2007. As alterações foram efetivadas por meio das Instruções Normativas 1.473, de 2/6/2014, e 1.621, de 24/2/2016, especialmente no art. 22 da IN-RFB 800/2007, as quais dizem respeito aos prazos mínimos para prestação de informações à RFB.

302. Antes das alterações na IN-RFB 800/2007, o prazo mínimo para prestação das informações referentes aos manifestos de cargas nacionais, que se aplicam somente às cargas de cabotagem domésticas, era de dezoito horas antes da saída da embarcação do porto; posteriormente passou para cinco horas antes; e consoante os termos em vigência, a informação deve ser prestada antes da solicitação do passe de saída. Consoante art. 32-A da IN-RFB 800/2007, o passe de saída é a autorização concedida pela RFB por meio do Siscomex Carga, para a saída da embarcação do porto, desde que não haja bloqueio específico para a embarcação e para a conclusão das operações da embarcação por cada operador portuário.

303. Foram ainda realizadas, pela RFB, exclusões de bloqueios de cargas domésticas no Siscomex Carga, espécies de filtros automáticos que impediam a liberação das cargas sem intervenção humana. Os bloqueios aplicáveis a cargas domésticas que foram excluídos foram: i) inclusão de carga após prazo ou atracação; ii) vinculação de manifesto de carga a escala após o prazo ou atracação; e iii) associação entre o conhecimento de transporte (*Bill of Lading* - BL) e o manifesto de carga após o prazo ou atracação. Como resultado, a Receita aponta que desde janeiro de 2016 não há bloqueio de cargas domésticas no nível federal de fiscalização. Entretanto, há possibilidade ainda de bloqueios regionais, a depender do regulamento aduaneiro individualizado de cada porto, porém, tal medida não vem impactando o transporte de cargas 'domésticas' na cabotagem.

304. Todavia, em relação aos documentos utilizados na liberação de carga e despachos aduaneiros, a RFB informou por meio do Ofício 1.064/2018-RFB/Gabinete (peça 43) que não utiliza nem prevê utilização do conhecimento multimodal de transporte (CTMC) no sistema

da RFB (Mercante). Informou ainda que tampouco irá mobilizar recursos neste momento para atualizar o Mercante, haja vista a fase final de desenvolvimento do Portal Único do Comércio Exterior (Pucomex). Assim, operadores de transporte multimodal registrados juntos à ANTT devem se utilizar dos conhecimentos de transporte aquaviário (e não do CTMC) para fins de liberação da carga junto à Receita.

305. Ressalte-se que da exposição de motivos do Projeto de Lei que culminou na Lei 9.611/1998 (Mensagem 950, de 1989, do Poder Executivo, constante do Diário do Congresso Nacional, seção I, páginas 1253 a 1255, de 13/3/1990), destacam-se as motivações de que o transporte multimodal de cargas, à época, já vinha se desenvolvendo em todo o mundo, uma vez que propiciava economia de custos e de tempos, tanto no comércio interno quando no externo; e que uma regulação nacional permitiria induzir meios para que a iniciativa privada desenvolvesse eficaz atuação no sentido de responder às necessidades do transporte de carga no país e para o exterior.

306. Além disso, a Exposição de Motivos já apontava que a regulamentação do Conhecimento de Transporte Multimodal de Cargas introduziria importante facilitação para a celebração de transporte de cargas e proporcionaria substancial diminuição dos custos para os contratantes dos serviços, uma vez que faria existir documento único que formalizaria o contrato de transporte multimodal junto ao Operador de Transporte Multimodal, responsável por executar ou fazer executar o transporte.

307. Percebe-se que a intenção do legislador com a instituição do Conhecimento de Transporte Multimodal de Carga foi a de criar documento único para facilitar a celebração dos contratos de transporte de carga, além de proporcionar redução de custos para os contratantes dos serviços.

308. No entanto, em reuniões com entidades representantes de armadores e donos de carga, verificou-se que continua sendo usado apenas Conhecimento de Transporte Aquaviário no Sistema Mercante, ao invés do CTMC. Portanto, passados vinte anos da edição da Lei do OTM, a cabotagem ainda não se beneficia das vantagens do Conhecimento de Transporte Multimodal de Cargas.

309. A situação em apreço impede a materialização e implementação da multimodalidade com participação da cabotagem no país, impedindo, na prática, a apropriação dos benefícios advindos do uso do

conhecimento de transporte multimodal, que não pode ser utilizado pelos transportadores.

310. Com relação à atuação do poder público no fomento da multimodalidade, verificou-se que hoje nenhum órgão ou entidade a promove. Como visto acima, de acordo com a Lei 10.233/2001, competia ao CONIT definir elementos de logística de transporte multimodal a serem implementados pelos órgãos reguladores de transportes. Posteriormente, com a criação do Programa de Parcerias de Investimentos, por meio da Lei 13.334/2016, de 13/9/2016, suas competências foram absorvidas pelo Conselho do PPI (CPPI), for força do art. 7º, inciso V, alínea 'b'. Desde a recente edição da Medida Provisória 870/2019, de 1º/1/2019, as competências foram transferidas ao Ministério da Infraestrutura.

311. Quanto ao CONIT, este conselho pouco se reuniu, tendo inclusive sido objeto de determinação de Acórdão do TCU (Acórdão 778/2016-TCU-Plenário, de relatoria do Ministro Walton Alencar Rodrigues) no sentido de sua reativação, tendo obtido ao longo dos anos poucos resultados decorrentes de sua atuação. No que se refere ao CPPI, este vinha direcionando seus esforços na coordenação, monitoramento e avaliação dos empreendimentos do PPI e apoiando ações setoriais necessárias à sua execução. Como se observa, ambos Conselhos não implementaram agenda de fomento do transporte multimodal, como definido na Lei 9.611/1998.

312. No tocante à ANTT, que por força da Lei 10.233/2001, art. 22, inciso VI, possui em sua esfera de atuação a competência sobre o transporte multimodal, a agência informou, em resposta a ofício de requisição, que suas ações sobre tal transporte se resumem a habilitar o Operador do Transporte Multimodal (OTM), em articulação com as demais agências reguladoras de transportes. Informou também que o papel da ANTT no fomento e estímulo ao Transporte Multimodal de Cargas (TMC) ocorre em consonância com os objetivos estabelecidos no art. 20 e atribuições estabelecidas na seção I do Capítulo VI da Lei 10.233/2001. Destacou ainda que a agência realizou alguns estudos que visavam identificar dificuldades ou oportunidades de melhoria do transporte multimodal e que sempre que convidada ou por meio de iniciativas próprias, a ANTT participa de reuniões, seminários e diversos outros eventos que visem discutir e buscar soluções para fomentar e estimular o transporte multimodal.

313. Na opinião da ANTT, informada na resposta, a agência entende que seria necessária uma estrutura operacional voltada às discussões

dos entraves e encaminhamento de soluções que permitam fomentar o transporte multimodal, similar as adotadas nos *TransEuropean Networks* (TEN-T) da União Europeia.

314. Verifica-se então que as funções da ANTT se restringem a atividades cartorárias, no que tange ao OTM e em atendimento à Lei 10.233/2001. O fomento e apresentação de soluções para os entraves da multimodalidade demandariam a atuação de entidade com a hierarquia ministerial para integrar as atividades de pastas diferentes. Como as competências foram recentemente repassadas do CPPI para o Ministério da Infraestrutura, este deve agir no sentido de desenvolver o transporte multimodal.

315. Outro grande entrave a ser resolvido para o fomento da multimodalidade diz respeito a questão tributária. É necessário resolver como se dará a distribuição do recolhimento do imposto sobre operações relativas à circulação de mercadorias e sobre prestações de serviços de transporte interestadual, intermunicipal e de comunicação (ICMS) entre os estados de destino e de origem. Por ser esta uma questão que diz respeito à arrecadação dos estados, que exigirá negociação com diversas Unidades da Federação do Brasil, deve o Ministério da Infraestrutura, dada sua competência legal, juntamente com o Ministério da Economia, a que está vinculado o Confaz, estudarem opções visando simplificar esta questão, de forma a desenvolver o transporte multimodal.

316. Quanto às causas dos problemas neste achado relatados, e no tocante à possibilidade de utilização do Conhecimento de Transporte Multimodal de Cargas, observou-se que a RFB não adotou providências com vistas a permitir a utilização do conhecimento de transporte multimodal no Mercante, pois o sistema não é prioridade na receita, é de gestão compartilhada com o MTPA e, recentemente, foi preterido em razão da implantação do Portal Único do Comércio Exterior.

317. No que tange às causas da falta de fomento efetivo da multimodalidade pelos órgãos de governo, verificou-se que a ANTT não fomenta o transporte multimodal, limitando suas atividades ao cadastramento e fiscalização das condições estipuladas em resolução, por entender que compete a órgão de hierarquia superior executar tal mister.

318. No tocante à falta de fomento da multimodalidade por parte do CONIT e do CPPI, percebeu-se que ambos os conselhos não implementaram agenda de fomento do transporte multimodal. Em razão da recente transferência das competências ao Ministério da Infraestrutura, este deve incluir a multimodalidade em sua agenda, visando desenvolvê-la.

319. Tendo em vista a situação relatada neste achado de auditoria, verifica-se a existência de efeitos negativos sobre o setor de navegação, como o aumento de burocracia em virtude da não utilização da Conhecimento de Transporte Multimodal de Cargas por parte do Sistema Mercante, e a falta de fomento à multimodalidade entre os órgãos públicos que atuam ou estão envolvidos na cabotagem, bem como a não superação de entraves ao desenvolvimento do transporte multimodal, acarretando na não diminuição dos custos logísticos, levando ao final que os benefícios da multimodalidade, que justificaram a edição da Lei 9.611/1998, não sejam efetivados.
320. Visando direcionar os esforços às causas dos problemas identificados neste achado e considerando que as propostas afetas ao aperfeiçoamento da governança da ação estratégica de estímulo aos operadores multimodais já estão tratadas no achado 1 deste relatório, propõe-se **determinar ao Ministério da Infraestrutura que, no prazo de 180 dias, apresente estudo para o desenvolvimento da multimodalidade, com estratégias e ações para superação dos entraves identificados, com vistas ao atendimento das competências previstas na Medida Provisória 870/2019, art. 35, parágrafo único, inciso IV c/c Decreto 9.676/2019, Anexo I, art. 1º, § único, inciso IV.**
321. Propõe-se também **determinar ao Ministério da Economia, que, no prazo de 90 dias, apresente plano de ação para implementar, nos sistemas informatizados geridos pela Secretaria Especial da Receita Federal, a utilização do Conhecimento de Transporte Multimodal de Cargas, com vistas a dar efetividade à Lei 9.611/1998**.
322. Com o atendimento das propostas acima elencadas, espera-se que a navegação de cabotagem se beneficie da utilização efetiva do Conhecimento de Transporte Multimodal de Cargas, a partir da adaptação dos sistemas da Receita Federal do Brasil, bem como que haja fomento da multimodalidade, a partir do estudo a ser elaborado pelo Ministério da Infraestrutura.

IV. COMENTÁRIOS DOS GESTORES

323. Com o objetivo de possibilitar aos gestores se manifestarem sobre as questões analisadas, a versão preliminar deste relatório foi remetida ao Ministério da Infraestrutura, ao Ministério da Economia, à Secretaria Especial da Receita Federal do Brasil e à Agência Nacional de Transportes Aquaviários. Os órgãos e entidades consultados apresentaram suas

manifestações no prazo de quinze dias estabelecido no ofício que encaminhou o documento.

Achado 1

324. O Ministério da Infraestrutura apontou (peça 139) que o Decreto 9676/2019 já fez alterações visando desenvolver o setor aquaviário e incrementar a governança das políticas públicas do setor. Apontou que já tem áreas direcionadas ao fomento da cabotagem (Departamento de Navegação e Hidrovias-DNHI), que o PPA e o PNL serão revisados em breve e que dará atendimento aos encaminhamentos do TCU. Por fim, teceu comentários sobre fretes, que serão analisados na parte agripirelativa ao Achado 4.

325. Como as propostas do relatório tentam atacar problemas de governança na PNT, que não foram refutados pelo MInfra, entende-se necessário manter os encaminhamentos propostos de modo a melhorar a governança da política pública de transporte relacionada.

Achado 2

326. O Ministério da Infraestrutura apresentou suas manifestações em relação ao Achado 2 na peça 139, onde afirmou que com a nova estrutura do Ministério prevista no Decreto 9.676/2019, foi prevista competência específica para o Departamento de Navegação e Hidrovias para produzir, manter, atualizar e disponibilizar dados e informações sobre as aquavias, empreendimentos de infraestrutura aquaviária e o desempenho do setor de transporte aquaviário, bem como planejar e implementar a estratégia de aprimoramento de disponibilidade, qualidade e integração das informações em transportes do setor de transporte aquaviário. Afirma também que a questão do sigilo fiscal será tratada no âmbito do novo departamento.

327. Destaca o MInfra que o Departamento intensificará a articulação junto às demais unidades do Ministério, bem como junto aos demais órgãos que compõem a estrutura do governo federal, inclusive a Casa Civil, se necessário, para encontrar solução à utilização integrada das informações oriundas dos diversos sistemas que estão em funcionamento, em prol da confiabilidade das informações para geração de estatísticas e utilização de dados que efetivamente contribuam para o bom desempenho da cabotagem.

328. Já o Ministério da Economia e a Receita Federal apresentaram conjuntamente seus comentários em relação ao Achado 2 por meio das peças 143 e 144. Basicamente, a RFB aponta que os normativos exigem o sigilo, o que norteia a atuação do órgão, no tocante aos dados

empresariais da navegação de contêiner. Destaca que internamente, a Receita Federal tem bem definido o nível de acesso e confidencialidade das informações. O acesso individual por servidores do Ministério da Infraestrutura das informações relativas a cada operação não seria possível em função do instituto do sigilo fiscal. No entanto, há possibilidade de se realizar extrações no Pucomex e divulgar informações relevantes em transparência ativa, tornando públicas aquelas necessárias para definição de políticas.

329. Em relação ao ponto do sigilo fiscal, ressalte-se que a despeito da previsão da norma insculpida no art. 198 do CTN, que impede a divulgação de informações sobre a situação econômica ou financeira do sujeito passivo ou de terceiros e sobre a natureza e o estado de seus negócios ou atividades, o Decreto 8.777/2016 prevê que é objetivo da Política de Dados Abertos do Poder Executivo facilitar o intercâmbio de dados entre órgãos e entidades da administração pública federal e as diferentes esferas da federação, o que não consiste em divulgar as informações ao público. Além disso, o mesmo Decreto, em seu art. 3º, incisos I e II, define como princípios e diretrizes da política a observância da publicidade das bases de dados como preceito geral e do sigilo como exceção, e a garantia de acesso irrestrito às bases, as quais devem ser legíveis por máquina e estarem disponíveis em formato aberto.

330. Já a ANTAQ se insurge contra o achado em referência na peça 141 e repisa o ponto de que a integração é feita na geração de resultados para a regulação, formulação de políticas públicas e publicações de interesse do setor regulado, mesmo com o tratamento sigiloso conferido aos dados. Destaca que o ponto relativo ao sigilo já está sendo tratado entre a ANTAQ e o MInfra.

331. Ocorre que, conforme visto no texto do achado, foi constatado que os sistemas não são integrados, embora a ANTAQ faça a integração de dados de diferentes bases (constando inclusive como boa prática ao final do achado), esta integração demanda trabalho de refinamento dos dados obtidos via Serpro pela agência, bem como criação de painéis específicos sigilosos para cada necessidade. Frise-se que o achado não se volta ao fato de não haver integração entre os diferentes sistemas, mas à questão de que, mesmo existindo abundância de informações nos três sistemas, os dados em conjunto não permitem realizar o acompanhamento por parte do órgão formulador de política pública do desenvolvimento da cabotagem, especialmente a navegação doméstica, de forma gerencial. Além disso, nos sistemas Mercante e

SDP não constam informações sobre omissões e supressões de portos, bem como as causas de atrasos não são registradas e disponibilizadas nos sistemas, o que dificulta a visão gerencial por parte do Ministério da Infraestrutura.

332. Além disso, a Agência reconhece que não consegue sistematizar as informações sobre omissões e supressões de carga, aduzindo que a incorporação dos dados sobre supressão de portos em escalas programadas será facilmente tratada e poderá ser mais uma informação a ser prestada no Painel do Estatístico Aquaviário, situação que apenas reforça o respectivo encaminhamento proposto. Diante do exposto, entende-se que devem ser mantidos os encaminhamentos alvitrados.

Achado 3

333. O Ministério da Infraestrutura apresentou suas manifestações em relação ao Achado 3 também na peça 139, em que afirmou que com a nova estrutura do Ministério definida no Decreto 9.676/2019, foi atribuída competência específica para o Departamento de Navegação e Hidrovias (DNHI), que tem como uma das suas principais ações estratégicas estudar e propor ações efetivas que contribuam para a garantia da isonomia no combustível. Informou que um estudo específico sobre o tema já foi iniciado e será apresentado à Consultoria Jurídica. Em decorrência do apresentado, entende-se pertinente manter o encaminhamento proposto.

Achado 4

334. Sobre o achado 4, a ANTAQ, em apertada síntese, apontou que o mercado de transporte de contêineres tende à concentração dos armadores, seja na cabotagem como no longo curso; que se mostram inadequadas as comparações de frete nas navegações de longo curso e de cabotagem de contêineres, pois existem diferenças nas formações dos preços (como é exemplo o valor agregado à rubrica frete na cabotagem decorrente do serviço porta-a-porta, que inclui, além do transporte, as movimentações portuárias na origem e destino e a entrega rodoviária); que medidas para desenvolvimento da navegação foram tomadas e incentivaram o crescimento da cabotagem nacional; e que a Agência tem cumprido sua competência legal de regular uma atividade com características de oligopólio. Maiores detalhes encontram-se no Apêndice 2 deste relatório.

335. Ainda, o MInfra, em comentários ao achado 1 (peça 139), referenciou o item 32 deste relatório, que aborda diferenças de frete de longo curso e de cabotagem, afirmando que a assimetria no valor dos fretes

nacionais e internacionais pode ocorrer, já que o valor do frete internacional sofre interferência de diversos fatores, como a disponibilidade de navios ou até mesmo o regime de trabalho adotado na embarcação a depender da bandeira que o navio arvora, entre outros fatores. Apontou que Unctad (2017) identificou aumento de 261% do valor do frete na rota Santos-Xangai, entre os anos de 2015 e 2016, e Unctad (2018), demonstrou aumento de 600% na mesma rota no período 2015-2017, o que evidencia a volatilidade dos preços praticados no mercado internacional e a importância da manutenção de frota nacional.

336. Lembra-se que neste relatório não se discute a legitimidade de se incrementar a frota mercante nacional, uma vez que se trata de questão estratégica insculpida na Constituição Federal e na Lei 9.432/1997. Ademais, é consenso do setor de navegação que, em situações de pouca oferta de frota mercante nacional, o Brasil ficaria dependente dos níveis de preço do mercado internacional, no qual há considerável volatilidade, e risco de não atendimento das demandas de transporte por ausência de embarcação disponível, nos termos da legislação vigente que reserva o mercado de transporte de cargas na cabotagem a embarcações estrangeiras.

337. Setores com economias de escalas e de escopo são os casos recorrentemente estudados na academia como sendo de monopólio natural, no qual é exigida a regulação para a eficiência do mercado. São exemplos de monopólios naturais as empresas distribuidoras de água e de tratamento de esgoto, transmissão e distribuição de energia elétrica, empresas de fornecimento de gás, todas elas submetidas a regulação estatal, por meio de agências reguladoras.

338. Recorda-se ainda que o fato de haver falhas de mercado, a exemplo da concentração verificada na cabotagem de contêiner, é a grande motivação para se criar agências reguladoras, haja vista a competição imperfeita derivada da falha no setor econômico em análise. Desta feita, reveste-se ainda de maior importância o papel da agência de tentar reduzir os efeitos negativos da concentração sobre o setor regulado, ainda mais quando se considera os termos da Lei 10.233/2001, art. 20, inciso II, alínea b) c/c art. 27, inciso IV.

339. Não se trata esta discussão se o mercado é ou não concentrado. Na resposta, a ANTAQ reiterou que o oligopólio verificado na cabotagem de contêiner decorre das características de economia de escala do segmento, bem como da concentração mundial. A questão é saber

como a ANTAQ dá cumprimento à competência de fomento à competição nestas condições.

340. A Agência conseguiu mostrar que a evolução do contêiner levou à concentração do mercado em poucas empresas, tanto no nível internacional como no doméstico, em razão da existência de economias de escala percebidas pelos armadores. Poderia ser esta a situação excepcional prevista na Lei 12.529/2011, Lei do CADE, art. 36, §1º, que estabelece não ser infração da ordem econômica o domínio de mercado relevante de bens e serviços. Entretanto, subsiste a competência da ANTAQ para fomentar a competição e impedir situações que configurem competição imperfeita.

341. Assim, mesmo não sendo infração a concentração de mercado, não cabe à Agência se descuidar do cumprimento de sua competência de fomentar a competição. À luz dos artigos citados, adequou-se o achado de modo a retirar menção à atuação da agência no sentido de desconcentrar o mercado, mantendo-a somente referência ao fomento à concorrência e a redução dos efeitos econômicos adversos da concentração sobre o setor.

342. Quanto à comparação de fretes entre navegação de cabotagem e de longo curso, embora assista razão à Agência de que no frete da cabotagem, no serviço porta-a-porta, estão incluídos mais serviços do que no transporte internacional, destaca-se que em nenhum momento a agência reguladora refutou ser o frete da cabotagem mais caro que o de longo curso, por tonelada-quilometro-útil. Sabidamente, como já apontaram estudos, tais como SEP (2015), o frete quando relacionado apenas ao transporte aquaviário é mais caro na cabotagem do que no longo curso em razão dos custos operacionais superiores (mão de obra, combustível, etc), como também pelos maiores custos de capital (de embarcações adquiridas em estaleiros no Brasil, a preços mais elevados que os do mercado internacional). Lembra-se ainda que há a incidência do AFRMM sobre o total do frete em análise, pago pelo dono da carga.

343. No tocante à questão de o transporte de carga na navegação ter característica de monopólio natural, em razão da presença de economias de escala, a ANTAQ traz referência acadêmica no sentido de que existe impossibilidade física da mesma atividade econômica por parte de mais de um agente, o que se trata de versão mais restrita da teoria da regulação. Diversos autores, a exemplo de Viscusi, Vernon e Harrington (1995), apontam que existe possibilidade de competição, mas essa não é recomendável, em razão de perda de eficiência econômica. Ou seja, é

economicamente mais vantajoso que só uma empresa produza no segmento estudado do que permitir que várias o façam, pois, no primeiro caso, os custos de produção são inferiores do que aqueles praticados no mercado com mais de um produtor. Entretanto, isso não justifica a inércia da agência reguladora sobre esta falha de mercado (competição imperfeita). A situação é exatamente oposta, pois, cabe ressaltar, o custo de se permitir um monopólio natural é a tendência da prática de preços mais elevados pelo exercício do poder de mercado, o que, não por acaso, justifica a criação e atuação de agências reguladoras sobre falhas de mercado. Sendo assim, a verificação de problemas concorrenciais, como os da navegação de contêiner, compele sua atuação no sentido de dissuadir o exercício do poder de mercado e fomentar a competição. Além disso, neste sentido, também se encontra a Lei 10.233/2001, que listou ser competência da agência a de fomentar a competição e repelir competição imperfeita.

344. Sobre a política de incremento de marinha mercante, a Agência procura vincular frota mercante brasileira ao serviço de transporte de contêiner na navegação de cabotagem como se não houvesse prestação de serviço em embarcações de outras bandeiras. Lembra-se que como dito no achado 1, não existe política de cabotagem. O que se tem é política de marinha mercante e de indústria naval, as quais se subordinam as ações estratégicas de fomento da cabotagem. Acredita-se que não seja intenção da agência esperar a frota mercante brasileira crescer para atuar no sentido de fomentar competição. A cabotagem deve ser fomentada, mesmo que seja prestada em embarcações sobre outras bandeiras que não a brasileira, quando em afretamentos.

345. Sobre a primeira linha de ação de fomento à competição (instrumentos propriamente ditos), e em particular sobre as parcerias do tipo VSA, a própria citação trazida pela agência (UNCTAD, 2018) já traz expressamente a preocupação de que 'formuladores de políticas e reguladores precisam garantir que membros das alianças de navegação continuem a competir entre si com relação aos preços, de modo a que os ganhos de eficiência do lado da oferta sejam passados aos embarcadores na forma de menores fretes' (em tradução livre). Ressalta-se que esta é justamente a questão que motivou o achado. Embora haja incentivos a ganhos de eficiência aos armadores, até em normativos da Agência, não se encontram regulamentações no sentido de induzir mais oferta de serviços e redução dos níveis de frete verificadas. O argumento, verificado na auditoria e presente na manifestação da ANTAQ, é a preocupação de

viabilizar a escala mínima para a operação dos navios. Repisa-se que armadores são livres para escolherem suas rotas e escalas.

346. Quanto à crítica de que a demanda por transporte de cabotagem também deve ser verificada numa análise concorrencial, lembra-se que essa é justamente o espaço de atuação da política setorial de transportes, de responsabilidade do MInfra, órgão supervisor da ANTAQ. A política setorial, atualmente tratada na PNT, deve fornecer as ações operacionais, táticas e estratégicas para nortear as atuações da agência, e foi omissa neste ponto, como aponta o primeiro achado. Não cabe ao TCU substituir a agência ou o ministério visando escolher metas e objetivos de demanda a serem alcançados com a política e regulação. Sendo assim, estabelecidas as metas e indicadores, o fomento da concorrência por parte da agência também pode se valer do incentivo à demanda, dada na política setorial.

347. Sobre a miríade de atores e interesses no segmento da cabotagem, descritas pela ANTAQ, e visando aperfeiçoar o achado, verificou-se que o fomento à competição deve ser direcionado aos armadores, e não aos demais operadores, uma vez que agentes de carga e intermediários, segundo a Agência, apresentam maiores níveis concorrenciais.

348. Verifica-se que as ações adotadas pela Agência e que, segundo ela, fomentam a competição, dizem respeito mais ao aumento da viabilidade e das escalas mínimas do negócio de transporte de carga, uma vez que tratam de homologação de parcerias entre empresas de navegação, regras de afretamento, licitação de terminais de contêineres, não fazendo referência imediata ao fomento da concorrência em si, com benefício aos usuários embarcadores e donos de carga em termos de redução de frete e frequência e terminais atendidos.

Achado 5

349. O Ministério da Infraestrutura apresentou suas manifestações em relação ao Achado 5 também na peça 139, destacando que a nova estrutura do Ministério da Infraestrutura, prevista no Decreto 9.676, de 2019, prevê dispositivos voltados a promover a multimodalidade (art. 24 do Decreto).

350. Já a Receita Federal do Brasil, na peça 144, destaca que a implementação de funcionalidades que permitam receber informações do Conhecimento de Transporte Multimodal depende de previsão de alteração de escopo do projeto Pucomex em desenvolvimento, com ajustes de seu cronograma, além de previsão orçamentária. Entende que o CMTC internacional depende de regulamentação, e que não compete

ao órgão aduaneiro. Informa ainda que não há necessidade de criação de um novo documento no mercante para atender o CMTC nacional, uma vez que as informações prestadas pelo usuário são somente as necessárias para fins do controle do AFRMM e relativas à etapa do transporte aquaviário.

351. Ocorre que, conforme relatado acima, o não reconhecimento do CMTC pelos órgãos fazendários e aduaneiros é mais um entrave burocrático ao desenvolvimento da cabotagem, vai de encontro aos ditames da Lei 9.611/1998 e dificulta a celebração de transporte de cargas, aumentando custos para os contratantes dos serviços.

V. CONCLUSÃO

352. A presente auditoria operacional teve por objetivo avaliar os obstáculos ao desenvolvimento da navegação de cabotagem, com o intuito de incrementar a participação desta modalidade na matriz de transportes no Brasil. O maior uso da cabotagem no transporte de cargas pode contribuir com a redução de custos logísticos da produção industrial brasileira, bem como contribuir para o aumento da eficiência na logística de transportes no país. No entanto, há problemas que comprometem a ampliação da participação da navegação de cabotagem na matriz de transporte brasileira para escoamento de carga.

353. Para atingir tal fim, limitou-se o escopo ao transporte de contêiner, que é o perfil de carga com maior potencial para retirar cargas das rodovias e assim promover a eficiência da matriz de transportes. Portanto, avaliou-se a efetividade das ações dos órgãos e entidades *vis-à*-vis o objetivo de aumentar a participação da cabotagem na referida matriz, por meio de três questões de auditoria. Em relação ao Ministério da Infraestrutura, verificou-se se suas ações de planejamento e de fomento estimulam o aumento da citada participação; no tocante à ANTAQ, foi verificado se a Agência incentiva a concorrência e/ou o aumento da oferta de serviço de transporte de contêiner na cabotagem; e por fim, foi verificado se os procedimentos de controle de carga aplicado nos terminais alfandegados obstaculizam o desenvolvimento da cabotagem.

354. Constatou-se que não existe no Brasil uma política pública voltada especificamente para atacar de maneira planejada e institucionalizada os problemas da navegação de cabotagem (uma vez que o planejamento dos serviços de transporte de cabotagem é feito a reboque da política de indústria naval e de incremento da frota de marinha mercante) e que há falhas na governança da política pública de transportes

no que tange à cabotagem. Não se verificaram ações ou iniciativas em nível tático e operacional institucionalizadas formalmente em normativos do Ministério da Infraestrutura, não sendo possível observar como os órgãos e entidades públicas envolvidas com a navegação de cabotagem deverão se comportar para resolver os problemas do setor elencados na própria PNT, que também não apresenta detalhes quanto a linhas bases (marco zero), metas a serem alcançadas ou cronograma para alcance das mesmas, objetivos para cada uma das estratégias elencadas ou mesmo divisão de responsabilidades quanto aos atores responsáveis por desenvolver as estratégias. Os demais instrumentos de planejamento do governo federal aplicáveis ao sistema de transportes, dentre eles o PPA e o PNL, não contemplam ações estratégicas para o fomento da navegação de cabotagem.

355. Nesse contexto, foi proposta recomendação ao Ministério da Infraestrutura para desenvolver o planejamento tático e operacional das ações estratégicas de transporte de cabotagem elencadas na Política Nacional de Transporte (PNT) para especificar metas, objetivos específicos, critérios de priorização, marcos iniciais, estimativa do tempo de sua implantação e de duração dos seus efeitos; bem como para dar ciência ao MInfra de que a falta de institucionalização de políticas públicas por meio de normas jurídicas adequadas, percebidas como legítimas, e que sejam orientadas por planos que permitam operacionalizar as ações necessárias, não atende às boas práticas de governança elencadas no Referencial para Avaliação de Governança em Políticas Públicas do TCU e no Guia Prático de análise *ex ante* de políticas públicas da Casa Civil da Presidência da República. Foi ainda recomendado ao Ministério que incorporasse no Plano Nacional de Logística (PNL) as capacidades e rotas de transporte de carga na cabotagem, de modo a considerá-las no planejamento das ações de desenvolvimento do setor de transporte e atender as diretrizes e objetivos descritos no próprio plano, juntamente com a determinação para apresentação de plano de ação para o respectivo cumprimento.

356. O acompanhamento do transporte de cabotagem no Brasil é feito a partir de dados de vários sistemas segmentados sob gestão de órgãos diferentes e na integração destes dados oriundos de diferentes sistemas, em especial o Mercante (da RFB e MInfra) e os SDP e SAMA (da ANTAQ). Percebe-se que esses são coletados em momentos e em métricas distintas, o que dificulta a consolidação imediata das informações, requerendo adequações sobre os dados coletados. Além disso,

os dados constantes do Mercante são sigilosos, por aplicação do art. 198 do Código Tributário Nacional pela RFB, e as estatísticas geradas com uso destas informações não podem ser publicamente divulgadas pela ANTAQ, tampouco o podem os dados individualizados de frete, origens e destinos de cargas, manifesto e conhecimento de transporte, também sob o manto do sigilo fiscal. Informações relevantes ao monitoramento da cabotagem não se encontram registradas nos sistemas e requerem atuação caso a caso para sua elucidação.

357. Diante disso, foi proposta determinação ao Ministério da Infraestrutura e ao Ministério da Economia para que definam nível de confidencialidade das informações oriundas do Sistema Mercante, da Receita Federal do Brasil, bem como do Pucomex, ainda a ser implantado, necessárias à Pasta de transporte, de modo a permitir o compartilhamento e o uso seguro dos dados e estatísticas decorrentes para as atividades de formulação e monitoramento de ações estratégicas de navegação de cabotagem, sem descuidar das questões relativas ao sigilo fiscal, com vistas ao atendimento do Decreto 8.777/2016.

358. À ANTAQ, foi proposta determinação para. que a agência sistematize e passe a coletar os dados referentes às omissões e supressões de escala e suas respectivas causas, as razões dos atrasos para as atrações e desatracações de navios e de mudanças de rotas/escalas previstas, de forma a subsidiar o monitoramento da política de cabotagem, nos termos do Decreto 9.203/2017. Além disso, propôs-se recomendação para que a Autarquia divulgue as informações relativas à carga transportada na navegação de cabotagem divididas entre carga doméstica, carga *feeder* e grande cabotagem, visando ao melhor acompanhamento dos resultados das ações estratégicas sobre o setor de cabotagem objeto das diretrizes e objetivos da PNT e do PNL, juntamente com determinação para apresentação de plano de ação para o respectivo cumprimento.

359. O gasto com combustível utilizado nas embarcações de cabotagem representa um dos principais custos operacionais das empresas nacionais que navegam entre portos brasileiros. O ordenamento jurídico brasileiro impõe que seja praticado o mesmo preço de combustível cobrado das empresas de cabotagem e das de longo curso, o que não ocorre na prática, o que faz com que os navios de longo curso que abastecem no nosso país sejam beneficiados com preços menores. A inexistência de uma política pública para os preços do óleo *bunker* na cadeia de distribuição faz com que o combustível tenha preços bastante heterogêneos, sendo mais elevados nos portos do norte do país. Diante disso, foi proposta

determinação ao Ministério da Infraestrutura para que, após interlocução com o Ministério de Minas e Energia e Ministério da Economia (a que está ligado o Conselho Nacional de Política Fazendária), apresente plano de ação contemplando estratégias e ações para solucionar a questão relacionada à cobrança de preços diferentes na venda de combustível marítimo para empresas de cabotagem e de longo curso, à luz do art. 12 da Lei 9.432/1997, abrangendo matriz de responsabilidades com a segregação de tarefas a serem executadas, bem como o respectivo cronograma.

360. Identificou-se que a regulamentação e demais ações da ANTAQ não fomentam a competição entre armadores de transporte no segmento da navegação de cabotagem de contêiner, propiciando a acomodação do setor de cabotagem em patamares de baixa utilização do modal de transporte, distante do regime de eficiência previsto na Lei e na política setorial. Assim, entendeu-se pertinente determinar à ANTAQ que apresente estudos sobre o mercado de navegação de cabotagem de contêiner com o objetivo de encontrar opção regulatória para o fomento à competição no setor, nos termos do art. 27, inciso IV, da Lei 10.233/2001, preservado o interesse público.

361. Também foi verificado que a alavancagem do transporte multimodal poderia tanto beneficiar as empresas brasileiras de navegação (EBN), como os usuários dos serviços de navegação. Todavia, há problemas que dificultam a evolução do uso da multimodalidade no Brasil, afetando indiretamente a cabotagem. É o caso da existência de entraves tributários e burocráticos, que demandam a construção de políticas públicas, com ações institucionalizadas, para fomentar o uso do transporte multimodal e induzir a quebra da cultura rodoviarista no transporte de carga brasileiro.

362. Os sistemas da Receita Federal do Brasil não reconhecem o Conhecimento de Transporte Multimodal de Cargas, apesar de haver esforços para agilizar e reduzir os custos burocráticos na liberação de cargas por parte do órgão fazendário. Outra constatação foi a de que a multimodalidade não era fomentada, por meio de ações e planejamentos pelo órgão competente, a saber, o CONIT, conselho que foi extinto e cujas competências foram absorvidas pelo CPPI. A partir de 1º/1/2019 esta competência foi transferida ao Ministério da Infraestrutura. Quanto à ANTT, a Agência possui competências que incluem a implementação de ações envolvendo a multimodalidade, mas não atua como órgão fomentador do transporte multimodal. Propôs-se assim determinar ao

Ministério da Infraestrutura que apresente estudo para o desenvolvimento da multimodalidade, com estratégias e ações para superação dos entraves identificados. Além disso, sugeriu-se determinar ao Ministério da Economia que apresente plano de ação para implementar, nos sistemas informatizados geridos pela Secretaria Especial da Receita Federal, a utilização do Conhecimento de Transporte Multimodal de Cargas, com vistas a dar efetividade à Lei 9.611/1998.

363. No tocante à PNT, no que se refere à cabotagem, duas críticas podem ser feitas: várias das estratégias da política priorizam estimular o lado da oferta do serviço de transporte cabotagem, por meio da redução dos custos dos ofertantes do serviço (armadores); entretanto, (i) em razão da concentração de mercado (oligopólio) existente no segmento de contêiner, não é garantido que a redução dos custos seja repassada ao consumidor, seja ele embarcador ou adquirente de carga, uma vez que os preços podem se manter no patamar prévio ao da redução dos custos, em razão da concorrência imperfeita, majorando os lucros privados das empresas de navegação; e (ii) a política não trata do estímulo do aumento da demanda por serviços de cabotagem, o que levaria a entrada de novas empresas para prestar serviço de modo a atender o aumento da demanda.

364. Em relação ao último caso acima, destaca-se que, em razão da concorrência imperfeita, objeto de combate por parte da agência reguladora, e a grande barreira de entrada para prestar o serviço de navegação (representada pelos custos de aquisição de embarcação), o aumento da demanda poderá levar ao aumento de preços, sem benefícios ao consumidor em termos de novas rotas, frequências ou serviços agregados, caso não sejam estruturadas regulamentações por parte da ANTAQ de modo a coibir prática de fretes abusivos e/ou retorno dessa demanda para o modal rodoviário.

365. Importa salientar ainda que foram encontradas boas práticas de gestão no curso da auditoria. O Ministério da Infraestrutura elaborou a PNT seguindo algumas das recomendações mais relevantes feitas pelo TCU no processo do PIL-Ferrovias, registrando atas de reunião, formalizando consultas e registros de entrevistas em processo administrativo, elaborando notas técnicas para formalizar as constatações obtidas durante o processo de elaboração da política, bem como promovendo a participação dos principais atores envolvidos na política de transportes. Outra boa prática diz respeito ao fato de que a ANTAQ consegue acesso aos dados do Mercante, por meio de acesso direto à

base de dados, criando painéis gerenciais de consumo próprio e de acesso restrito a servidores da Agência, superando algumas limitações de acesso e uso das informações impostas pelo sigilo dos dados. Por fim, a edição da Resolução Normativa ANTAQ 18/2017, embora ainda carente de metas e indicadores, permitiu regulamentar práticas para prestação de serviço adequado na cabotagem, inclusive sobre embarcações estrangeiras, em benefício aos usuários.

366. Por fim, foi realizada a submissão deste relatório aos gestores para comentários, por meio do relatório preliminar sito a peça 129, em 19/2/2019. Ministério da Infraestrutura, Ministério da Economia, Secretaria Especial da Receita Federal do Brasil e Agência Nacional de Transportes Aquaviários foram ouvidos e apresentaram resposta dentro do prazo de quinze dias de seu recebimento. As manifestações serviram de subsídios para aperfeiçoamento dos achados e encaminhamentos deste relatório final de auditoria.

Benefícios do Controle

367. Espera-se que a auditoria contribua para dinamizar a navegação de cabotagem, evidenciando oportunidades de melhoria nos processos de trabalhos dos órgãos e entidades públicos afetos à navegação de cabotagem, de modo a incentivar melhorias em suas atuações; fomentando o uso do transporte de carga por meio da navegação de cabotagem, frente aos demais modais de transporte; incrementando a participação do modal aquaviário na matriz de transporte, especialmente cabotagem; reduzindo o custo logístico percebido no país e, ao fim, barateando os preços dos produtos ofertados aos consumidores finais.

368. Sobre o Ministério da Infraestrutura em particular, espera-se contribuir para que as ações desse ministério sejam mais assertivas, fomentando o uso mais intensivo da navegação de cabotagem para transporte a longas distâncias, incrementando a política pública sobre esse modo de transporte. Espera-se, especificamente, que a Política Nacional de Transportes (PNT) seja aperfeiçoada, de modo a incluir indicadores e metas para as ações estratégias de desenvolvimento da cabotagem, e com a inclusão de medidas para aumentar a oferta e a demanda por serviços de cabotagem. Além disso, prevê-se que o Ministério da Infraestrutura apresente formas de desenvolver a multimodalidade e de resolver a falta de isonomia na cobrança de preços de combustível entre embarcações de longo curso e de cabotagem, a partir de estudos realizados, bem como, incorpore no Plano Nacional de Logística (PNL) ações estratégicas de desenvolvimento da navegação

de cabotagem, de modo a ir ao encontro das diretrizes e objetivos do próprio documento (equilíbrio da matriz de transporte, eficiência no uso dos modais, redução do custo logístico, etc.).

369. Quanto à ANTAQ, espera-se que a agência possa melhorar sua regulação sobre o setor, principalmente no tocante ao fomento à competição entre os armadores do serviço de transporte de cargas na cabotagem, de modo a permitir redução dos preços dos fretes, bem como possa divulgar estatísticas sobre transporte de carga na cabotagem divididas entre navegação doméstica, *feeder* e grande cabotagem, com vistas a permitir melhor acompanhamento dos resultados das ações de governo sobre a cabotagem doméstica. Ainda, espera-se que a ANTAQ passe a coletar, de forma sistemática, dados referentes às omissões e supressões de escala e suas respectivas causas, as razões dos atrasos para as atrações e desatracações de navios e de mudanças de rotas/escalas previstas, de forma a subsidiar o monitoramento das ações estratégicas de desenvolvimento da cabotagem.

370. Quanto à Secretaria Especial da Receita Federal do Brasil, espera-se contribuir para a desburocratização nas operações envolvendo a carga nacional e o estímulo ao uso pleno da multimodalidade, com a implantação nos seus sistemas do Conhecimento de Transporte Multimodal de Cargas. Ainda se prevê que seja definido nível de confidencialidade das informações oriundas do Sistema Mercante, da Receita Federal do Brasil, bem como do Pucomex, ainda a ser implantado, necessárias à Pasta de transporte, de modo a permitir o acesso e o uso seguro dos dados e estatísticas decorrentes para as atividades de regulação e de formulação de políticas públicas de navegação de cabotagem, sem descuidar das questões relativas ao sigilo fiscal.

371. Por fim, espera-se que as medidas recomendadas neste relatório possam, enfim, ir ao encontro das diretrizes e objetivos declarados pelo governo no sentido de reduzir o custo logístico no Brasil, por meio do incentivo de modais mais econômicos e eficientes no transporte de carga a grandes distâncias, reduzindo ao final o preço de venda dos produtos no mercado nacional.

VI. PROPOSTA DE ENCAMINHAMENTO

372. Diante das constatações da equipe de auditoria, submete-se este relatório à consideração superior, propondo:

a) determinar ao Ministério da Infraestrutura, com espeque no art. 43, inciso I, da Lei 8.443/1992 c/c o art. 250, inciso II, do Regimento Interno do TCU que, no prazo de 180 dias:
a.1) após interlocução com o Ministério de Minas e Energia e o Ministério da Economia, apresente plano de ação contemplando estratégias e ações para solucionar a questão relacionada à cobrança de preços diferentes na venda de combustível marítimo para empresas de cabotagem e de longo curso, à luz do art. 12 da Lei 9.432/1997, abrangendo matriz de responsabilidades com a segregação de tarefas a serem executadas, bem como o respectivo cronograma (parágrafo 227);
a.2) apresente estudo para o desenvolvimento da multimodalidade, com estratégias e ações para superação dos entraves identificados, com vistas ao atendimento das competências previstas na Medida Provisória 870/2019, art. 35, parágrafo único, inciso IV c/c Decreto 9.676/2019, Anexo I, art. 1º, § único, inciso IV (parágrafo 321);
b) determinar, com espeque no art. 43, inciso I, da Lei 8.443/1992 c/c o art. 250, inciso II, do Regimento Interno do TCU, ao Ministério da Infraestrutura e ao Ministério da Economia, que no prazo de 90 dias, definam nível de confidencialidade das informações oriundas do Sistema Mercante, da Receita Federal do Brasil, bem como do Pucomex, ainda a ser implantado, necessárias à Pasta de transporte, de modo a permitir o compartilhamento e o uso seguro dos dados e estatísticas decorrentes para as atividades de formulação e monitoramento de políticas públicas de navegação de cabotagem, sem descuidar das questões relativas ao sigilo fiscal, com vistas ao atendimento do Decreto 8.777/2016 (parágrafo 192);
c) determinar ao Ministério da Economia, com base no art. 43, inciso I, da Lei 8.443/1992 c/c o art. 250, inciso II, do Regimento Interno do TCU, que, no prazo de 90 dias, apresente plano de ação para implementar, nos sistemas informatizados geridos pela Secretaria Especial da Receita Federal do Brasil, a utilização do Conhecimento de Transporte Multimodal de Cargas, com vistas a dar efetividade à Lei 9.611/1998 (parágrafo 322);
d) determinar, com espeque no art. 43, inciso I, da Lei 8.443/1992 c/c o art. 250, inciso II, do Regimento Interno do TCU, à. Agência Nacional de Transportes Aquaviários (ANTAQ), que no prazo de 180 dias:
d.1) sistematize e passe a coletar os dados referentes às omissões e supressões de escala e suas respectivas causas, as razões dos atrasos para as atracações e desatracações de navios e de mudanças de rotas/

escalas previstas, de forma a subsidiar o monitoramento da política de cabotagem, nos termos do Decreto 9.203/2017 (parágrafo 193);
d.2) apresente estudos sobre o mercado de navegação de cabotagem de contêiner com o objetivo de encontrar opção regulatória para o fomento à competição no setor, nos termos do art. 27, inciso IV, da Lei 10.233/2001, preservado o interesse público (parágrafo 274);
e) recomendar ao Ministério da Infraestrutura, com espeque no art. 43, inciso I, da Lei 8.443/1992 c/c o art. 250, inciso III, do Regimento Interno do TCU, que avalie a conveniência e a oportunidade de:
e.1) desenvolver o planejamento tático e operacional das ações estratégicas de transporte de cabotagem elencadas na Política Nacional de Transporte (PNT), especificando metas, objetivos específicos, critérios de priorização, marcos iniciais, estimativa do tempo de sua implantação e de duração dos seus efeitos ou impactos, consoante art. 5º, inciso II e art. 6º, § único, inciso I do Decreto 9.203/2017 e o disposto no Guia Prático de análise *ex ante* de políticas públicas, da Casa Civil da Presidência da República (parágrafo 155);
e.2) incorporar no Plano Nacional de Logística (PNL) as capacidades e rotas de transporte de carga na cabotagem, de modo a considerá-las no planejamento das ações de desenvolvimento do setor de transporte e atender as diretrizes e objetivos descritos no próprio plano (parágrafo 156);
f) recomendar à ANTAQ, com espeque no art. 43, inciso I, da Lei 8.443/1992 c/c o art. 250, inciso III, do Regimento Interno do TCU, que avalie a conveniência e a oportunidade de divulgar as informações relativas à carga transportada na navegação de cabotagem divididas entre carga doméstica, carga *feeder* e grande cabotagem, visando ao melhor acompanhamento dos resultados das ações estratégicas sobre o setor de cabotagem objeto das diretrizes e objetivos da Política Nacional de Transportes (PNT) e do Plano Nacional de Logística (PNL) (parágrafo 194);
g) determinar, com espeque no art. 43, inciso I, da Lei 8.443/1992 c/c o art. 250, inciso II, do Regimento Interno do TCU, ao Ministério da Infraestrutura e à ANTAQ que, no prazo de 30 dias, apresentem ao TCU, separadamente, planos de ação com vistas ao atendimento das recomendações acima elencadas, contendo, no mínimo, as medidas a serem adotadas, os responsáveis pelas ações e o prazo previsto para a sua implementação, ou a justificativa para seu não atendimento;

h) dar ciência ao Ministério da Infraestrutura que a falta de institucionalização de políticas públicas por meio de normas jurídicas adequadas, percebidas como legítimas, e que sejam orientadas por planos que permitam operacionalizar as ações necessárias, identificada na Política Nacional de Transporte, não atende às boas práticas de governança elencadas no Referencial para Avaliação de Governança em Políticas Públicas do TCU e no Guia Prático de análise *ex ante* de políticas públicas da Casa Civil da Presidência da República (parágrafo 155); e

i) encaminhar cópia do presente relatório ao Ministério da Infraestrutura, ao Ministério da Economia, à Agência Nacional de Transportes Aquaviários, à Secretaria Especial da Receita Federal do Brasil, à Empresa de Planejamento e Logística S.A., à Secretaria Especial do Programa de Parcerias de Investimentos, à Comissão de Viação e Transportes da Câmara dos Deputados, e à Comissão de Viação e Transportes do Senado Federal."

É o Relatório.

VOTO

A presente auditoria operacional sobre a navegação de cabotagem é uma das quatorze ações prioritárias a serem desenvolvidas pelo TCU acerca de situações-problemas que afetam o transporte aquaviário no país, elencados no estudo desenvolvido Secretaria de Fiscalização de Infraestrutura Portuária e Ferroviária (SeinfraPortoFerrovia) a respeito do tema.

1. A instrução técnica, integralmente transcrita no relatório precedente, apresenta conceitos relacionados à navegação; evidencia as características do território brasileiro (7.400 quilômetros de costa marítima) e distribuição da população (70% concentrada no litoral) que favorecem a cabotagem; e contextualiza o setor logístico nos fluxos internos de produtos.

2. Sublinha a predominância da cultura rodoviarista no país para transporte de carga, sendo apontada como fator relevante para baixa utilização do modo aquaviário. A presença marcante do transporte rodoviário aumenta o custo logístico brasileiro (transporte, estoque, armazenagem e administrativos), dificultando a competitividade da produção nacional ante o custo reduzido dos países desenvolvidos.

3. Mediante análise dos diversos instrumentos de planejamento para o setor de transportes, a unidade instrutiva verificou que o Governo Federal possui objetivos declarados no sentido de reduzir custos logísticos, melhorar o nível de serviço para os usuários, buscar o equilíbrio da matriz de transportes, bem como aumentar a eficiência do transporte de carga e diminuir a emissão de poluentes.
4. Com efeito, desde 2007, estudos e planos governamentais apontam a necessidade de se modificar a matriz de transporte brasileira, para reduzir a dependência do modal rodoviário para longas distâncias. Comparativamente aos demais modais, a cabotagem apresenta-se mais eficiente, sobretudo para distâncias superiores a 1.500 km, dada a economia energética, maior capacidade de transporte, maior vida útil e menor custo da infraestrutura e equipamentos, maior segurança da carga, menor nível de avarias, menor número de acidentes e menor impacto ambiental.
5. Em que pese tais vantagens, o modal aquaviário responde por apenas 16% de toda carga transportada internamente no Brasil, sendo apenas 11% pela navegação costeira e 5% pela navegação interior, ao passo que o modal rodoviário totaliza 65% da matriz de transporte de cargas.
6. Além das vantagens citadas, a SeinfraPortoFerrovia destaca que a implementação de uma política pública de incentivo à cabotagem também se mostra alinhada com a estratégia do governo de reduzir investimentos públicos, tendo em vista que os recursos empregados para o desenvolvimento do setor são, em regra, de origem privada, à exemplo da aquisição e manutenção de navios e da instalação e manutenção de terminais portuários. Recursos públicos podem ser utilizados em menor escala, nos financiamentos para a construção naval, por meio do Fundo da Marinha Mercante, e nas obras de dragagem em portos organizados.
7. Contudo, pesquisa do transporte aquaviário, desenvolvida pela Confederação Nacional do Transporte (CNT) em 2013, aponta os seguintes problemas que restringem a utilização do modal: preços praticados no setor (tarifas portuárias, praticagem e rebocadores), fragilidades na institucionalização de uma política pública de cabotagem, elevados custos

operacionais, falta de melhores condições de fomento à aquisição de frota e burocracia.

8. Para a delimitação do escopo da fiscalização, a secretaria especializada considerou que o transporte de cargas utilizando a navegação de cabotagem tem a possibilidade de aumentar a sua participação na matriz de transportes, por meio da atração de cargas atualmente transportadas por rodovias, especialmente no segmento de carga geral e contêiner, que são aqueles com maior valor agregado.

9. Em relação aos granéis derivados de petróleo, que lideram a participação na navegação de cabotagem, a secretaria considerou que a cabotagem já é o modal eleito para esse perfil de carga, em função das plataformas de extração encontrarem-se em alto-mar e também devido às estratégias logísticas e comerciais das empresas petrolíferas. Por este motivo, entendeu-se que políticas públicas sobre esse tipo de carga não seriam tão efetivas.

10. Quanto aos granéis sólidos, minerais e não minerais, a secretaria especializada considerou que o modal de preferência seria a ferrovia, por serem cargas de baixo valor agregado, retiradas em grandes volumes de regiões produtoras no interior do país, voltadas primariamente à exportação, o que naturalmente induz à procura por modais mais baratos para seu transporte.

11. A conclusão das obras de duplicação da ferrovia Carajás, no ano passado, o resultado positivo obtido no leilão da Ferrovia Norte-Sul, em março deste ano, bem como a projeção de novas ferrovias, tais como a Ferrogrão, são vistos pela unidade instrutiva como possibilidade de migração de parte das cargas de granel sólido atualmente transportadas por rodovias para o modal ferroviário.

12. A partir da análise de cada tipo de carga, a equipe de auditoria decidiu que o escopo deste trabalho deveria ser direcionado para o transporte de contêiner, visto que tais cargas tendem a permanecer no modal rodoviário, caso não sejam objeto de política para serem atraídas para a cabotagem.

13. Acrescento ainda que a carga conteinerizada favorece sobremaneira o transporte de porta a porta, mediante a utilização de diversos modais. Feita a opção pelo contêiner,

recolhe-se a carga na sua origem por meio de caminhão no modal rodoviário, levando-a até o terminal portuário, onde ficará armazenada até o momento do embarque. O navio de cabotagem entregará o contêiner ao porto de descarga, de onde partirá, novamente por caminhão, até o destino final. Ou seja, a utilização de contêineres facilita o carregamento e descarregamento, agilizando a multimodalidade de transporte, além de oferecer segurança necessária à carga.

14. Embora o foco da presente auditoria tenha sido as cargas conteinerizadas, não se pode desconsiderar que para longas distâncias e grandes quantidades de qualquer tipo de carga, com possibilidade de deslocamento pela faixa litorânea, a cabotagem se apresenta como um modo de transporte adequado, conforme destacado na tabela 1 do relatório precedente, elaborada pelo Banco Mundial, em 2011. Além disso, o modal aquaviário detém o melhor desempenho em termos de segurança em relação aos demais, o que reduz significativamente os custos relacionados a esse fator de risco.

15. Ainda que os granéis sólidos sejam preferencialmente transportados por ferrovias, que, após os leilões de 2018, tende a incrementar a utilização desse modal, não se pode descartar a possibilidade de conflitos ferroviários e de fatos imprevisíveis nos contratos de concessão, que possam prejudicar o serviço prestado ou aumentar demasiadamente os custos. Não se mostra razoável, portanto, limitar as soluções logísticas, pois existem outros fatores que podem fazer da cabotagem a escolha de usuários desse tipo de carga.

16. A cabotagem mostra-se adequada também para viabilizar o fluxo de exportação e importação, bem como o consumo interno de cargas do tipo *roll-on/roll-off*. Trata-se de veículos automotores, que atualmente são transportados pela via rodoviária, tendo em vista a inexistência ou indisponibilidade de navios de bandeira brasileira adequados para o tipo e o porte da carga.

17. Em simulação comparativa efetuada pela Empresa de Planejamento e Logística – EPL, observou-se que, ao comparar os custos de transporte desse tipo de carga, no trecho São Paulo-Recife por rodovias e no trecho São Paulo-Santos-Recife por rodovia e cabotagem, o transporte multimodal apresentou

uma redução de custo de aproximadamente 47% em relação ao modal rodoviário. (Corredores Logísticos Estratégicos: Veículos Automotores/Ministério dos Transportes, Portos e Aviação Civil. Brasília: MTPA, 2018).

18. Assim, embora a presente fiscalização tenha como objetivo avaliar obstáculos ao desenvolvimento da navegação de cabotagem de contêiner, com o intuito de incrementar a participação desse modal na logística de transportes no Brasil, não vejo óbice para que as medidas aqui sugeridas sejam extrapoladas, quando aplicáveis, para outros tipos de cargas.

II

19. A matriz de planejamento foi elaborada pela SeinfraPortoFerrovia, a partir de pesquisas na legislação, na jurisprudência, na bibliografia relativa ao setor e em artigos e trabalhos técnicos publicados, bem como entrevistas dos gestores e associações de interesse no setor. Além disso, foi realizada visita piloto ao Porto Paranaguá/PR para entrevistas locais, as quais, em conjunto com as demais ações, colaboraram para a obtenção de informações relevantes para a formulação das seguintes questões de auditoria:

19.1. Questão 1: As ações de planejamento e de fomento à cabotagem de contêineres atualmente conduzidas pelo Ministério da Infraestrutura estimulam o aumento da participação desta navegação na matriz de transportes?

19.2. Questão 2: A atual regulação da ANTAQ incentiva a concorrência e/ou aumento da oferta de serviço de transporte de contêiner por cabotagem?

19.3. Questão 3: Os procedimentos de controle atualmente aplicáveis à movimentação de cargas nos terminais portuários obstaculizam o desenvolvimento da cabotagem de contêiner?

20. A matriz de planejamento foi submetida a validação, por meio de painel de referência interno e externo, que contou com a participação de diversos órgãos e entidades representativas atuantes no setor, além da presença de representante da assessoria de meu gabinete, acompanhando as discussões.

III

21. Tendo em conta as questões de auditoria formuladas, foram analisadas as atuações do Ministério da Infraestrutura nas ações de fomento ao transporte de cabotagem de carga; da

ANTAQ, nas atividades de regulação e defesa da concorrência desta navegação; e da Receita Federal do Brasil nas ações de controle fiscal e aduaneiro sobre cargas de cabotagem.

22. A aplicação dos procedimentos de auditoria e o desenvolvimento dos trabalhos de execução, em conformidade com os normativos de auditoria operacional, levaram à identificação de cinco achados que comportam importantes oportunidades de melhoria:

22.1. Não existe política pública específica de fomento à navegação de cabotagem.

22.2. Os sistemas de informação governamentais não proveem informações suficientes que permitam o monitoramento das ações de fomento à navegação de cabotagem de contêiner.

22.3. As estratégias previstas na Política Nacional de Transporte (PNT) e a atuação dos órgãos setoriais não solucionam a falta de isonomia dos preços de combustível entre a navegação de cabotagem e a de longo curso.

22.4. Não há fomento à competição entre armadores na navegação de cabotagem de contêiner.

22.5. A atuação dos órgãos e entes públicos não promove a operacionalização do transporte multimodal de cargas na cabotagem.

23. Os resultados encontrados pela equipe de auditoria foram consolidados na matriz de achados, a qual foi posta em discussão em painel de referência externo.

24. Endosso a análise efetivada na instrução transcrita no relatório que precede este voto e louvo o habitual zelo da SeinfraPortoFerrovia com a qualidade dos trabalhos que realizam. Em especial, destaco as seguintes sugestões de encaminhamento:

24.1. determinação ao Ministério da Infraestrutura para que, no prazo de 180 dias: i) após interlocução com o Ministério de Minas e Energia e o Ministério da Economia, apresente plano de ação contemplando estratégias e ações para solucionar a questão relacionada à cobrança de preços diferentes na venda de combustível marítimo para empresas de cabotagem e de longo curso; ii) apresente estudo para o desenvolvimento da multimodalidade;

24.2. determinação ao Ministério da Infraestrutura e ao Ministério da Economia para que, no prazo de 90 dias, definam nível de confidencialidade das informações oriundas do Sistema Mercante, da Receita Federal do Brasil, bem como do Portal Único do Comércio Exterior (Pucomex), para permitir o compartilhamento e o uso seguro dos dados e estatísticas decorrentes para as atividades de formulação e monitoramento de políticas públicas de navegação de cabotagem;
24.3. determinação ao Ministério da Economia para que, no prazo de 90 dias, apresente plano de ação para implementar, nos sistemas informatizados geridos pela Secretaria Especial da Receita Federal do Brasil, a utilização do Conhecimento de Transporte Multimodal de Cargas;
24.4. determinação à Agência Nacional de Transportes Aquaviários (ANTAQ) para que, no prazo de 180 dias: i) sistematize e passe a coletar os dados referentes às omissões e supressões de escala e suas respectivas causas, as razões dos atrasos para as atracações e desatracações de navios e de mudanças de rotas/escalas, de forma a subsidiar o monitoramento da política de cabotagem; ii) apresente estudos sobre o mercado de navegação de cabotagem de contêiner com o objetivo de encontrar opção regulatória para o fomento à competição no setor;
24.5. recomendação ao Ministério da Infraestrutura para que avalie a conveniência e a oportunidade de: i) desenvolver o planejamento tático e operacional das ações estratégicas de transporte de cabotagem elencadas na Política Nacional de Transporte (PNT), especificando metas, objetivos específicos, critérios de priorização, marcos iniciais, estimativa do tempo de sua implantação e de duração dos seus efeitos ou impactos; ii) incorporar no Plano Nacional de Logística (PNL) as capacidades e rotas de transporte de carga na cabotagem, de modo a considerá-las no planejamento das ações de desenvolvimento do setor de transporte e atender as diretrizes e objetivos descritos no próprio plano;
24.6. recomendação à ANTAQ para que avalie a conveniência e a oportunidade de divulgar as informações relativas à carga transportada na navegação de cabotagem divididas entre carga doméstica, carga *feeder* e grande cabotagem, visando

ao melhor acompanhamento dos resultados das ações estratégicas sobre o setor.

25. Observo que o direcionamento dado a essa fiscalização complementa outros trabalhos realizados por este Tribunal, em especial no que tange aos processos por mim relatados acerca do sistema portuário brasileiro. É papel fundamental deste TCU contribuir, por meio do controle externo, para o aperfeiçoamento da governança pública e das instituições administrativas em benefício da sociedade. Nesse contexto, sobrelevam-se as auditorias operacionais ao possibilitarem o controle da eficácia da ação estatal, a partir de uma visão mais ampla das políticas públicas e seus resultados.

26. Dada as prementes necessidades identificadas nesta auditoria, no sentido de institucionalizar, por meio de normas jurídicas, uma política pública de fomento à navegação de cabotagem, viabilizar a competição e concorrência nesse mercado, garantir a vantagem estabelecida em lei em relação ao preço do combustível utilizado pelas embarcações de cabotagem, fomentar a multimodalidade, bem como diminuir o bloqueio de informações que obscurecem e dificultam o planejamento e o fomento do transporte aquaviário de mercadorias, entendo que o encaminhamento alvitrado pela secretaria especializada visa impulsionar o desenvolvimento econômico do Brasil e o bem-estar social, razão pela qual acolho a proposta no que não conflitar com a análise que farei ao longo deste voto.

27. Passo, agora, ao exame individual dos achados de auditoria.

VI

Achado 1: Não existe política pública específica de fomento à navegação de cabotagem.

28. Os principais documentos analisados foram:

28.1. Lei 9.432/1997, que dispõe sobre a ordenação do transporte aquaviário e contempla normas acerca da proteção à frota mercante nacional;

28.2. Lei 10.233/2001, que dispõe sobre a reestruturação dos transportes aquaviário e terrestre, sobre a criação e as competências da ANTAQ e dá outras providências;

28.3. Decreto 1.265/1994, que aprova a Política Marítima Nacional (PMN);

28.4. Decreto 2.256/1997, que regulamenta o Registro Especial Brasileiro (REB);
28.5. Portaria MTPA 235/2018, que institui a Política Nacional de Transportes (PNT);
28.6. Outros instrumentos de planejamento: Plano Plurianual (PPA), o Plano Nacional de Logística – 2ª versão (PNLP 2) e o Plano Nacional de Logística (PNL).
29. Após análise das normas legais e infralegais, a SeinfraPortoFerrovia concluiu que os documentos não têm por finalidade específica fomentar o desenvolvimento da cabotagem, além de não orientar adequadamente, do ponto de vista da governança, as ações públicas necessárias à solução de entraves da navegação.
30. Considera-se a Lei 9.432/1997 como pilar normativo sobre transporte aquaviário. Embora ela tenha permitido maior abertura e competição na navegação de longo curso, em relação à cabotagem a lei reafirmou a restrição às embarcações brasileiras, em sintonia com o dispositivo constitucional (CF/88, art. 178), admitido o afretamento de embarcações estrangeiras por tempo ou por viagem, sob prévia autorização, apenas quando verificada inexistência ou indisponibilidade de bandeira brasileira do tipo e porte adequados para o transporte pretendido, em substituição a embarcações em construção em estaleiro brasileiro, proporcionalmente à tonelagem de porte bruto encomendada ou quando verificado interesse público.
31. Ademais disso, a equipe de auditoria constatou que não há, nos normativos legais sobre a navegação e nos instrumentos de planejamento do governo federal aplicáveis ao sistema de transportes, ações ou iniciativas em um nível tático e operacional para uma política pública de fomento à cabotagem. O que se observou foram orientações gerais, sem estabelecer marcos iniciais para acompanhamento dos avanços no setor, nem metas a serem alcançadas. Quanto às poucas estratégias existentes acerca da cabotagem, verificou-se ausência de cronogramas, objetivos e responsabilidades para a implementação e alcance de cada uma delas.
32. Até mesmo em relação à política pública estabelecida na PNT, das 28 estratégias gerais contempladas para o modo aquaviário (nove voltadas especialmente para cabotagem),

observou-se ausência de estratégias para a implementação e de ferramentas para o seu monitoramento. A SeinfraPortoFerrovia destacou, ainda, a inexistência de política que contemple plano para aumentar a demanda por cabotagem, de modo a retirar parte da carga do modal rodoviário e equilibrar a matriz de transportes, em desalinhamento com os objetivos e diretrizes da PNT.

33. Quanto aos demais instrumentos de planejamento analisados, a unidade instrutora frisou o objetivo expresso no PPA vigente no sentido de "modernizar, renovar e ampliar a frota mercante brasileira de longo curso, de cabotagem e navegação interior", com o estabelecimento da meta 0444 para fomentar a construção de dez embarcações destinadas à cabotagem.

34. No concernente ao PNL, elaborado pela Empresa de Planejamento e Logística – EPL, sobrelevou-se a apresentação de dados no relatório executivo relativos à cabotagem, que hoje representa aproximadamente 11% da carga transportada em nossa matriz de transportes, mas a previsão de participação no ano de 2025 não apresenta alterações de percentual. Em reunião com a equipe deste TCU, técnicos da EPL informaram que a empresa teve dificuldades em realizar projeções de demanda para 2025 considerando a cabotagem, razão pela qual não houve alteração do percentual.

35. A competência desta Corte na avaliação de políticas públicas advém dos arts. 70 e 71, da Constituição Federal de 1988. Ao realizar auditorias de natureza operacional como esta, cabe ao TCU o exame independente e objetivo da economicidade, eficiência, eficácia e efetividade de organizações, programas e atividades governamentais, com a finalidade de promover o aperfeiçoamento da gestão pública.

36. Abrange, portanto, a avaliação de ofício, ou seja, por iniciativa própria, da operação dos órgãos públicos no exercício de suas atividades finalísticas, por meio de determinações e recomendações. Assim, não se pretende substituir o administrador público nas tomadas de decisões, mas sim apontar melhorias na gestão para que ela atenda aos anseios legítimos da sociedade, considerando todo o arcabouço jurídico já existente acerca da matéria.

37. A unidade instrutora apontou os ensinamentos trazidos no Guia Prático de Análise *Ex Ante* de Políticas Públicas, publicado pela Casa Civil da Presidência da República, no final do ano de 2018, que preconiza a definição de objetivos da política formulada contendo a previsão ou estimativa do tempo de sua implantação e de duração dos seus efeitos ou impactos. Tais medidas repercutem nos resultados, metas e objetivos parciais e finais, possibilitando a avaliação *ex post*.
38. Acrescentou, ainda, que o Referencial para Avaliação de Governança em Políticas Públicas, publicado pelo TCU, em 2014, considera uma boa prática de governança que as políticas sejam institucionalizadas por meio de normas jurídicas adequadas, porque, dessa forma, são percebidas como legítimas.
39. Deste modo, sobressai a necessidade de um trabalho conjunto entre poderes, Executivo e Legislativo, de modo a incentivar o modal aquaviário, transferindo a dependência logística exclusiva do modal rodoviário para uma logística integrada, conectando os diversos modais, de forma a melhorar a eficiência da matriz de transportes. Com isso, espera-se um aumento da competitividade interna e externa do nosso país, uma melhoria do Custo-Brasil, além de criar emprego e renda.
40. A paralisação dos caminhoneiros em resposta à alta no preço do diesel, em maio de 2018, evidenciou as duras consequências econômicas de uma logística unimodal e ineficiente. A população teve a rotina diretamente afetada com a falta de combustível nos postos, o desabastecimento dos supermercados e a alta imediata no preço de diversos itens de consumo.
41. Notabiliza-se a preocupação legítima e histórica do governo em manter modal rodoviário em pleno funcionamento, contudo, é imperioso, a meu ver, a implementação de políticas públicas que estimulem outros modais logísticos, sobretudo a multimodalidade.
42. Em resposta ao achado 1, apresentado aos gestores por meio de versão preliminar do relatório de auditoria, o Ministério da Infraestrutura apontou que o Decreto 9.676/2019 já fez alterações visando desenvolver o setor aquaviário e incrementar a governança das políticas públicas. Citou que o Departamento de Navegação e Hidrovias (DNHI) está direcionado ao

fomento da cabotagem, informou que o PPA e o PNL serão revisados em breve e que dará atendimento aos encaminhamentos do TCU.

43. O citado Decreto 9.676/2019, promulgado em 2/1/2019, trata da estrutura regimental do novo Ministério da Infraestrutura, com detalhamento das competências de cada secretaria que o compõe. Criou-se subunidades com atribuições especializadas para a tomada de decisões requeridas em cada área, conforme detalhado no anexo 1: art. 19, Secretaria Nacional de Portos e Transportes Aquaviário; art. 21, Departamento de Navegação e Hidrovias; e art. 30, Secretaria de Fomento, Planejamento e Parcerias.

44. O Ministério informou ainda que vem buscando implementar as estratégias da Portaria 235/2018 e que vem realizando estudos sobre temas considerados mais importantes como o Fundo da Marinha Mercante (FMM) e o Adicional ao Frete para Renovação da Marinha Mercante (AFRMM), custo do combustível, racionalização de sistemas de informação, custo da praticagem e programação e coordenação de operações portuárias. E, concordando com a SeinfraPortoFerrovia, afirmou que não há indicadores disponíveis para a medição da efetividade e eficácia do desenvolvimento da PNT.

45. Com efeito, a delimitação de competências, objetivos e responsabilidades dentro no Ministério da Infraestrutura, nos termos do Decreto 9.676/2019, pode ser considerado o primeiro passo para a atuação do órgão na implementação de políticas públicas. Importa, agora, criar condições para que a estrutura logística seja mais diversificada e eficiente.

46. A unidade instrutora trouxe exemplo de fomento à demanda implementada na Europa, por meio de concessão de crédito de carbono a empresas que optarem por migrar o transporte de suas cargas do modal rodoviário para o modal aquaviário. De fato, o impacto ambiental deve ser considerado no fomento da cabotagem e no incentivo às empresas para o uso do transporte aquaviário, visto que apenas um navio consegue transportar a carga de centenas de caminhões, o que reduz significativamente a emissão de carbono, em congruência com as boas práticas de sustentabilidade.

47. Adicionalmente, dada a restrição constitucionalmente imposta ao mercado de cabotagem, espera-se que o aumento da oferta seja obtido com ganho de eficiência nos serviços relacionados, como diminuição de custos logísticos, desburocratização do setor e divulgação de informações úteis ao planejamento e ao gerenciamento; com desenvolvimento da construção naval e abrandamento das regras para afretamentos com vistas a disponibilizar mais navios para cabotagem; e o incremento da infraestrutura portuária, facilitando as operações de armazenagem, embarque e desembarque das cargas.
48. Nesse contexto, vale citar, apenas como exemplo, os efeitos positivos da política pública de expansão da indústria naval sobre indicadores de desenvolvimento de municípios do Rio Grande do Sul, que não se limitou a aumentar a disponibilização de embarcações, mas também gerou mais empregos e renda naquela região, conforme avaliação divulgada, em 2018, pelo Instituto de Pesquisa Econômica Aplicada (IPEA).
49. Após detalhada análise acerca do achado, a SeinfraPortoFerrovia propôs recomendar ao Ministério da Infraestrutura que: i) desenvolva o planejamento tático e operacional das ações estratégicas de transporte de cabotagem elencadas na Política Nacional de Transporte (PNT), especificando metas, objetivos específicos, critérios de priorização, marcos iniciais, estimativa do tempo de sua implantação e de duração dos seus efeitos ou impactos; ii) incorpore no Plano Nacional de Logística (PNL) as capacidades e as rotas de transporte de carga na cabotagem, de modo a considerá-las no planejamento das ações de desenvolvimento do setor de transporte e atender às diretrizes e aos objetivos descritos no próprio plano.
50. Com efeito, vislumbro a possibilidade de estabelecer uma conexão entre as atribuições dos órgãos e das secretarias já existentes, de modo a efetivar uma atuação estatal eficiente, com vistas ao desenvolvimento da logística interna, e redistributiva, em observância aos fundamentos constitucionais estabelecidos no art. 3º da Constituição Federal de 1988.
51. Desse modo, acompanho integralmente as medidas sugeridas pela unidade instrutora neste achado. Considero que as recomendações estão equalizadas com as diretrizes atuais

para o setor e, se implementadas, fortalecerão a governança e contribuirão para solucionar os problemas identificados. De qualquer forma, proferindo recomendação, esta Corte abre espaço para que o órgão possa avaliar a real conveniência e oportunidade da medida dentro das suas prioridades.

V

Achado 2: Os sistemas de informação governamentais não proveem informações suficientes que permitam o monitoramento das ações de fomento à navegação de cabotagem de contêiner.

52. Os sistemas analisados foram:

52.1. Sistema Mercante, da RFB;

52.2. Sistema de Desempenho Portuário (SDP) e Sistema de Afretamento da Navegação Marítima e de Apoio (SAMA), da ANTAQ;

52.3. Porto Sem Papel, do Ministério da Infraestrutura.

53. A equipe de auditoria observou que, embora haja coleta abundante de dados sobre a logística de cargas por navegação, os sistemas não possuem a integração necessária para o compartilhamento das informações obtidas, o que pode prejudicar o monitoramento das ações estratégicas relativas à cabotagem.

54. Os principais problemas encontrados foram: i) momentos e métricas diferentes dos dados inseridos nos diversos sistemas, visto que os dados inseridos no Mercante são declaratórios e antecipados ao efetivo transporte, e no SDP os dados são efetivos e posteriores a desatracação do navio; ii) sigilo fiscal atribuído às informações coletadas pela RFB (art. 198 do Código Tributário Nacional), especialmente devido à restrição competitiva no mercado de cabotagem de contêineres; iii) ausência de registros acerca de origens e destinos finais das mercadorias, atrasos nas atracações e desatracações, omissões e supressões de escalas em portos.

55. A existência de sistemas paralelos em cada órgão ou entidade, embora sejam adequados para o exame de questões específicas para as quais foram criados, não permitem o detalhamento necessário para o acompanhamento da política pública, não auxiliam no gerenciamento do setor, nem promovem a transparência necessária aos interessados.

56. O Sistema Mercante foi originalmente concebido para o controle da arrecadação do AFRMM, por meio do controle dos manifestos de carga, conhecimento de transporte e itens de carga embarcados. Em 2008 foi integrado ao Sistema Integrado de Comércio Exterior (Siscomex), permitindo o controle aduaneiro de embarcações, cargas e unidades de carga no transporte aquaviário, na importação, na exportação, na cabotagem e na navegação interior.
57. A divulgação de dados desse sistema é protegida pelo art. 198 do Código Tributário Nacional (Lei 5.172/1966). Além disso, as Portarias-RFB 2.344/2011 e 361/2016 consideram sob sigilo fiscal as informações aduaneiras, bem como informações estatísticas de operações econômicas promovidas por menos de quatro operadores no período considerado. Tal medida se aplica aos armadores do setor de cabotagem de contêineres, visto que se trata de um mercado fortemente concentrado, no qual a competição ocorre apenas entre três grandes empresas (Aliança, Mercosul Line e Log In), o que exige maior cautela em razão da facilidade em se identificarem os dados provenientes de cada uma delas.
58. Sem descuidar da privacidade dos *players* envolvidos, há de se estar atento para as possíveis evoluções na definição do nível de sigilo das informações colhidas pela RFB, sopesando a necessidade de desenvolvimento do setor, de modo a produzir estatísticas úteis para os usuários, para os prestadores de serviço e para o governo, no planejamento, implementação e monitoramento da política pública.
59. Nesse sentido, destaca-se a Política de Dados Abertos do Poder Executivo Federal, estabelecida pelo Decreto 8.777/2016, cujo objetivo é facilitar o intercâmbio de dados entre órgãos e entidades da administração pública federal e as diferentes esferas da federação, além de definir a publicidade das bases de dados como preceito geral e do sigilo como exceção, e a garantia de acesso irrestrito às bases, as quais devem ser legíveis por máquina e estarem disponíveis em formato aberto.
60. Questionado sobre a confidencialidade dos dados oriundos da RFB, o diretor geral da ANTAQ noticiou ter formalizado consulta ao Ministério da Infraestrutura sobre a possibilidade

de uso de informações do Mercante para subsidiar as atividades desenvolvidas pela Agência.

61. Embora a ANTAQ tenha acesso aos dados do sistema Mercante, por serem compartilhados com o sistema Porto Sem Papel, eles não podem ser divulgados, sendo utilizados por servidores específicos apenas para subsidiar painéis gerenciais no âmbito da entidade reguladora. A não divulgação de dados e estatísticas prejudica as atividades de fiscalização, regulação, estudos e estatísticas, conforme reconhecido pela própria Agência.

62. Já o sistema Porto Sem Papel, responsável pelo controle de entrada e saída de embarcações das áreas dos portos organizados, é inserido numa única base de dados, por meio do Documento Único Virtual (DUV). O sistema vem sendo implementado desde 2011 em diversos portos brasileiros, eliminando mais de 140 formulários em papel. É necessário reconhecer a contribuição dada ao setor, aumentando a eficiência do modal à medida que racionaliza procedimentos e agiliza operações.

63. Por sua vez, os sistemas geridos pela ANTAQ são: Sistema de Desempenho Portuário (SDP) e Sistema de Afretamento na Navegação Marítima e de Apoio (SAMA). O SDP tem como objetivo acompanhar e avaliar a qualidade dos serviços portuários, de modo a subsidiar a atuação da agência como órgão de regulação e supervisão das atividades de prestação de serviços e exploração da infraestrutura de transporte aquaviário. Já o SAMA operacionaliza os processos de afretamentos, desde a autorização e registro até o acompanhamento das transferências financeiras resultantes dos afretamentos.

64. Como observou a equipe de auditoria, cada sistema objetiva atender a necessidades de seu órgão ou entidade gestora de forma compartimentalizada, contudo, deixam de registrar informações úteis ao monitoramento da cabotagem, tais como motivos de atrasos no cumprimento de escalas, atracações e desatracações previstas, causas de omissões e supressões de portos.

65. Além dessas informações, a unidade instrutora destacou dificuldades de monitoramento das estratégias da PNT, decorrentes das falhas na integração dos sistemas. Como exemplo,

cita que a disponibilização dos dados do número de contêineres vazios e dos custos operacionais certamente seria de grande utilidade para o aumento da eficiência no frete.

66. Desse modo, considerando as deficiências observadas nos sistemas informatizados, a unidade instrutora propõe: i) determinar ao Ministério da Infraestrutura e ao Ministério da Economia que definam nível de confidencialidade das informações oriundas do Sistema Mercante, bem como do Portal Único de Comércio Exterior (Pucomex), ainda a ser implantado; ii) determinar à ANTAQ que sistematize e passe a coletar os dados referentes às omissões e supressões de escala e suas respectivas causas, as razões dos atrasos para as atracações e desatracações de navios e de mudanças de rotas/escalas previstas; iii) recomendar à ANTAQ que divulgue as informações relativas à carga transportada na navegação de cabotagem divididas entre carga doméstica, carga *feeder* e grande cabotagem, visando ao melhor acompanhamento dos resultados das ações estratégicas no setor.

67. A unidade instrutora destacou, como exemplo de boa prática da ANTAQ, os esforços empreendidos para integrar dados dos sistemas Mercante e Porto sem Papel, obtidos após acesso às bases em poder da RFB e do Ministério da Infraestrutura, respectivamente, com os dados do SDP e SAMA, de gestão da própria agência. Verificou-se que, contornando as incompatibilidades existentes entre os dados, o regulador procede à construção de painéis gerenciais próprios de informação (de acesso restrito), que são usados para subsidiar fiscalizações e regulações da ANTAQ, com respeito à restrição de divulgação dos dados classificados como sigilosos.

68. Acrescento que, por meio do portal da ANTAQ, é possível ter acesso ao anuário estatístico, com informações sobre movimentação portuária, tipo de navegação (longo curso, cabotagem ou via interiores), tipo de carga, frota e afretamentos, linhas de transporte, além de indicadores das atracações. As estatísticas são disponibilizadas de forma gráfica e de fácil leitura. Contudo, ainda cabem melhorias. Conforme apontou a SeinfraPortoFerrovias, o anuário estatístico não permite consultas individualizadas por operação de transporte ou embarcação.

69. Desse modo, entendo que o encaminhamento sugerido soma-se aos esforços já empreendidos pela agência reguladora. Trata-se de medidas que visam à integração dos sistemas e possibilitam uma maior sinergia entre os diversos agentes relacionados ao transporte aquaviário de cargas.

70. Acolho, portanto, as propostas da unidade instrutora, transformando a determinação à ANTAQ relativa à sistematização e coleta dos dados em recomendação, visto que a agência já vem empreendendo esforços no aperfeiçoamento dos seus sistemas de informação e que essa determinação interfere diretamente na alocação de recursos humanos e materiais do regulador.

VI

Achado 3: As estratégias previstas na PNT e a atuação dos órgãos setoriais não solucionam a falta de isonomia dos preços de combustível entre a navegação de cabotagem e a de longo curso.

71. O *bunker*, nome dado ao combustível utilizado pelas embarcações, é vendido exclusivamente pela Petrobras e precificado de acordo com referências internacionais, sujeito, inclusive, às variações no câmbio. Ou seja, sua precificação se dá com o somatório do preço internacional do produto, do frete marítimo de longo curso e das despesas de importação, de movimentação até o ponto de venda e dos riscos da operação, independentemente se o combustível tiver sido produzido no Brasil ou se originar de importação.

72. De acordo com o art. 12, da Lei 9.432/1997, o preço do combustível cobrado das embarcações que operam na navegação de cabotagem e de apoio portuário e marítimo deveria ser equiparado ao preço cobrado das empresas de navegação de longo curso. Todavia, na prática, não é isso que se observa.

73. Ocorre que a venda do óleo combustível marítimo para embarcações de longo curso é considerada exportação pela Petrobras, não incidindo impostos e contribuições, federais ou estaduais. Por outro lado, para embarcações que realizam a cabotagem de carga, é considerada venda interna, na qual recaem as contribuições tributárias de competência federal, CIDE/PIS/Confins, e o imposto de competência dos Estados e do Distrito Federal, o ICMS.

74. A princípio, o benefício fiscal, como política de incentivo à exportação, deveria ser concedido apenas quando a embarcação estivesse realizando transporte de mercadorias ao exterior. Contudo, a equipe de auditoria observou que as empresas de longo curso, afretadas por viagem ou por espaço para aproveitar a capacidade ociosa das embarcações, são favorecidas com o preço reduzido de impostos ao atuar na cabotagem entre portos brasileiros.

75. Dessa forma, a cabotagem realizada por empresas nacionais tem sido prejudicada tanto em relação aos navios estrangeiros que abastecem no nosso país, quanto em relação ao transporte rodoviário de longa distância, que teve o diesel subsidiado em 2018 e ainda sofre pressões políticas na formação do preço do combustível.

76. Como bem ressaltou a unidade instrutora, o serviço de *bunkering* é um custo operacional relevante para as empresas nacionais de cabotagem, variando de 30% a 50% do custo de operação dos navios, tornando-se, portanto, um item importante na elaboração de política pública de incentivo à cabotagem, na medida em que a redução dos custos operacionais foi uma das estratégia elencada na PNT: reduzir os custos operacionais do transporte por cabotagem a fim de incentivar maior participação deste modo de transporte na movimentação de bens e insumos.

77. Outra constatação relevante nesta auditoria é a expressiva variação de alíquotas de ICMS nos diferentes entes federativos, o que chega a acarretar a alteração de rota dos navios em busca de combustível mais barato. A unidade instrutiva exemplificou que uma embarcação trafegando entre terminais portuários do rio Amazonas e o terminal de Alumar (Maranhão), desvia da rota original para abastecer em Belém, que tem alíquota de ICMS de 17%, enquanto no Maranhão a alíquota é de 25%.

78. Essa dificuldade também foi relatada pela Associação Brasileira de Armadores de Cabotagem (ABAC), visto que as embarcações que operam no transporte de cargas na navegação de cabotagem, próprias ou afretadas (a casco nu ou por tempo), arcam com as diferenças significativas nos preços de abastecimento nos diferentes portos brasileiros, enquanto as

embarcações afretadas por viagem ou por espaço, em que a responsabilidade pelo abastecimento do combustível é da empresa estrangeira afretadora, têm acesso ao preço de longo curso da Petrobras, sem incidência de impostos.

79. Se por um lado existe uma proteção constitucional e legal dada à cabotagem, ao estabelecer exigências para autorização de afretamento de embarcações estrangeiras, por outro lado a situação do bunker coloca as empresas que operam com embarcações brasileiras em situação de desvantagem, dada a ausência de medidas para garantir a eficácia de outro dispositivo da mesma lei, que estabelece a equivalência de preço de combustíveis entre cabotagem e navegação de longo curso.

80. Questionada sobre a diferença dos preços de combustível, a Petrobras entende que não há descumprimento da lei, visto que a empresa petrolífera vende o combustível com igual base de preço, diferenciando apenas na incidência de tributos federais e estaduais. Além disso ressalta que o preço sofre influência significativa devido à atuação de outros agentes na economia, a exemplo das distribuidoras e revendas, chegando às empresas de navegação com valores inflados.

81. Por seu turno, o Ministério da Infraestrutura informou que vem realizando estudos sobre o tema, porém ainda não há definição formal sobre possíveis ações governamentais.

82. O assunto não é de fácil solução, especialmente no que tange ao ICMS. Ressalto o disposto no art. 151 da Constituição Federal/1988, que veda à União instituir isenções de tributos da competência de Estados, do DF e dos Municípios. Assim, o foro adequado para as discussões fiscais a respeito do ICMS é o Conselho de Nacional de Política Fazendária (Confaz). Esse colegiado, formado por representantes dos Estados e do Distrito Federal e presidido pelo Ministro de Estado da Economia, foi instituído pela Lei Complementar 24/1975 com a finalidade promover ações necessárias à elaboração de políticas e harmonização de procedimentos e normas inerentes ao exercício da competência tributária.

83. Como se vê, a situação exige articulação entre as esferas de governo e ações institucionalizadas, para o planejamento e implementação de uma política pública específica com vista a

garantir a efetividade do art. 12 da Lei 9.432/1997 e das estratégias contidas na PNT.

84. Diante dessas constatações e presumindo um espírito de harmonia e cooperação entre os entes federados, acompanho, em essência, o encaminhamento proposto pela SeinfraPortoFerrovia para determinar ao Ministério da Infraestrutura que após interlocução com o Ministério de Minas e Energia e o Ministério da Economia, apresente plano de ação contemplando estratégias e ações para solucionar a cobrança de preços diferentes na venda de combustível marítimo para empresas de cabotagem e de longo curso, à luz do art. 12 da Lei 9.432/1997.

85. Acrescento recomendação para que o Ministério da Economia avalie a conveniência e a oportunidade de consultar o Conselho Nacional de Política Fazendária (Confaz) acerca de estudos e medidas com vistas a solucionar os problemas levantados neste achado, como mecanismo de desenvolvimento da navegação de cabotagem.

86. Interessa destacar a manifestação da unidade instrutora, no sentido de que a redução dos custos operacionais das empresas de navegação de cabotagem, e aqui se encaixa o custo do *bunker*, corre o risco de não ser repassada aos usuários e grande parte do lucro ser apropriado pelos operadores, dado que o mercado é bastante concentrado. Por essa razão e pelo cenário descrito no achado 4 (sessão VII deste voto), sobreleva a necessidade de regulação das falhas de mercado e fomento à competição por parte da ANTAQ.

VII

Achado 4: Não há fomento à competição entre armadores na navegação de cabotagem de contêiner.

87. A equipe de auditoria asseverou:

> "A regulamentação da ANTAQ não fomenta a competição entre armadores de transporte no segmento da navegação de cabotagem de contêiner. A inércia da Agência infringe sua legislação de regência e propicia a acomodação do setor de cabotagem em patamares de baixa utilização do modal de transporte, distante do regime de eficiência previsto na Lei e na política setorial."

88. A constatação diz respeito ao mercado de cabotagem de contêiner, que é altamente concentrado, sendo repartido apenas entre três armadores: Aliança Navegação e Logística, controlada pela multinacional Maersk (50% do mercado); Mercosul Line, fazendo parte do grupo da CMA CGM (26% do mercado); e Log-In (24% do mercado). Essa restrição de mercado contribui para que os preços da cabotagem sejam superiores aos preços do transporte de longo curso.

89. Navegação de cabotagem, de acordo com a definição dada pela Lei 9.432/1997, é aquela realizada entre portos ou pontos do território brasileiro, utilizando a via marítima ou esta e as vias navegáveis interiores. Não está inserida nesse conceito a cabotagem internacional, também chamada de grande cabotagem, que é o transporte realizado entre portos de países vizinhos com acordo de isenção de tarifas, a exemplo dos integrantes do Mercosul. A cabotagem internacional é, portanto, considerada navegação de longo curso.

90. Dentro do conceito de cabotagem, estão incluídos o transporte de carga *feeder*, que é transporte entre dois portos brasileiros de produtos estrangeiros ainda não nacionalizados (ou seja, ainda sob controle aduaneiro), oriundos de navios de longo curso e que foram baldeados em portos nacionais ou transbordados para navios menores de cabotagem; e o transporte *waiver*, que é o transporte de produtos nacionais em navios estrangeiros, entre dois portos brasileiros, por afretamento por viagem ou por espaço.

91. O transporte de carga *feeder* de um porto *hub* (concentrador de carga) para outros portos brasileiros é uma estratégia utilizada pelas empresas de navegação estrangeiras para concentrar rotas e reduzir o número de paradas, gerando uma economia de escala na exploração dos navios e reduzindo o custo unitário do frete.

92. Embora a prática acarrete aumento de cargas destinadas à importação que serão transportadas via cabotagem, ela acaba por prejudicar ainda mais o transporte da carga produzida no país. Isso porque, devido à verticalização das empresas de navegação, não há concorrência para o transporte de carga *feeder*. As empresas que farão esse frete são do mesmo grupo empresarial da transportadora de longo curso, de modo que

parte relevante da capacidade das embarcações brasileiras ficam a elas reservadas, além de praticarem preços mais baixos quando comparado ao transporte de carga doméstica.

93. A equipe de auditoria anotou que duas das três empresas de cabotagem de contêineres participam do transporte de carga *feeder* sem enfrentar concorrência, visto que trabalham alinhadas com suas controladoras: a empresa Aliança é de propriedade da empresa Hamburg Süd, atualmente sob o controle da maior empresa de navegação do mundo, a Maersk e a empresa Mercosul-line é subsidiária da empresa CMA CGM, uma das maiores empresas de navegação de longo curso do mundo.

94. Ou seja, o transbordo de cargas provenientes do longo curso da empresa Maersk já está destinada à empresa Aliança, enquanto da empresa CMA CGM está destinado à Mercosul-Line. Resta, portanto, para a terceira empresa, competir na distribuição de cargas *feeder* de outros armadores de longo curso.

95. Além disso, a SeinfraPortoFerrovia sustenta que a atividade de transporte de carga na navegação apresenta características de monopólio natural, dado o altíssimo investimento inicial. A aquisição de embarcações pelas empresas e os custos de infraestrutura de portos constituem-se custos fixos elevados, o que faz com que empresas menores, com menor capacidade de acesso a recursos, tenham dificuldades em entrar no setor. Em razão disso, a economia de escala e a integração vertical mostram-se como uma tendência mundial do transporte marítimo, já que, com a elevação da quantidade de carga transportada/movimentada, é possível diluir os elevados custos fixos e, por consequência, reduzir o custo do frete.

96. Sublinha, ainda, outras barreiras à entrada, referentes aos requisitos técnicos e econômicos estabelecidos na Resolução Normativa ANTAQ 5/2016 para a outorga de autorização à pessoa jurídica que tenha por objeto operar nas navegações de apoio marítimo, apoio portuário, cabotagem ou longo curso:

"serem proprietários de ao menos uma embarcação (ou terem contrato de construção em vigor), e não interromperem a operação comercial por mais de 90 dias sem justificativa devidamente comprovada (cf. art. 16, §1º c/c art 17 da RN05). Além destas, há barreiras presentes nas especificidades dos ativos (navios) utilizados na prestação do serviço, não podendo ser facilmente transferido para outras atividades (não têm uso alternativo para o capital); e percebe-se ausência de poder de barganha dos consumidores. Tal conjunto de características leva os armadores a usufruírem de poder de mercado num ambiente de competição imperfeita (oligopólio)."

97. Destaca ainda a assimetria da informação no mercado de cabotagem de contêiner, em razão de o dono da carga ter menos conhecimento sobre o frete do que o armador, levando-o a pagar preços mais elevados quando em comparação com os valores praticados na navegação de longo curso.
98. Por outro lado, a unidade instrutiva pondera que o serviço oferecido pela cabotagem de contêiner concorre com o modal rodoviário, o que poderia limitar o poder de mercado dos armadores, dada a esperada substituição dos modais de transporte em resposta ao aumento de preço excessivo. Ocorre que a elasticidade da demanda é reduzida devido a características intrínsecas do mercado, tais como, preferência do modal aquaviário para grandes distâncias e dependência da Zona Franca de Manaus pelo modal aquaviário, em razão das características geográficas da região.
99. Assim, entendeu a secretaria especializada que existem significativas falhas de mercado no setor de navegação de cabotagem, especialmente em relação a carga conteinerizada, a requerer atuação da agência reguladora.
100. Questionada sobre este achado, a ANTAQ respondeu que o mercado de navegação é mundialmente concentrado e resulta de processo natural fundado na maior eficiência de agente econômico. Defende também que não há uma relação direta entre concentração de mercado e preço de frete.
101. Quanto ao fomento à concorrência, a agência apontou a existência das seguintes medidas: atesto de embarcação para o Registro Especial Brasileiro (REB), visando reduzir o custo da bandeira brasileira; afretamento de embarcações; licitações de novos terminais e prorrogação antecipada de contratos. Citou ainda o *Vessel Sharing Agreement* (VSA), que são contratos privados entre armadores com o objetivo de otimizar ocupação de espaços nos navios e, por consequência, reduzir o frete;

e a Resolução Normativa ANTAQ 1/2015, que regulamenta as condições de afretamento de embarcações estrangeiras.

102. Sobre as medidas apontadas pela ANTAQ, a SeinfraPortoFerrovia entendeu que elas derivam de lei (atesto do REB e homologação do afretamento) e outras são decisões do Ministério da Infraestrutura (licitações e prorrogações contratuais). À ANTAQ, podem ser atribuídas a homologação do VSA e a Resolução Normativa ANTAQ 1/2015, que, pela análise da secretaria especializada, não se prestam ao papel de fomentar a competição no setor.

103. Em relação ao VSA, a unidade instrutora sublinhou que as parcerias podem acarretar menor nível de concorrência em rotas e frequências. Por sua vez, a Resolução Normativa ANTAQ 1/2015 está sendo discutida em processo de representação nesta Corte de Contas, mediante o TC 003.667/2018-9, de minha relatoria. O ponto fulcral da representação é se o normativo teria estabelecido requisitos que extrapolam os limites colocados pelo legislador na Lei 9.432/1997, em afronta à livre concorrência no setor.

104. Sobre o tema, o CADE se pronunciou nos seguintes termos (Nota Técnica 9/2018/DEE/CADE, peça 125):

"Portanto, pode-se apontar como possíveis efeitos da RN 01/2015 uma limitação à expansão das pequenas empresas de transporte de cabotagem, elevação de barreiras à entrada, aumento da concentração de mercado e uma redução da oferta de embarcações de grande porte por empresas não atuantes no país que, sob o ponto de vista concorrencial, constituem efeitos negativos para o mercado."

105. Em sede de cautelar, o Plenário desta Corte determinou à agência reguladora (Acórdão 380/2018-TCU-Plenário):

"ao examinar pedido de autorização de afretamento de embarcação estrangeira nas hipóteses em que for verificada inexistência ou indisponibilidade de embarcação de bandeira brasileira do tipo e porte adequados para o transporte ou apoio pretendidos (art. 9º, inciso I, da Lei 9.432/1997), abstenha-se de exigir as limitações de quadruplo de tonelagem e de propriedade de embarcação do tipo semelhante à pretendida previstas no art. 5º, inciso III, alínea 'a', da Resolução Normativa ANTAQ 1/2015, por ausência de amparo legal, até que o Tribunal decida sobre o mérito das questões suscitadas nestes autos;"

106. É cediço, à luz da teoria econômica, que os preços tendem a se elevar em mercados mais concentrados. A unidade instrutora salienta a existência de lacuna no dever da agência em acompanhar tanto os níveis de concentração quanto os preços de frete de modo a intervir quando há danos ao mercado e à sociedade. A ANTAQ reconheceu não atuar nesse sentido e informou que a prioridade da agência em relação à navegação de cabotagem é a coibição da prática de venda de bandeiras (empresas de papel).
107. Diante dessas constatações, a SeinfraPortoFerrovia sugere determinar à ANTAQ que apresente, no prazo de 180 dias, estudos sobre o mercado de navegação de cabotagem de contêiner com o objetivo de encontrar opção regulatória para o fomento à competição no setor, nos termos do art. 27, inciso IV, da Lei 10.233/2001, preservado o interesse público.
108. De fato, grande parte dos princípios gerais para o transporte aquaviário, estabelecidos na Lei 10.233/2001, só serão conquistados se a concentração de mercado no seguimento de cabotagem de contêiner for frontalmente atacada pelo regulador. Dentre os princípios elencados no art. 11 da referida lei, destaco: proteger os interesses dos usuários quanto à qualidade e oferta de serviços de transporte e dos consumidores finais quanto à incidência dos fretes nos preços dos produtos transportados (inciso III); assegurar, sempre que possível, que os usuários paguem pelos custos dos serviços prestados em regime de eficiência (inciso IV); e ampliar a competitividade do País no mercado internacional (inciso XI).
109. Assim, espera-se da ANTAQ, diante das competências dispostas na Lei 10.233/2001, detalhadas no relatório de auditoria, uma atuação eminentemente técnica, com o objetivo de implementar, mormente por intermédio de atos normativos regulatórios, as políticas públicas formuladas pelos poderes executivo e legislativo. A edição desses regulamentos deve harmonizar os interesses dos usuários e dos operadores, sem preterir o interesse público.

110. Não obstante a legislação estabeleça um regime de liberdade de preços dos serviços, tarifas e fretes, em ambiente de livre e aberta competição para o serviço de transporte aquaviário, destaco, dentre as ações a cargo da ANTAQ, o dever de reprimir fatos e ações que possam configurar competição imperfeita ou infrações à ordem econômica, sempre que identificadas práticas abusivas dos transportadores (art. 45, Lei 10.233/2001).

111. Também está ao alcance da agência a fiscalização das atividades de prestação de serviços e de exploração da infraestrutura no setor aquaviário, como forma de garantir a eficiência dos serviços, bem como a mediação de conflitos de interesses, para harmonizar os objetivos dos usuários e das empresas, sem descuidar do interesse público. Conforme dito anteriormente, em se tratando de mercado concentrado, onde parte relevante da receita já é garantida com a carga *feeder*, se a agência se omitir na regulamentação e fiscalização, a possível redução dos custos das empresas de navegação tende a não ser repassada ao usuário, em prejuízo à sociedade.

112. Acompanho a proposta da unidade instrutora, por entender que a matéria merece atenção específica da agência reguladora. A meu ver, maior intervenção regulatória por parte da ANTAQ pode vir a mitigar as falhas de mercado envolvidas na prestação do serviço de cabotagem, trazendo inequívocos benefícios econômicos para o setor. Mas os resultados de estudos realizados a partir de critérios técnicos indicarão a medida mais adequada a ser adotada pela agência.

113. Ademais, presumem-se melhores resultados das medidas de regulação, tanto no que se refere à implementação quanto ao monitoramento, se os normativos forem específicos para a cabotagem. Isso porque existem outros mercados de transporte aquaviário que possuem características distintas, a exemplo da navegação de apoio portuário, apoio marítimo e longo curso. Em análise perfunctória, não se verifica concentração de mercado na navegação de apoio marítimo e portuário, nem preços elevados na navegação de longo curso, de modo que uma resolução abrangendo todo o transporte aquaviário pode acarretar efeitos indesejados.

114. Dessa maneira, acrescento recomendação para que a ANTAQ, ao buscar intervenção regulatória no setor de cabotagem, com vistas a garantir eficiência alocativa no uso dos recursos e dar efetividade às leis que regem a navegação, avalie a conveniência e oportunidade de elaborar normativos específicos para a cabotagem, de modo a considerar as especificidades envolvidas no setor, sem causar impacto indevido na navegação de apoio portuário, apoio marítimo e longo curso.

VIII

Achado 5: A atuação dos órgãos e entes públicos não promove a operacionalização do transporte multimodal de cargas na cabotagem.

115. A cabotagem é uma opção logística altamente dependente da multimodalidade, porquanto a carga a ser transportada não nasce no porto, nem tem como destino final outro porto. Para possibilitar que a carga seja embarcada, a cabotagem depende de outros modais, no Brasil, em especial do rodoviário.

116. O uso dos contêineres constitui um facilitador para o transporte multimodal, visto que evita remanejamentos de carga para as transferências entre modais, contribuindo para a redução do tempo e aumento da segurança. Além disso, oferece serviço de logística porta a porta, desde a fábrica até o consumidor.

117. Portanto, em se tratando de auditoria operacional no setor de cabotagem, com foco na carga de contêiner, o exame da multimodalidade parece-me imprescindível. A SeinfraPortoFerrovia ressalta que o desenvolvimento da multimodalidade é fundamental para otimização da cadeia logística como um todo, viabilizando a cabotagem como meio para retirar parcela da produção nacional das rodovias.

118. Como bem observado pela equipe de auditoria, a Política Nacional de Transportes apresenta estratégia declarada de aumentar o número de operadores multimodais, mas não contempla ações no nível tático e operacional, tampouco metas, objetivos, indicadores previstos para orientar adequadamente o fomento da multimodalidade em nosso país.

119. Foram evidenciados esforços da Receita Federal do Brasil em relação à burocracia para a liberação de cargas em terminais portuários alfandegados, sobretudo no que tange à

agilidade na liberação de cargas de cabotagem, por meio de alterações na IN-RFB 800/2007, efetivadas pelas instruções normativas 1.473/2014 e 1.621/2016.

120. Foram ainda solucionados os bloqueios de cargas domésticas no Siscomex Carga. Segundo a RFB, desde janeiro de 2016 não há bloqueio de cargas domésticas no nível federal de fiscalização. Embora exista a possibilidade de bloqueios no nível regional, essa medida não vem impactando o transporte de cargas domésticas.

121. Na contramão desses avanços, a RFB informou que não utiliza nem há previsão para utilizar o documento intitulado "Conhecimento Multimodal de Transporte" (CTMC) no sistema Mercante da RFB. Trata-se de um documento único (contrato de transporte multimodal e documento fiscal) que rege toda a operação, desde o recebimento da carga até sua entrega no destino. Ele foi previsto na Lei 9.611/1998 com o objetivo de facilitar a celebração dos contratos de transporte de carga, além de proporcionar redução de custos para os contratantes dos serviços.

122. Em reuniões com a equipe de auditoria, os representantes de armadores e donos de carga relataram que continua sendo usado apenas Conhecimento de Transporte Aquaviário no Sistema Mercante, ao invés do CTMC, o que dificulta em demasia a multimodalidade envolvendo a cabotagem.

123. Constatou-se que não há fomento da multimodalidade pelo poder público. Embora a Lei 10.233/2001 tenha criado o Conselho Nacional de Integração de Políticas de Transporte (CONIT), com o objetivo de propor políticas nacionais de integração dos modais de transportes de pessoas e bens, suas competências foram absorvidas pelo Conselho do PPI (Lei 13.334/2016). Observou-se que ambos os conselhos não fomentaram o transporte multimodal, como preconizado na Lei 9.611/1998.

124. Recentemente, as competências em relação ao transporte multimodal foram transferidas ao Ministério da Infraestrutura (Medida Provisória 870/2019), devendo ser direcionado a este órgão, tal qual sugerido pela unidade instrutora, a determinação para que, no prazo de 180 dias, apresente estudo para o desenvolvimento da multimodalidade, com estratégias e

ações para superação dos entraves identificados, com vistas ao atendimento das competências previstas na Medida Provisória 870/2019, art. 35, parágrafo único, inciso IV c/c Decreto 9.676/2019, Anexo I, art. 1º, § único, inciso IV.

125. Além disso, diante da premente necessidade de aperfeiçoamento da prática aduaneira para que a logística multimodal seja mais efetiva, acolho a proposta da SeinfraPortoFerrovia no sentido de determinar ao Ministério da Economia, que, no prazo de 90 dias, apresente plano de ação para implementar, nos sistemas informatizados geridos pela Secretaria Especial da Receita Federal, a utilização do Conhecimento de Transporte Multimodal de Cargas, com vistas a dar efetividade à Lei 9.611/1998.

126. E acolho como recomendação a proposta da unidade instrutora para que o Ministério da Infraestrutura envide esforços para estabelecer estratégias e ações para superação dos entraves identificados no desenvolvimento da multimodalidade, com vistas ao atendimento das competências previstas na Medida Provisória 870/2019, art. 35, parágrafo único, inciso IV c/c Decreto 9.676/2019, Anexo I, art. 1º, § único, inciso IV.

127. Por fim, a SeinfraPortoFerrovia aponta o entrave tributário, acerca da distribuição do recolhimento do ICMS entre os estados de destino e de origem, que somente pode ser resolvido por meio de negociação entre os entes federativos junto ao Confaz. Considerando que esta negociação pode contribuir para o desenvolvimento do transporte multimodal, acrescento recomendação para que o Ministério da Economia avalie a conveniência e a oportunidade de consultar o Conselho Nacional de Política Fazendária (Confaz) acerca de medidas para minimizar entraves tributários relativos ao ICMS, com vistas a incentivar a atuação dos operadores de transporte multimodal.

IX

128. O cenário atual da cabotagem demonstra a ausência de uma política pública institucionalizada e ações sem sinergia, pontualmente adotadas por entidades e órgãos, o que acaba por prejudicar a participação deste modal na logística brasileira. Diante das constatações, devem ser priorizadas medidas estruturantes destinadas a fomentar e viabilizar a navegação

de cabotagem, de modo a equilibrar a matriz de transportes, que atualmente está mais voltada para o modal rodoviário.

129. Assim, considerando que a presente auditoria avaliou todo o arcabouço normativo acerca do assunto e buscou referências internacionais com vistas a incorporar as melhores práticas, reputo que o encaminhamento advindo deste processo auxiliará no desenvolvimento da cabotagem e na eficiência logística do país. Em linha com a missão que orienta a atuação desta Corte, espera-se que a presente ação de controle efetivamente contribua para o aperfeiçoamento da gestão e para a melhoria do desempenho da navegação de cabotagem, envolvendo não apenas as cargas conteinerizadas, mas todos os tipos de cargas, aumentando a eficiência da matriz de transportes e otimizando os benefícios sociais.

130. Acertado ainda determinar ao Ministério da Infraestrutura e à ANTAQ que apresentem a este Tribunal plano de ação para implementação das recomendações, com informações sobre o plano de cumprimento das mesmas, quando acatadas, bem como justificativa para as recomendações eventualmente não acolhidas, no juízo de discricionariedade que lhe compete. Caberá à SeinfraPortoFerrovia, no momento oportuno, o monitoramento das determinações, de acordo com as normas e técnicas de auditoria vigentes.

Ante o exposto, acompanhando, na essência, as conclusões do relatório de auditoria e adotando os encaminhamentos sugeridos, com ajustes e adequações ora consignadas, voto no sentido de que seja aprovado o Acórdão que ora submeto à deliberação deste Colegiado.

TCU, Sala das Sessões Ministro Luciano Brandão Alves de Souza, em 12 de junho de 2019.

Ministro BRUNO DANTAS
Relator

ACÓRDÃO Nº 1383/2019 – TCU – Plenário

1. Processo nº TC 023.297/2018-2.
1.1. Apenso: 003.329/2019-4
2. Grupo I – Classe de Assunto: V – Relatório de Auditoria
3. Interessado/Responsável: não há.
4. Órgãos/Entidades: Ministério da Infraestrutura, Ministério da Economia e Agência Nacional de Transportes Aquaviários (ANTAQ).
5. Relator: Ministro Bruno Dantas.
6. Representante do Ministério Público: não atuou.
7. Unidade Técnica: Secretaria de Fiscalização de Infraestrutura Portuária e Ferroviária (SeinfraPortoFerrovia).
8. Representação legal:
8.1. Débora Goelzer Fraga, representando Agência Nacional de Transportes Terrestres.
8.2. Ana Carolina Souza do Bomfim e outros, representando Ministério da Infraestrutura.

9. Acórdão:

VISTOS, relatados e discutidos estes autos de relatório de auditoria operacional com o objetivo de avaliar obstáculos ao desenvolvimento da navegação de cabotagem, com o intuito de incrementar a participação do setor na matriz de transportes no Brasil;

ACORDAM os Ministros do Tribunal de Contas da União, reunidos em Sessão do Plenário, ante as razões expostas pelo Relator, em:

9.1. determinar, com espeque no art. 43, inciso I, da Lei 8.443/1992 c/c o art. 250, inciso II, do Regimento Interno do TCU:

9.1.1. ao Ministério da Infraestrutura que, no prazo de 180 (cento e oitenta) dias, após interlocução com o Ministério de Minas e Energia e o Ministério da Economia, apresente plano de ação contemplando estratégias e ações para solucionar a questão relacionada à cobrança de preços diferentes na venda de combustível marítimo para empresas de cabotagem e de longo curso, à luz do art. 12 da Lei 9.432/1997, abrangendo matriz de responsabilidades com a segregação de tarefas a serem executadas, bem como o respectivo cronograma (sessão VI do voto);

9.1.2. ao Ministério da Infraestrutura e ao Ministério da Economia que, no prazo de 90 (noventa) dias, definam o nível de confidencialidade das informações oriundas do Sistema Mercante, da Receita Federal do Brasil, bem como do Portal Único do Comércio Exterior (Pucomex), ainda a ser implantado, necessárias à Pasta de Infraestrutura, de modo a permitir o compartilhamento e o uso seguro dos dados e estatísticas úteis para os usuários, para os prestadores de serviço e para o Poder Público, para subsidiar a formulação e monitoramento de políticas públicas de navegação de cabotagem, sem descuidar das questões relativas ao sigilo fiscal, com vistas ao atendimento do Decreto 8.777/2016 (sessão V do voto);

9.1.3. ao Ministério da Economia que, no prazo de 90 (noventa) dias, apresente plano de ação para implementar, nos sistemas informatizados geridos pela Secretaria Especial da Receita Federal do Brasil, a utilização do Conhecimento de Transporte Multimodal de Cargas, com vistas a dar efetividade à Lei 9.611/1998 (sessão VIII do voto);

9.1.4. à Agência Nacional de Transportes Aquaviários (ANTAQ), que, no prazo de 180 (cento e oitenta) dias, apresente estudos sobre o mercado de navegação de cabotagem de contêiner, com o objetivo de encontrar opção regulatória para o fomento à competição no setor, nos termos do art. 27, inciso IV, da Lei 10.233/2001, preservado o interesse público (sessão VII do voto);

9.2. recomendar, com espeque no art. 43, inciso I, da Lei 8.443/1992 c/c o art. 250, inciso III, do Regimento Interno do TCU:

9.2.1. ao Ministério da Infraestrutura que avalie a conveniência e a oportunidade de:

9.2.1.1. desenvolver o planejamento tático e operacional das ações estratégicas de transporte de cabotagem elencadas na Política Nacional de Transporte (PNT), especificando metas, objetivos específicos, critérios de priorização, marcos iniciais, estimativa do tempo de sua implantação e de duração dos seus efeitos ou impactos, consoante art. 5º, inciso II e art. 6º, § único, inciso I, do Decreto 9.203/2017 e o disposto no Guia Prático de análise *ex ante* de políticas públicas, da Casa Civil da Presidência da República (sessão IV do voto);

9.2.1.2. incorporar no Plano Nacional de Logística (PNL) as capacidades e rotas de transporte de carga na cabotagem, de modo a considerá-las no planejamento das ações de desenvolvimento do setor de transporte e atender as diretrizes e objetivos descritos no próprio plano (sessão IV do voto);

9.2.1.3. adotar medidas no intuito de desenvolver a multimodalidade, com estratégias e ações para superação dos entraves identificados, com vistas ao atendimento das competências previstas na Medida Provisória 870/2019, art. 35, parágrafo único, inciso IV c/c Decreto 9.676/2019, Anexo I, art. 1º, § único, inciso IV (sessão VIII do voto);

9.2.2. à ANTAQ que avalie a conveniência e a oportunidade de:

9.2.2.1. divulgar as informações relativas à carga transportada na navegação de cabotagem divididas entre carga doméstica, carga *feeder* e grande cabotagem, visando ao melhor acompanhamento dos resultados das ações estratégicas sobre o setor de cabotagem objeto das diretrizes e objetivos da Política Nacional de Transportes (PNT) e do Plano Nacional de Logística (PNL) (sessão V do voto);

9.2.2.2. sistematizar e coletar os dados referentes às omissões e supressões de escala e suas respectivas causas, as razões dos atrasos para as atracações e desatracações de navios e de mudanças de rotas/escalas previstas, de forma a subsidiar o monitoramento da política de cabotagem, nos termos do Decreto 9.203/2017 (sessão V do voto);

9.2.2.3. ao buscar intervenção regulatória no setor de cabotagem, com vistas a garantir eficiência alocativa no uso dos recursos e dar efetividade às leis que regem a navegação, elaborar normativos específicos para a cabotagem, de modo a considerar as especificidades envolvidas no setor (sessão VII do voto).

9.2.3. ao Ministério da Economia que avalie a conveniência e a oportunidade de consultar o Conselho Nacional de Política Fazendária (Confaz), no âmbito da competência estabelecida no convênio ICMS 133/97, sobre:

9.2.3.1. estudos e medidas com vistas a solucionar a cobrança de preços diferentes na venda de combustível marítimo para empresas de cabotagem e de longo curso, à luz do art. 12 da Lei 9.432/1997 (sessão VI do voto);

9.2.3.2. estudos e medidas para minimizar entraves tributários relativos ao ICMS, com vistas a incentivar a atuação dos operadores de transporte multimodal (sessão VIII do voto);

9.3. determinar, com espeque no art. 43, inciso I, da Lei 8.443/1992 c/c o art. 250, inciso II, do Regimento Interno do TCU, ao Ministério da Infraestrutura e à ANTAQ que, no prazo de 30 (trinta) dias, apresentem ao TCU, separadamente, planos de ação com vistas ao atendimento das recomendações elencadas nos itens 9.5 e 9.6, contendo, no mínimo, as medidas a serem adotadas, os responsáveis pelas ações e o prazo previsto para a sua implementação, ou a justificativa para seu não atendimento;

9.4. dar ciência ao Ministério da Infraestrutura que a falta de institucionalização de políticas públicas por meio de normas jurídicas adequadas, percebidas como legítimas, e que sejam orientadas por planos que permitam operacionalizar as ações necessárias, identificada na Política Nacional de Transporte, não atende às boas práticas de governança elencadas no Referencial para Avaliação de Governança em Políticas Públicas do TCU e no Guia Prático de Análise *Ex Ante* de Políticas Públicas da Casa Civil da Presidência da República;

9.5. determinar à SeinfraPortoFerrovia que monitore o cumprimento das determinações deste Acórdão em processo específico;

9.6. encaminhar cópia do presente relatório ao Ministério da Infraestrutura, ao Ministério da Economia, à Agência Nacional de Transportes Aquaviários, à Secretaria Especial da Receita Federal do Brasil, à Empresa de Planejamento e Logística S.A., à Secretaria Especial do Programa de Parcerias de Investimentos, à Comissão de Viação e Transportes da Câmara dos Deputados, à Comissão de Serviços de Infraestrutura e ao Conselho Nacional de Política Fazendária (Confaz).

10. Ata nº 21/2019 – Plenário.
11. Data da Sessão: 12/6/2019 – Ordinária.
12. Código eletrônico para localização na página do TCU na Internet: AC-1383-21/19-P.
13. Especificação do quórum:
13.1. Ministros presentes: José Mucio Monteiro (Presidente), Walton Alencar Rodrigues, Benjamin Zymler, Augusto Nardes, Raimundo Carreiro, Ana Arraes, Bruno Dantas (Relator) e Vital do Rêgo.
13.2. Ministro-Substituto convocado: Marcos Bemquerer Costa.
13.3. Ministro-Substituto presente: Weder de Oliveira.

(Assinado Eletronicamente)
JOSÉ MUCIO MONTEIRO
Presidente

(Assinado Eletronicamente)
BRUNO DANTAS
Relator

Fui presente:

(Assinado Eletronicamente)
CRISTINA MACHADO DA COSTA E SILVA
Procuradora-Geral

LEI Nº 14.301, DE 7 DE JANEIRO DE 2022 – INSTITUI O PROGRAMA DE ESTÍMULO AO TRANSPORTE DE CABOTAGEM (BR DO MAR)

DIÁRIO OFICIAL DA UNIÃO
Publicado em: 25/03/2022 | Edição: 58 | Seção: 1 | Página: 5

Órgão: Atos do Poder Legislativo
LEI Nº 14.301, DE 7 DE JANEIRO DE 2022

> Institui o Programa de Estímulo ao Transporte por Cabotagem (BR do Mar); altera as Leis nºs 5.474, de 18 de julho de 1968, 9.432, de 8 de janeiro de 1997, 10.233, de 5 de junho de 2001, 10.893, de 13 de julho de 2004, e 11.033, de 21 de dezembro de 2004; e revoga o Decreto do Poder Legislativo nº 123, de 11 de novembro de 1892, e o Decreto-Lei nº 2.784, de 20 de novembro de 1940, e dispositivos da Medida Provisória nº 2.217-3, de 4 de setembro de 2001, e das Leis nºs 6.458, de 1º de novembro de 1977, 11.434, de 28 de dezembro de 2006, 11.483, de 31 de maio de 2007, 11.518, de 5 de setembro de 2007, 12.599, de 23 de março de 2012, 12.815, de 5 de junho de 2013, e 13.848, de 25 de junho de 2019.

O PRESIDENTE DA REPÚBLICA

Faço saber que o Congresso Nacional decreta e eu promulgo, nos termos do parágrafo 5º do art. 66 da Constituição Federal, as seguintes partes vetadas da Lei nº 14.301, de 7 de janeiro de 2022:

"Art. 21. A Lei nº 10.893, de 13 de julho de 2004, passa a vigorar com as seguintes alterações:

'Art. 4º...

....

§2º..

....

II - granéis sólidos e outras cargas.' (NR)

'Art. 6º O AFRMM será calculado sobre a remuneração do transporte aquaviário, aplicando-se as alíquotas de:

I - 8% (oito por cento) na navegação de longo curso;

II - 8% (oito por cento) na navegação de cabotagem;

III - 40% (quarenta por cento) na navegação fluvial e lacustre, por ocasião do transporte de granéis líquidos nas Regiões Norte e Nordeste;

IV - 8% (oito por cento) na navegação fluvial e lacustre, por ocasião do transporte de granéis sólidos e outras cargas nas Regiões Norte e Nordeste.

....

'Art. 17...

....

§3º..

....

II - 10% (dez por cento) para projetos integrantes de programas do Comando da Marinha destinados à construção e a reparos, em estaleiros brasileiros, de embarcações auxiliares, hidrográficas e oceanográficas, bem como de embarcações a serem empregadas na proteção do tráfego marítimo nacional.

....

"Art. 23. O art. 16 da Lei nº 11.033, de 21 de dezembro de 2004, passa a vigorar com a seguinte redação:

'Art. 16. Os beneficiários do Reporto descritos no art. 15 desta Lei ficam acrescidos das empresas de dragagem definidas na Lei nº 12.815, de 5 de junho de 2013 (Lei dos Portos), dos recintos alfandegados de zona secundária e dos centros de formação profissional e treinamento multifuncional de que trata o art. 33 da Lei nº 12.815, de 5 de junho de 2013, e poderão efetuar aquisições e importações amparadas pelo Reporto de 1º de janeiro de 2022 a 31 de dezembro de 2023.' (NR)"

Brasília, 24 de março de 2022; 201º da Independência e 134º da República.

JAIR MESSIAS BOLSONARO